MW01516105

LA JOYERÍA

Carles Codina

colección artes y oficios

LA JOYERÍA

Parramón ediciones, s.a.

La Joyería

Dirección editorial:
María Fernanda Canal

Textos y coordinación:
Carles Codina.
También han colaborado en los textos
Xavier Domenech ("Los orígenes
de la ornamentación")
y Ramon Puig Cuyàs ("La nueva joyería").

Realización de los ejercicios:
Carles Codina, Estela Guitart,
Carmen Amador, Tanja Fontane,
Aureli Bisbe, Ramon Puig Cuyàs y Joan Aviñó.
También han colaborado: Jimena Bello,
Verónica Andrade, Joaquim Benaque
y Jaime Díaz.

Diseño de la colección:
Josep Guasch

Maquetación y compaginación:
Josep Guasch

Fotografías:
Nos & Soto

Ilustraciones:
Juan Carlos Martínez

Archivo ilustración:
Mª Carmen Ramos

2ª edición: septiembre 2000
© Parramón Ediciones, S.A.
Gran Via de les Corts Catalanes, 322-324
08004 Barcelona (España)

Dirección de producción:
Rafael Marfil
ISBN: 84-342-1762-7
Depósito legal: NA-1954-2000
Impreso en España

Prohibida la reproducción total o parcial
de esta obra mediante cualquier medio
o procedimiento, comprendidos la impresión,
la reprografía, el microfilm, el tratamiento
informático o cualquier otro sistema,
sin permiso escrito de la editorial.

INTRODUCCIÓN, 6

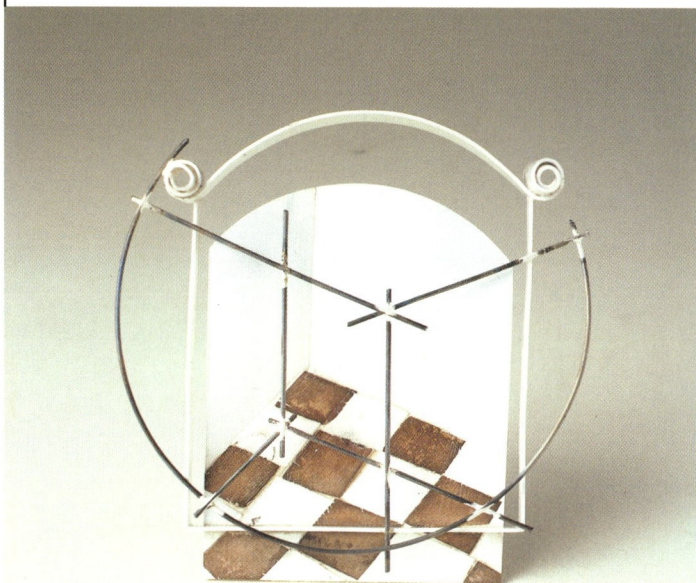

Sum

LA METALURGIA , 12

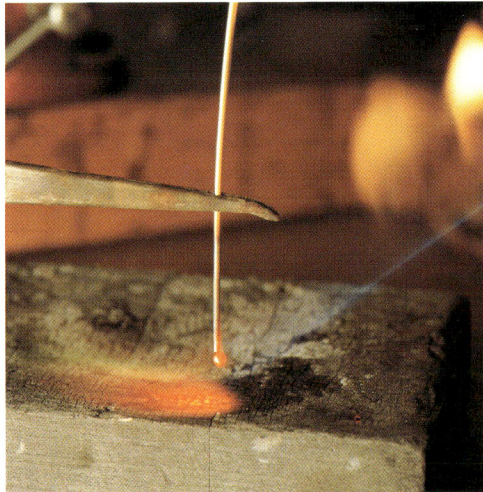

ario

Introducción

En este último cuarto de siglo se han cuestionado muchos valores de nuestra cultura, entre éstos también los valores tradicionales del oficio de joyero; este hecho no debería suponer la supresión de las técnicas tradicionales, sino lo contrario: su ampliación y adaptación a las necesidades expresivas actuales, aunque haciendo mayor hincapié en el uso y la aplicación que se hace de esta técnica. La joyería contemporánea trabaja valores como la expresividad, la provocación, la relación simbólica con el objeto, etc. Valores que son propios del arte contemporáneo y que conllevan la necesidad de buscar una técnica cada vez más interdisciplinar e inmediata, capaz de adaptarse a las necesidades actuales. Sin embargo, esta libertad técnica y de materiales debe conjugar un valor artístico suficiente sin dar la impresión de que *todo es válido,* concepto que no necesariamente tiene por qué coincidir con lo *técnicamente correcto.*

La joyería ya no se define como antaño por el tipo de metal con que se trabaja. Hoy en día no existe uniformidad de estilos, sino una conjunción y una gran diversidad de materiales y conceptos. Se pueden realizar joyas y objetos con cualquier material sugerente, capaz de ser transformado para lograr calidad expresiva. Esta realidad supone que se entiendan como técnicas de joyería el trabajo en papel, la unión con colas, el poliéster y los remaches, entre otras muchas. Al mismo tiempo, se rescatan antiguos procedimientos como la granulación o el mokume, que se retoman con fuerza pero bajo un nuevo concepto.

El progreso tecnológico, aplicado al ámbito de la joyería, da mayor libertad al artista y es un fundamento para poder seguir criterios estéticos. Pero al mismo tiempo, puede utilizarse para imponer criterios formales y establecer normas estéticas. El oficio debe adaptarse a las necesidades expresivas de la persona y no ser ésta la que se sienta limitada por los criterios tradicionales del oficio. Por este motivo, es muy importante la manera como se enseña, así como el papel que desempeñan las escuelas de joyería y sus docentes. En este libro se ha intentado dejar un margen de libertad de decisión y de realización al lector; se han mostrado las diferentes técnicas para que puedan ser tomadas de forma ágil e inmediata, mezclado y cambiando, dejando margen a la expresión y al

simbolismo. El libro presenta una gran variedad de técnicas y procesos de trabajo, reflejo de lo que representa la tarea de enseñar un viejo arte como es la joyería y del futuro de esta enseñanza como ámbito de participación honesta.

La enseñanza de la técnica de joyería, especialmente en una escuela de arte, suele ser la parte más ardua, apareciendo en muchas ocasiones contrapuesta a todo tipo de creatividad. Si bien es cierto que la joyería contemporánea prescinde, en parte, del oficio tradicional debido a la aportación de los nuevos materiales y la introducción de nuevos conceptos, también es cierto que el excesivo virtuosismo y el afán por incidir sobre los materiales, con el ánimo de decorarlos en exceso, ha pesado en potenciar la imagen actual de esta técnica.

La joyería, tal como la vemos actualmente, existe gracias al esfuerzo de todo un colectivo humano que le da la expresión necesaria y el suficiente contenido a esta forma de manifestación artística, siendo capaz de sentir e identificarse con todo el contexto social que emana de su creación. En este libro han colaborado algunos de los mejores profesionales del sector junto a personas que se inician en el oficio; también han hecho su aportación fabricantes de maquinaria y galeristas de arte, profesores de joyería y alumnos de su propio curso, artistas de otros ámbitos, fabricantes industriales, profesionales de lo que se podría denominar trabajo clásico y junto a éstos las últimas tendencias en joyería contemporánea, trabajos de refinada precisión y otros que, por su sencillez, no requieren ningún tipo de preparación previa.

En resumen, la joyería es una actividad apasionante, y su enseñanza ha permitido al autor de la presente obra conocer a personas que quieren aprender, comprender y compartir el atractivo que posee este humilde oficio, así como la ventaja que conlleva sobre otros muchos; entender lo que significa sentir la necesidad de expresarse y saber generar un mundo personal y propio en un pequeño espacio, reducido, minúsculo en ocasiones, capaz de caber en la misma palma de una mano. El trabajo manual , y a fin de cuentas el proceso creativo, permiten que en una sociedad racional y exigente donde cada vez tiene menos sentido la relación entre la actividad desarrollada y el resultado de la misma, se pueda construir un pequeño objeto en libertad y luego ser capaz de mostrarlo, ponérselo o regalarlo, en fin, reflejarse uno mismo y alcanzar a entenderse un poco mejor.

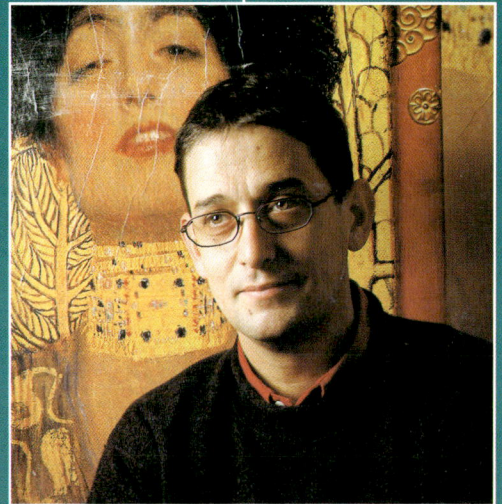

Carles Codina i Armengol ha desarrollado gran parte de su trayectoria profesional como joyero independiente; además, es profesor del Departamento de Joyería de la Escuela Massana, de Barcelona, desde hace más de doce años. Ha realizado varias exposiciones, tanto individuales como colectivas, en España, Andorra, Holanda y Alemania. Paralelamente, ha sido jurado de diversas exposiciones y concursos de joyería, así como asesor para varias empresas del sector y entidades oficiales.

Orígenes de la ornamentación humana

Desde tiempos inmemoriales, y con diferentes intenciones, el hombre ha sentido la necesidad de adornar su cuerpo. Hablar de los orígenes de la ornamentación es hablar del propio origen del ser humano. El estudio de la historia de la ornamentación humana constituye un valioso instrumento para reconstruir la propia historia del hombre a través de sus costumbres, tradiciones y creencias; de sus conocimientos tecnológicos y de sus gustos estéticos. Los adornos u ornamentos son signos que comunican, instrumentos que tienen una función en sí mismos y que poseen un fin determinado.

En el paleolítico la representación pictórica perseguía un efecto más mágico que estético, tenía por objetivo la mera escenificación del acontecimiento, de un hecho que inevitablemente iba a suceder. El artista del paleolítico era cazador y el arte era para él una técnica mágica de caza; no diferenciaba entre realidad y ficción, entre cazar y pintar, la única intención era asegurar la continuidad de su subsistencia diaria.

El conocimiento humano tiende a clasificar y agrupar los efectos y las causas en conceptos de similitud, a transformar situaciones y provocar efectos por la vía mimética de la representación. No es de extrañar, pues, que los objetos que el artista paleolítico utilizara para adornarse tuvieran un carácter mágico y estuvieran relacionados con sus funciones. De este modo, por ejemplo, las conchas, por su relación simbólica con lo femenino y la fertilidad, eran objetos utilizados para asegurar el embarazo y preservar la continuidad de la especie. Otros objetos, como dientes y plumas, se utilizaban para conferir a su portador fuerza y energía. Sólo desde la certeza de su función, se puede entender que a estos objetos se les diera un valor, incluso de intercambio, que les otorga la categoría de objetos preciados, de objetos preciosos.

En el neolítico, con el dominio de la agricultura y la ganadería, tienen lugar los primeros asentamientos humanos, los excedentes, el intercambio de productos y el comercio; y es a partir de entonces que es posible dedicar cierto tiempo a otras tareas que no sea la propia supervivencia diaria. Con la aparición de los primeros indicios de sociedad e interrelación entre los distintos grupos, se produce una especialización de la producción y cierta jerarquización de la actividad, especialmente la organización del trabajo. Aparecen las clases sociales y también los oficios, entre ellos la primera joyería. La organización social dejaba entrever ciertas necesidades, que anteriormente no eran contempladas, como los aspectos psicológicos y morales, la confrontación del individuo con la colectividad o lo que atañe a la propia intimidad.

La organización y socialización provocó un cambio de valores con relación al paleolítico; los ritos y los cultos sustituyeron la magia espontánea. El cazador recolector del paleolítico no razonaba su existencia fuera de la cotidianidad; en cambio, el agricultor, ganadero o productor del neolítico siente múltiples posibilidades con relación a su destino y cree que éste depende de fuerzas inteligentes y superiores. Aparece el culto al sol y a la luna, surge la idea de lo desconocido y lo sobrenatural; es tiempo del animismo y de la creencia en un alma inmortal.

Durante el neolítico se establecen las bases técnicas, socioeconómicas y religiosas de lo que conocemos como época histórica y que abarca desde las primeras civilizaciones hasta nuestra contemporaneidad. Las joyas han sido testigo de excepción de este período de tiempo marcado por la evolución y los cambios permanentes.

▲ Cada joya es un fragmento, una pequeña crónica de la gran historia de la humanidad.

▲ Cuchillo ceremonial. Siglo XII, Perú.

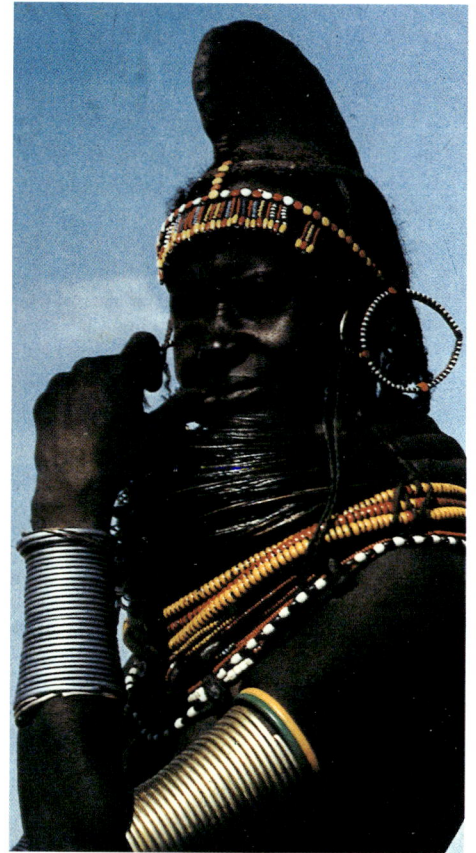

▶ Broche realizado por Xavier Domenech, 1993.

El impacto de la revolución industrial sobre la sociedad europea de la segunda mitad del siglo XIX, es el contexto en que surgen ideas como las de John Ruskin, y de William Morris. Éstos denunciaban que la máquina y la división del trabajo impiden una relación auténtica entre el obrero y el producto de sus manos, y proclamaban, con una mezcla entre las nuevas ideas sociales y una visión romántica de la tradición medieval, el valor del trabajo artesano y el arte en la vida cotidiana. Estas propuestas, que eran el ideario del movimiento inglés Arts and Crafts, ejercieron una influencia capital en la evolución de la joyería, de las artes aplicadas y del diseño industrial a lo largo de todo el siglo XX.

Todas estas ideas renovadoras cristalizaron, en el último decenio del siglo XIX, en un nuevo estilo internacional que tuvo una gran implantación social y que transformó de forma radical el mundo del arte, desde la arquitectura a la joyería y especialmente el ámbito de las artes aplicadas. Art Nouveau, Modern Style, Modernismo, Jugendstil, Sezession y Liberty, son diferentes expresiones nacionales de un cambio que se extendió por toda Europa.

Frente al academicismo imperante apareció un mundo de ornamentación naturalista lleno de color, de formas lineales y sinuosas, donde prevalecían los motivos florales y vegetales, de insectos y pájaros y donde, por lo común, la figura femenina era el centro. Por primera vez en la joyería se valoró más la creatividad y la imaginación que los materiales empleados. Esto permitió a los joyeros una gran libertad de creación e hizo posible que algunas de sus obras adquirieran el rango de auténticas obras de arte.

Siguiendo más de cerca las ideas de W. Morris, y en contraposición con el lujo de París, el Sezession y el Jugendstil se extendieron por todo el centro de Europa preconizando un estilo mucho más sobrio y austero, donde prevalecían los criterios de racionalidad, funcionalidad y claridad, realizándose diseños en los que predominaba la abstracción y las líneas geométricas y simples.

Los artistas escandinavos, y en particular Georg Jensen, desde Dinamarca, introdujeron en el nuevo estilo un aire mucho más frío y moderno, trabajos que tendrán plena vigencia hasta nuestros días. Los arquitectos Joseph Hoffmann, que trabajaba con el Wiener Werktätten, centro de artes y oficios de Viena, y el belga Henry Van de Velde, que consideraba una obligación moral crear joyas no para una elite sino para un público más general, produjeron sus joyas con procesos industriales de fabricación; realizaron diseños que no sólo anunciaban el advenimiento del Art Deco, sino que también prefiguraban lo que iba a ser el diseño en la joyería a partir de la década de los sesenta.

El Art Deco se convirtió, a partir de 1925, en el segundo gran movimiento internacional de las artes industriales del que participó la joyería en el siglo XX. Después ya no se implantará ningún otro estilo vanguardista de forma generalizada.

Se produjeron joyas en las que volvía a predominar el valor de los materiales, pero también se produjo joyería industrializada que utilizaba los nuevos materiales sintetizados por la industria: galalita, baquelita y metales industriales como el níquel, el cromo y el aluminio, que claramente no pretendían imitar a la joyería preciosa.

▲ En 1895 se abre en París la galería Maison de l'Art Nouveau, en la que se exponen objetos diseñados en este nuevo estilo, y que denota una gran influencia del arte oriental. En la Exposición de 1900, René Lalique convierte París en la capital de la joyería, con el rotundo éxito de su nueva colección de joyas. Pectoral en forma de libélula, de René Lalique.

◄ Broche de plata, malaquita, ópalo y coral, obra de Joseph Hoffmann, 1903-1905.

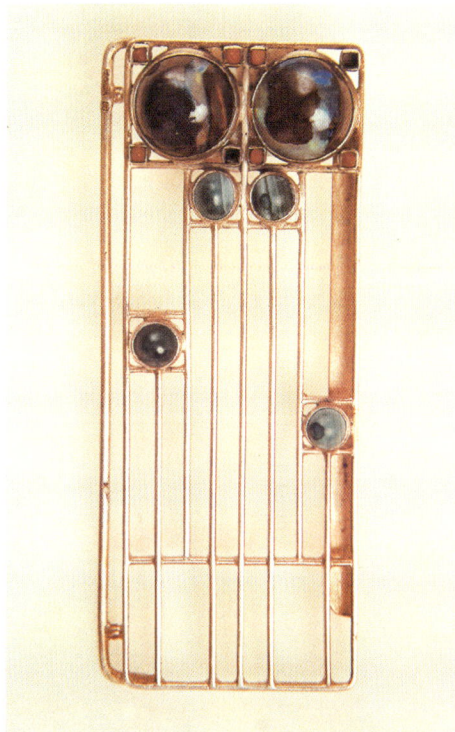

▲ Pulsera de plata cromada realizada por Naum Slutzky, 1931.

◄ El Art Deco se expresó en un estilo geométrico, claro y preciso, dando preferencia a las formas puras, amplias y simplificadas, sin elementos figurativos y con una técnica rigurosa. Broche de autor anónimo realizado en platino, cristal de roca ónix y diamantes.

Con el estallido de la Segunda Guerra Mundial, se interrumpió un proceso que no se reemprendió hasta mediados de los años cincuenta. La posguerra significó un retroceso generalizado del espíritu de vanguardia, y una separación entre la evolución de la joyería y el resto de las artes. Las ideas de que la auténtica joya es la que presenta las formas tradicionales y de que constituye una inversión en materiales de valor se generalizaron entre las grandes firmas; este concepto tardó varias décadas en superarse por la evolución de las costumbres sociales y económicas.

La joya como arte empezó a desarrollarse a mitad de los años cincuenta, como una vía de expresión personal tanto para el creador como para el portador de la joya, reemprendiendo el espíritu renovador de principios de siglo y a la cual tendrán acceso sólo unas minorías.

El desarrollo industrial y económico de los años sesenta provocó la democratización de los bienes de consumo y la implantación generalizada de la sociedad del bienestar, iniciándose a partir de entonces una redefinición de la función social de la joya. En esta renovación, las escuelas de arte y diseño tuvieron un papel determinante; desaparecida definitivamente la figura del aprendiz de los talleres, son las escuelas de formación profesional especializadas y las escuelas de arte las que se encargan de formar a los nuevos joyeros. Las escuelas permiten un ámbito de trabajo y experimentación más abierto a los cambios y a las nuevas influencias frente al conservadurismo tradicional de los talleres profesionales.

En este contexto, y bajo influencia de algunas de las ideas de W. Morris, sobre el valor del oficio y la artesanía, y de la Bauhaus sobre la integración del diseño en la industria, apareció lo que se ha venido denominando la nueva joyería, joyería de arte o joya de diseño.

Una de las escuelas que desempeñó un papel decisivo en el desarrollo de la joyería, en los años sesenta y setenta, fue la Escuela de Artes y Oficios de Pforzheim, dirigida por Karl Schollmayer y que contaba con profesores como Klaus Ullrich o Reinhold Reiling, que propugnaban la integración de la joyería en las corrientes artísticas contemporáneas y la renovación de las técnicas tradicionales. En otras escuelas aparecían propuestas de renovación parecidas; tal es el caso de la escuela Técnica Superior de Düsseldorf y desde allí Friedrich Beker, conocido por sus joyas cinéticas; la Academia de Munich, con Hermann Jünger y la Escuela Massana de Barcelona, con Manel Capdevila como director. A ellas se sumaron posteriormente otras escuelas de Europa, Estados Unidos y Japón.

◄ Broche de oro y diamantes realizado por Reinhold Reiling, 1970.

► Pieza para el cuello, obra de Hermann Jünger, 1979.

Entre 1950 y 1970, destacó un grupo de joyeros escandinavos, en cuyos trabajos predominaba el empleo de piedras, la utilización de formas simples, con gran pureza de líneas, y las superficies pulidas, especialmente en plata. Es el caso de Georg Jensen, en Dinamarca, Sigurd Persson y Olle Ohlsson, en Suecia. La firma finlandesa Lapponia Jewelery, con diseños de Björn Weckstrom, fue la pionera en demostrar que un buen diseño no está reñido con la producción industrial ni con un rendimiento económico.

El segundo grupo más numeroso fue la escuela alemana, que a pesar de su nombre incluye creadores de diversas sensibilidades y nacionalidades; en ella destacan las formas geométricas y las estructuras complejas, el empleo de materiales no preciosos y el deseo claro de expresar su individualidad por medio de la pieza única; hecho que permitió el desarrollo de la nueva joyería al margen de la industria.

Cabría destacar a Bruno Martinatzi, Francesco Pavan, en Italia; el eslovaco Anton Cepka; Peter Skubic, en Austria; en Alemania,

Gerd Rohman, Rüdiger Lorenzen, Claus Bury y Manfred Bischof; en Suiza, Max Frölich y Otto Künzli; el holandés Onno Boeckout; los catalanes Aureli Bisbe, Joaquim Capdevila y Ramón Puig Cuyás, principalmente, así como muchos más que harían interminable la lista.

► Broche de Anton Cepka, 1991

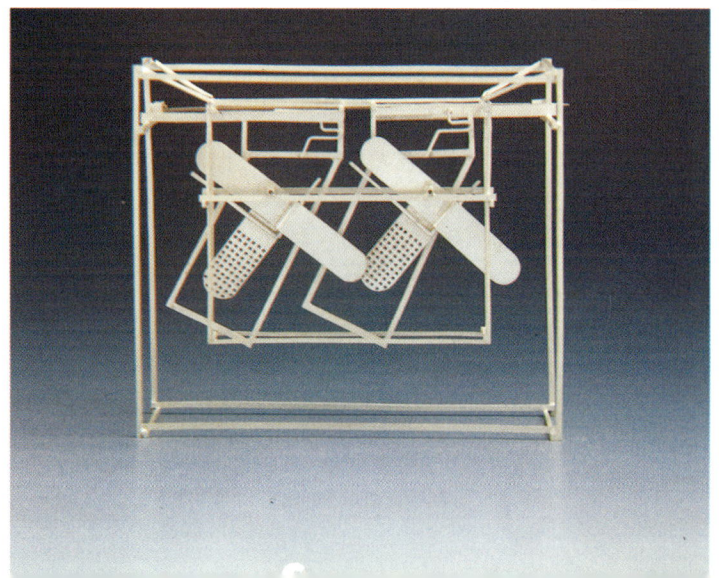

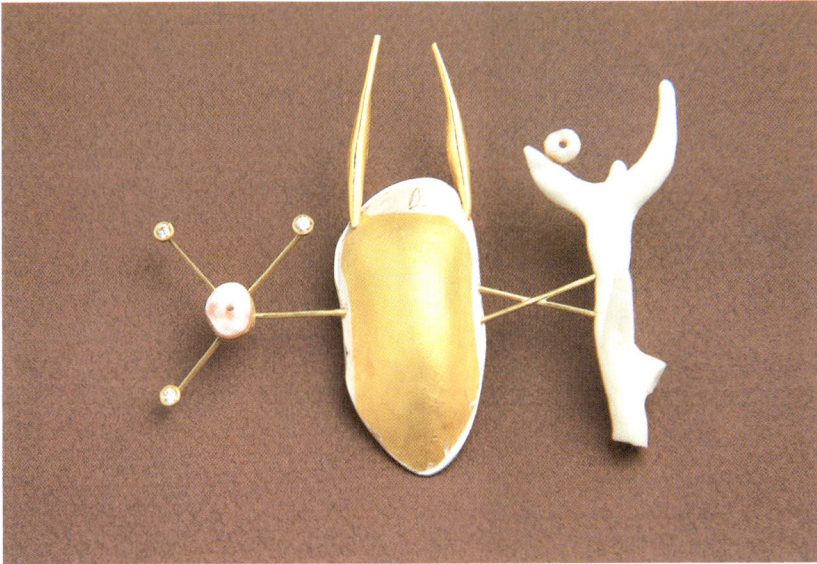

▲ Broche de Manfred Bischoff, 1991

▶ Broche de Bruno Martinazzi, 1972.

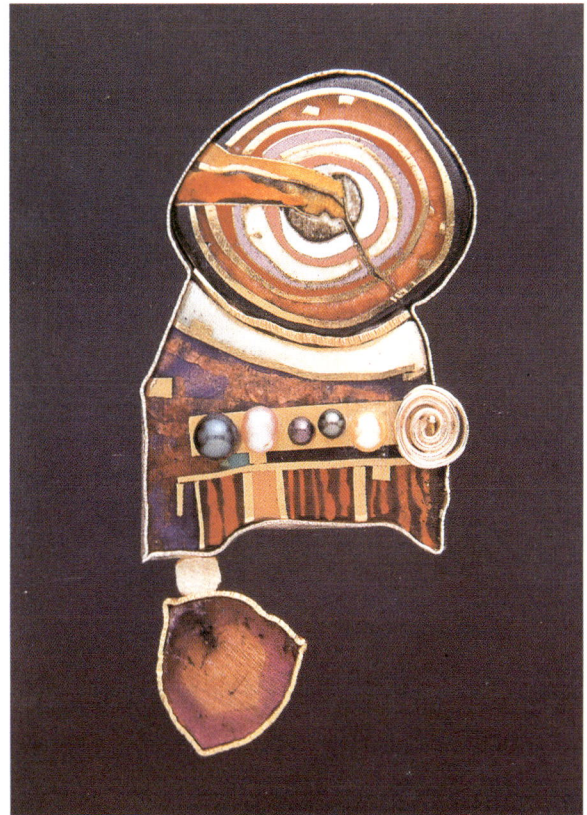

▲ En Estados Unidos prevalece un estilo más ecléctico, alejado de las líneas puras y geométricas predominantes en Europa, que se decanta por un lenguaje más figurativo y narrativo, abigarrado de formas y símbolos, con preferencia por el uso del colage. Stanley Lechzin y William Harper son dos artistas destacados. Broche realizado por William Harper, 1992.

La nueva joyería deja de ser un fenómeno nuevo y excepcional, surgen nuevos artistas de los numerosos departamentos de joyería de las escuelas de arte de todo el mundo. Se desdibujan las diferencias entre las distintas escuelas y se forja un estilo cada vez más internacional.

Entre 1980 y finales de los noventa, la joyería convencional pierde las connotaciones de ostentación y riqueza, y se generaliza el gusto por las joyas de oro y piedras preciosas de diseño sencillo pero elegante.

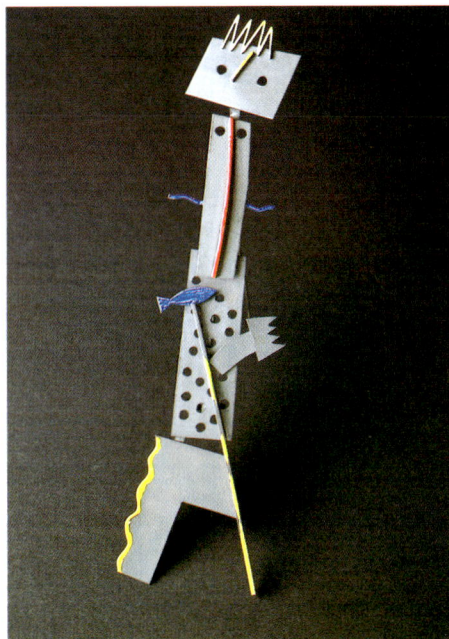

▶ Broche *Arturus* realizado en plata oxidada y pintada por Ramón Puig Cuyás, 1989.

Al mismo tiempo la joyería de creación se divide en dos tendencias bien distintas que marcarán este final de siglo. Por un lado, la joya de diseño orientada al mundo de la moda y el diseño industrial, y que tiene por objetivo complacer la demanda del mercado; por otro, la joyería comprometida en expresarse a través de los valores universales del arte como forma de expresión personal y que busca una complicidad con el usuario. Esta última es una joyería creada más por el puro placer estético que por intereses comerciales; una joyería que intenta adecuar los valores simbólicos y espirituales, que desde sus orígenes han caracterizado a la joyería, a una sociedad tecnológica que se enfrenta al reto de un nuevo milenio.

El progreso de las civilizaciones está estrechamente ligado al progreso de su metalurgia. Actualmente, los restos de las civilizaciones antiguas se estudian a partir de los metales que entre ellos se encuentran. Debido a su color amarillo y a su perdurabilidad, el oro se ha utilizado en casi todas las culturas conocidas.

El oro, en latín *aurum,* que significa aurora brillante, nos recuerda que algunas civilizaciones pensaron que era parte del Sol y le atribuyeron propiedades mágicas. Los egipcios amortajaron con él a los faraones, para asegurar su llegada al otro mundo. En la Edad Media los alquimistas y los filósofos intentaron aislar los principios capaces de convertir un metal vulgar en oro. Posteriormente se le atribuyeron poderes curativos, que se descartaron con el paso de los años.

Este metal precioso siempre ha deslumbrado al hombre; por él se han entablado guerras y levantado ciudades. Su valor como signo de ostentación y poder ha sido ansiado desde antaño por la mayoría de los pueblos y las culturas. Actualmente, el poder del oro sigue vigente.

La metalurgia

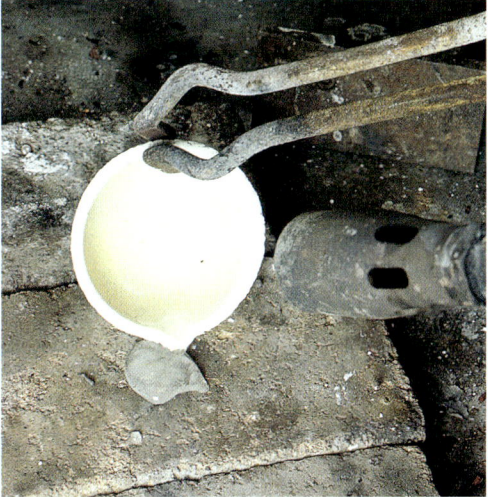

Propiedades de los metales

Todo cuanto nos rodea tiene una composición molecular, mezcla de 103 elementos primarios conocidos, que forman la tabla periódica. Entre estos elementos figuran el oro, la plata, el platino, el cobre, el cadmio, el estaño y el plomo. Los elementos de la tabla periódica, cada uno designado por su respectivo símbolo, se caracterizan por poseer una determinada estructura, un peso y un número atómico. Cuando estos metales se mezclan entre sí, sus características varían; se endurecen o ablandan, cambian de color, y aumenta o disminuye su punto de fusión.

El oro, la plata y el platino son los principales metales de las aleaciones que se tratarán en este libro. Éstos son los que pondremos en más proporción dentro de una aleación de metal precioso; el resto aparecen en una proporción menor, pero son los que cambian las propiedades de los anteriores cuando se funden entre sí.

Para dar dureza o maleabilidad al metal, hay que conocer el comportamiento de su estructura interna cuando es sometido a distintos cambios de temperatura y presión.

A temperatura ambiente, el metal está formado por una serie de estructuras regulares dispuestas en un orden; los llamamos cristales. La estructura del metal puede compararse con un panal de abejas, formado a partir de hexágonos de cera superpuestos para formar una estructura mayor. Existen siete sistemas de cristales y catorce configuraciones de enrejado; algunos cristales tienen forma cúbica y otros formas hexagonales. Los metales que se trabajan en joyería (oro, plata, cobre, níquel, plomo, aluminio) tienen todos la misma estructura cúbica cristalina.

Cuando se funde el metal, éste deja de ser sólido para convertirse en líquido, sustituyendo su estructura geométrica inicial por una estructura menos geométrica y ordenada.

Cuando el metal se enfría, empieza a recuperar su estructura, pero lo hace desordenadamente, formando una especie de racimos que tienen todos el mismo orden pero no necesariamente la misma orientación. A medida que el metal se enfría, se forman más y más racimos hasta que chocan entre sí; se van formando unas líneas o fisuras donde confluyen los racimos. Cuanto más pequeñas y juntas están estas líneas, más duro es el metal; los cristales en los límites no pueden moverse. Cuando se trabaja un metal mediante laminado, forjado, estirado o cualquier otro tipo de proceso, estos grupos o racimos están cada vez más comprimidos, de manera que crean más límites, reducen los espacios libres y ganan cada vez mayor dureza. Cuando el metal se calienta hasta su temperatura de recocido, recupera una estructura cristalina próxima a la inicial, es decir, vuelve a un enrejado más ordenado y, por lo tanto, nuevamente es dúctil y apto para trabajar. Aplicando calor se acelera el movimiento de los átomos y la subsiguiente recristalización. A este proceso se le llama recocido; en este estado el metal posee pequeñas dislocaciones o vacíos que permiten un mayor movimiento de los cristales, razón por la cual es más maleable.

También es muy importante la manera en que el metal se enfría hasta llegar a la temperatura ambiente. Si se enfría de golpe con agua, se interrumpe el proceso de ordenación. Hay casos en los que es necesario enfriar el metal rápidamente para conservar la estructura de los cristales y casos en que no es aconsejable hacerlo; depende del metal utilizado y de la temperatura alcanzada en el recocido.

▲ Los metales en estado fino se acostumbran a suministrar en forma de granalla o en forma de plancha laminada.

◀ Enfriar un lingote de plata bruscamente es útil en caso de realizar un trabajo de forja o trefilado.

El oro es uno de los metales más maleables que existen, pero sin alear resulta demasiado blando. Para darle dureza y así realizar trabajos de joyería, es necesario alearlo, es decir, mezclarlo con cobre, plata o paladio, para conseguir mayor resistencia, o para variar su color hasta obtener el matiz deseado de oro amarillo, paja, blanco, etc.

El título del metal y sus cálculos

Una vez limpio de impurezas, el oro puede denominarse oro fino, o usando una terminología profesional, oro de 1.000 milésimas o de 24 quilates.

El título del metal indica su pureza. Ésta puede expresarse en quilates o en milésimas. Los dos términos son unidades de medida que indican el **título** del metal. El título 18 quilates indica que de 24 partes, 18 son de oro fino y las 6 restantes son de aleación. Estos 18 quilates pueden expresarse en milésimas, unidad de medida mucho más precisa y profesional: el oro de 18 quilates es oro de 750 milésimas, pues contiene 750 partes de oro fino y 250 partes de liga.

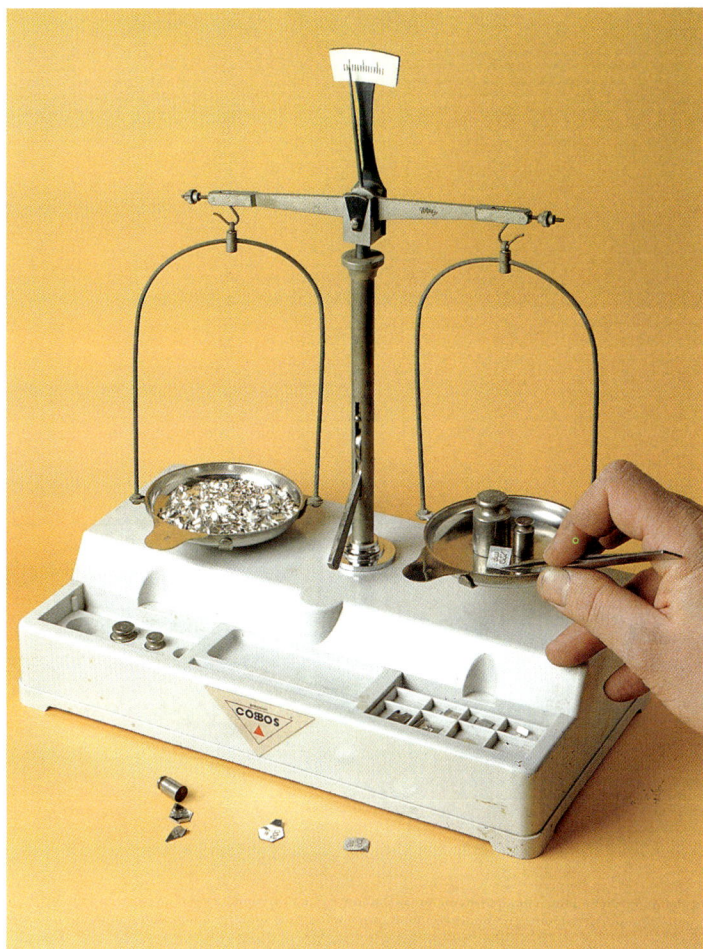

▲ Balanza de precisión. Es un instrumento imprescindible para la preparación de las distintas aleaciones.

▼ Desde la antigüedad, los fabricantes y los gremios han contrastado las piezas con punzones identificativos del artesano; gracias a estas marcas hoy en día se puede catalogar y conocer su origen.

◄ *Relicario de la Santa Cruz.* Museo degli Argenti, Florencia (Italia).

Equivalencias entre quilates y milésimas

Quilates	Milésimas
24	1.000
22	916
18	750
14	583
9	378
1	41,6

Un **quilate** equivale a 41,6 milésimas:

$$1 \text{ quilate} = \frac{1.000 \text{ milésimas}}{24 \text{ quilates}} = 41,666 \text{ milésimas}$$

Por lo tanto, si se desea saber cuántos quilates tiene un metal de 750 milésimas sólo tendremos que dividir la ley del metal que queremos conocer entre 41,6 quilates.

$$\text{Quilates} = \frac{\text{Ley del metal}}{41,6} = \frac{750}{41,6} = 18 \text{ quilates}$$

En cada país existe una ley de metales preciosos. Ésta impone unos mínimos de calidad y debe respetarse.

En un taller se suelen tener piezas para fundir de distintas procedencias y, por lo tanto, no conocer su ley. En estos casos lo más recomendable es llevar una pequeña muestra a un laboratorio especializado, cuyo análisis dará un resultado más exacto expresado en milésimas. El paso siguiente será aumentar o disminuir el título de estas aleaciones. Si el título que tenemos está por debajo del título que se desea, se debe aumentar añadiendo oro fino: en el caso contrario, es decir, que tengamos un título más alto, por ejemplo, oro de 916 milésimas (22 quilates), deberemos disminuir el título añadiendo liga al lingote inicial. Para ello utilizaremos las fórmulas enumeradas a continuación.

Cómo aumentar con oro fino un título más bajo

La siguiente fórmula resulta muy útil cuando se quiere convertir una ley baja en otra alta, añadiendo oro fino. Se debe tener presente que 1.000 milésimas corresponden a la ley del oro fino y que, en este caso, la ley deseada es siempre la ley más alta.

Fórmula 1

$$\frac{(\text{Ley alta} - \text{Ley baja}) \times \text{Peso del lingote}}{1.000 - \text{Ley alta}} = \text{Gramos de oro fino}$$

Por ejemplo, si se quisiera aumentar un lingote de 20 g de 500 milésimas (ley baja) a 750 milésimas (ley alta), se tendrían que añadir 20 g de oro fino, tal y como se puede comprobar al desarrollar la fórmula:

Ejemplo A

$$\frac{(750 - 500) \times 20 \text{ g}}{1.000 - 750} = \frac{5.000}{250} = 20 \text{ g de oro fino para añadir}$$

Así pues, al añadir 20 g de oro fino a los 20 g de 500 milésimas que ya se tenían en un principio, se obtiene un lingote de 40 g de aleación de 18 quilates (750 milésimas).

Cómo conocer la cantidad de oro fino que contiene una aleación determinada

Otra fórmula, muy útil, que permite conocer la cantidad de oro fino que contiene una aleación determinada, consiste en multiplicar el peso de la aleación que tenemos por el título de dicha aleación y dividirlo por 1.000: el resultado es la cantidad de oro fino que contiene y la diferencia es la liga.

Fórmula 2

$$\frac{\text{Peso inicial} \times \text{Título de la aleación}}{1.000} = \text{Cantidad de oro fino que contiene la aleación}$$

Si se aplica la fórmula al ejemplo anterior (un lingote de 40 g de 750 milésimas), el resultado sería:

Ejemplo B

$$\frac{40 \times 750}{1.000} = 30 \text{ g de oro fino}$$

Por lo tanto, el lingote de 40 g de aleación de 18 quilates (750 milésimas) contiene 30 g de oro fino.

Si se retoma el ejemplo A y se calcula cuánto oro fino contiene la aleación inicial de 500 milésimas, puede verificarse que efectivamente el lingote de 40 g de aleación de 18 quilates contiene 30 g de oro fino.

Primero se ha de calcular cuánto oro fino contiene la aleación de 20 g de 500 milésimas:

Ejemplo C

$$\frac{20 \times 500}{1.000} = 10 \text{ g de oro fino}$$

El resultado es 10 g de oro fino. Por lo tanto, si se suman estos 10 g de oro fino que contiene la aleación de 500 milésimas a los 20 g de oro fino que se añadieron en el ejemplo A, se obtienen 30 g de oro fino en total, es decir, el mismo resultado que se obtuvo al desarrollar el ejemplo B.

Cómo se puede disminuir con liga un título más alto

La siguiente fórmula permite rebajar una ley alta añadiendo liga al metal. En este caso, la ley baja es la ley deseada.

Fórmula 3

$$\frac{(\text{Ley alta} - \text{Ley baja}) \times \text{Peso del lingote}}{\text{Ley baja}} = \text{Liga para añadir}$$

Por ejemplo, si es necesario pasar 25 g de oro de 22 quilates (o 916 milésimas) a 18 quilates (750 milésimas), se aplicará la fórmula anterior de la siguiente manera:

Ejemplo D

$$\frac{(916 - 750) \times 25}{750} = \frac{4.150}{750} = 5,53 \text{ g de liga}$$

Así pues, si a los 25 g de oro de 22 quilates (916 milésimas) le añadimos 5,53 g de liga, obtendremos un lingote de 30,5 g de 18 quilates.

Recuerde que un quilate se refiere a la aleación y no tiene nada que ver con la medida quilate utilizada en las piedras preciosas, que es una unidad de peso igual a 0,2 gr.

Oro

Símbolo	Au
Número atómico	79
Peso atómico	196,9
Densidad	19,3
Punto de fusión	1063 °C

Cómo conocer el quilataje de una aleación

En el taller el método más utilizado es el de la "piedra de toque". Su realización es fácil y se usa con frecuencia para determinar el quilataje del oro. Sin embargo, no es tan preciso como un análisis químico realizado por un experto, que indica con mayor exactitud el título del metal en milésimas.

El método consiste en rayar la piedra de toque con una muestra del metal del que deseamos conocer su ley, junto a otra raya de aleación conocida. Aplicamos ácido de toque a las dos rayas para observar si el brillo cae en la raya o no. Si el brillo de las dos rayas se mantiene, más próxima a esta ley está la muestra.

Por ejemplo, si queremos saber si un anillo de oro es de 18 quilates, primero debemos limar la pieza para eliminar así un posible baño; una vez hecho esto, rayamos por este punto en la piedra de toque, justo al lado de otra raya hecha con un pedazo de oro de 18 quilates. Seguidamente, ponemos una gota de ácido de toque de 18 quilates en las dos muestras, y observamos si el brillo se mantiene igual que en la segunda muestra o si, por el contrario, cae. La caída de brillo indica que el oro es inferior a 18 quilates; si se mantiene, el brillo indica que el quilataje es igual o superior a 18 quilates, pero no indica el quilataje exacto.

El ácido de toque aplicado a una muestra indica con cierta imprecisión que el metal es superior al quilataje del ácido utilizado. Para saber si el oro es de 22 quilates tendríamos que repetir la operación con el ácido de toque para 22 quilates, en caso de que la muestra mantuviera el brillo en 18 quilates. Si el brillo en 18 quilates cayera, tendríamos que repetir la muestra con ácido de toque de 14 quilates y así sucesivamente, hasta que el brillo se fijase en algún quilataje.

Para comprobar si una pieza es de plata existen ácidos de toque específicos, pero si decidimos analizarla, con el ácido de toque de 18 quilates utilizado para el oro, la raya se volverá de color azul claro, pues habrá reaccionado en cloruro de plata.

▶ Para comprobar el quilataje de una aleación se frota la pieza encima de una piedra de toque y se aplica ácido de toque del mismo quilataje. En este caso, se frotó un poco de plata y un poco de oro de 18 quilates y se aplicó ácido de toque de 18 quilates. La plata se identifica por el tono azul y el oro por el brillo que mantiene.

Plata

La plata es un metal muy maleable, y, al igual que el oro, en estado puro es muy blanda. En su liga con el cobre adquiere mayor dureza y resistencia, pero también se vuelve más oxidable.

La plata se alea frecuentemente con cobre en una proporción de 925 milésimas como primera ley, es decir: 925 partes de plata fina y 75 partes de cobre. Es la aleación más frecuente, aunque en algunos casos, por ejemplo para embutir o para tornear, puede añadírsele una pequeña proporción de cadmio (2,5 milésimas). Éste debe tirarse en el crisol envuelto en papel de fumar, siempre y cuando el cobre y la plata estén ya fundidos; de lo contrario, se perderían propiedades en la aleación, ya que el cadmio se oxida rápidamente y se volatiliza.

Plata		
	Punto de fusión	Densidad
Plata fina	960 °C	10,5
Plata de 925 milésimas	893 °C	10,4

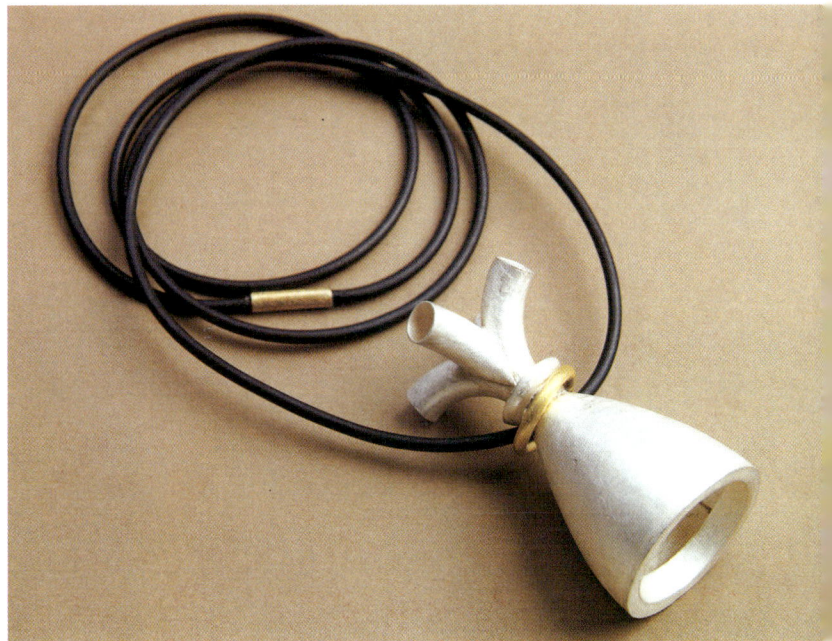

▲ El equipo básico para realizar la comprobación por el método de la "piedra de toque" requiere distintos ácidos, así como una piedra y una estrella. Los ácidos de toque más usuales son los de 14, 18 y 22 quilates. La estrella tiene en cada punta un título distinto que se utiliza como muestra para comprobar el quilataje.

▶ Colgante de plata, obra de Xavier Doménech.

Fundición

Antes de proceder al fundido en sí, es imprescindible conocer varias operaciones básicas. La más importante es la preparación de la liga del oro y de la plata para que se ajuste al título o ley.

En joyería, la aleación más utilizada para el oro es la de 750 milésimas o 18 quilates. Se acostumbra a multiplicar por 0,33 la cantidad de oro fino que se posee para encontrar la aleación necesaria y añadirla al oro fino que tenemos.

Ejemplo: si se tienen 75 g de oro fino, ¿cuánta liga se precisa para lograr el peso total de la aleación? El resultado es 24,75 g de liga:

75 g × 0,33 = 24,75 g de liga que se añadirá al oro fino.

El peso total será: 75 + 24,75 = 99,75 g de oro de 18 quilates.

Ligar el 33,33 % es lo correcto, pues ajusta perfectamente a las 750 milésimas que marca la ley. Muchos fundidores y fabricantes añaden sólo un 32 %, asegurando una ley más alta, especialmente si se funde con centrífuga.

◄ La plata, el cobre y el fundente son los tres elementos esenciales para preparar las aleaciones.

▲ 1. El metal puede fundirse en distintos tipos de horno; en este caso, se ha utilizado un horno de gas con turbina eléctrica, que contiene un crisol de grafito en su interior.

▲ 2. Una vez fundido el metal, debe colarse en una chaponera en el caso de desear obtener una plancha.

◄ 3. Si el objetivo es obtener un riel para preparar hilo, el metal fundido debe colarse en una lingotera. Es importante que las lingoteras estén calientes en el momento de colar el metal; en caso contrario, el metal puede salir escupido por el choque térmico.

Aleación de oro amarillo	Metal	En milésimas	Porcentaje
Oro verde	Oro fino	750	100
	Plata	187	25
	Cobre	62	8
Oro paja	Oro fino	750	100
	Plata	125	16,65
	Cobre	125	16,65
Oro rojo	Oro fino	750	100
	Plata	62	8
	Cobre	187	25

▲ ▼ Tablas A y B.

Distintas aleaciones de oro blanco paladiado (en milésimas)			
Oro	Paladio	Plata	Cobre
750	125	125	–
750	80	125	45
750	200	50	–
750	250	–	–

▲ **4.** Una vez colado y frío el metal dentro de las distintas lingoteras, se obtiene el lingote inicial. Éste se debe decapar antes de empezar a laminarlo.

Oro amarillo

El oro amarillo de 18 quilates suele ligarse con una liga compuesta por una mitad de cobre y la otra de plata. Según las proporciones que se utilicen, se obtendrán un color y una dureza distintos. En la tabla A se pueden apreciar las aleaciones más frecuentes para realizar una aleación de oro amarillo.

Cuanto más cobre contenga la aleación, más rojo y más duro será el metal; y cuanta más plata, más amarillo y más blando.

También existen ligas preparadas para fundir directamente, las cuales, una vez ligadas con oro fino, confieren al oro de ley distintas características y colores.

Oro blanco

Del mismo modo que en las distintas aleaciones de oro amarillo (oro verde, oro paja y oro rojo), el oro blanco se consigue variando 250 milésimas de aleación con distintas proporciones de paladio, plata y níquel. El oro blanco tiene un tono amarillo muy pálido, y es por ello que habitualmente se le da un baño electrolítico de rodio después de su pulido. Las aleaciones más aconsejables para trabajar son las realizadas con paladio y plata (véase la tabla B).

El oro totalmente paladiado resulta muy blando, por lo que puede ser útil para trabajos como el forjado, pero es un inconveniente cuando se han de construir garras de hilo para galerías o para trabajos que requieren un metal más resistente. Para fundir las aleaciones con paladio se precisa una temperatura más alta; por lo tanto, es aconsejable utilizar oxígeno.

Fundentes y purificadores

Cuando se funde el metal es conveniente utilizar productos que lo limpien y lo protejan de la oxidación. El producto más conocido es el bórax, que, aplicado en el momento de fundir, elimina la oxidación superficial y eleva ligeramente el punto de fusión de la aleación.

Otros fundentes empleados tradicionalmente son la sal común, el nitrato de sodio, o el nitrato de potasio o sal nitro, que da un excelente resultado como limpiador de la fundición. Asimismo, el bicarbonato sódico se usa en especial para fundir la limalla.

▼ Pendientes de oro blanco realizados por Giampaolo Babetto.

Para saber el oro fino que tiene una aleación

Se multiplica el peso que tenemos por 750, en el caso de ser de 18 quilates, y se divide por 1.000. El resultado será oro fino.

Para saber el metal ligado

Se multiplica el peso de metal fino por 1.000 y se divide por la ley de la aleación, que en nuestro caso sería 750. El resultado es oro de ley.

Si tenemos un modelo de un metal determinado y queremos saber cuánto pesará en oro o en plata

$$\frac{\text{Peso del modelo} \times \text{Densidad del metal para fundir}}{\text{Densidad del metal del modelo}} = \frac{\text{Peso}}{\text{de la pieza}}$$

Recocido y decapado

▲ Habitualmente el recocido se realiza con el soldador, procurando aplicar el calor de forma uniforme para recocer todo el metal por igual.

El recocido y el decapado son dos procesos muy utilizados en joyería. No existe uno sin el otro y se suelen efectuar varias veces, especialmente en trabajos de forja o trefilado.

El trabajo del metal por medio mecánico conlleva un endurecimiento del mismo que implica un recocido. El recocido genera una oxidación superficial, que debe eliminarse con un decapado.

Recocido

Al ser trabajados, los metales se endurecen paulatinamente hasta que llega un momento en que, de continuar trabajándolos, se partirían. Es entonces cuando se procede a recocer. El proceso consiste en calentar el metal hasta un punto llamado "de recocido". Es en este punto donde el metal vuelve a recuperar una ordenación cristalina muy próxima a la inicial, y a ser dúctil y apto para continuar trabajándolo. Si no se recociera, el metal empezaría a agrietarse y a partirse. Es importante que la temperatura de recocido no sea excesiva, pues se producirían unos cristales internos excesivamente grandes. Por el contrario, si la temperatura es escasa, los cristales no alcanzarían el tamaño idóneo.

No todos los metales se recuecen a la misma temperatura ni en el mismo momento. El oro fino prácticamente no precisa recocido, pero aleado a 18 quilates necesitará un primer recocido al llegar a una reducción de un 75 % de su volumen inicial.

Es aconsejable recocer sobre un bloque de carbón vegetal, pues se reduce la oxidación y se puede ver mejor el color rojizo del recocido. Se mantendrá al rojo durante unos segundos para luego dejarlo enfriar.

Cada metal tiene una temperatura y un tiempo idóneos de recocido. En el proceso se requiere cierta práctica en la observación del color pardo rojizo que alcanza el metal al ser recocido.

También se puede recocer en un horno que tenga una buena regulación de temperatura. Manteniendo el metal en su interior durante cierto tiempo pueden lograrse recocidos perfectos. En el caso del oro paja (que contiene 750 milésimas de oro fino, 125 milésimas de plata y 125 milésimas de cobre), una vez reducido a un 75 % su volumen, lo óptimo es un recocido durante 30 minutos a 550 °C. Sin embargo, en los talleres artesanales no siempre es posible trabajar con horno, y cuando lo es, en ocasiones puede ser un inconveniente, ya que durante el proceso de trabajo se tiene que recocer muchas veces la pieza; por lo tanto, es más práctico y rápido hacerlo directamente con el soplete en la mesa.

Temperaturas aconsejables de recocido	
Metal	**Temperatura del recocido en °C**
Cobre	600-700
Oro	600-750
Plata fina	300-700
Platino	600-1.000
Plata de ley	sobre 750

Cuando el metal se enfría, se interrumpe de golpe el orden de los cristales. Este efecto es bueno en algunos casos, pero en otros resulta contraproducente, por ejemplo, cuando

▼ El carbón vegetal y un fuego indirecto en el recocido del hilo permiten un reparto de calor mejor y más uniforme .

se trabaja una pieza o una plancha, ya que el cambio brusco de temperatura puede deformarla. Para enfriar rápidamente el metal debe hacerse en agua; también puede utilizarse el ácido, pero se producen vapores tóxicos y salpicaduras que agujerean la ropa y al contacto con la piel provocan quemaduras.

Recomendamos recocer los lingotes de plata de ley a bastante temperatura (más de 760 °C) y luego enfriarlos con agua fría para hacerlos más maleables.

La plata en forma de pieza o plancha debe recocerse, pero sin calentarla tanto como el lingote, para posteriormente decaparla cuando su temperatura haya descendido por debajo de los 500 °C. De este modo, se evitarán las deformaciones.

En el caso del oro no es posible generalizar, pues las aleaciones de oro varían en función de qué metales y en qué cantidad se han utilizado en la aleación. Sin embargo, algunas veces enfriar de golpe permite ablandar más el oro que dejándolo enfriar lentamente.

Recomendaciones

Cuando se tenga que recocer bastante hilo de oro o de plata muy fino es fácil que éste se funda en el intento. Para impedirlo, es preciso tomar una lata vieja, poner dentro el hilo mojado en un antioxidante junto con trozos de carbón vegetal y con el soldador aplicar fuego a la lata. De este modo el calor se repartirá por un igual sin que el hilo se parta.

Otro método consiste en llenar una caja de cobre de carbón vegetal. En su interior se dispone el hilo, procurando que no toque las paredes del recipiente; se calienta el horno a temperatura de recocido y una vez alcanzada se coloca la caja en su interior.

Para evitar la oxidación puede utilizarse un antioxidante, ya que forma una película de sales que evita la oxidación del metal en contacto con el fuego.

Decapado

En la superficie del metal, después de recocido y fundido, se forma, al contacto con el oxígeno del aire, una capa de óxido derivada básicamente del cobre de la aleación. Junto con este óxido, también se encuentran restos de fundente procedentes del líquido de soldar o del bórax utilizado para fundir. Este óxido debe eliminarse. Si se trabaja con él, se estropearían las limas y el metal sería difícil de soldar. Para ello se utilizará una disolución llamada **blanquimiento.**

Para decapar el oro y la plata se acostumbra a utilizar una solución de agua con un 20 % de

▲ Decapado de varios lingotes en ácido sulfúrico. Los contenedores de plomo se utilizan para el decapado con mucha frecuencia, pues no se rompen y pueden calentarse.

ácido sulfúrico. Esta disolución debe calentarse para ser más efectiva. Si se trabaja en frío se tarda mucho más tiempo en decapar la pieza.

Normas de seguridad

El ácido sulfúrico debe añadirse siempre al agua fría, de lo contrario se generaría una peligrosa reacción.

Los vapores del ácido sulfúrico son perjudiciales; por ello debe manipularse en lugar ventilado y seguro.

Deben prevenirse las salpicaduras de ácido sulfúrico, ya que queman la piel y agujerean la ropa.

Otras disoluciones para decapar

Para la plata, el cobre y el latón, una disolución de un 10 % de ácido sulfúrico en agua da un óptimo resultado.

Para el bronce debe utilizarse una disolución que contenga ácido nítrico y agua a partes iguales, pero sólo durante unos instantes, para arrancar la primera oxidación, ya que el ácido nítrico ataca el bronce. Para un decapado seguido se puede preparar una disolución de un 20 % de ácido sulfúrico en agua.

Para el oro también se usa una disolución de una parte de ácido nítrico y diecinueve partes de agua.

La disolución de sulfúrico es la más empleada en joyería, pero genera vapores tóxicos; por lo tanto, deben tenerse en cuenta las siguientes sugerencias:

Puede realizarse una disolución que contenga de un 10 a un 20 % de alumbre potásico disuelto en agua, que una vez caliente da buenos resultados.

Otra propuesta, que además genera un agradable olor, consiste en verter dentro de una cubeta de cobre el jugo de un limón, junto con sal marina sin yodar. Cuando se mantiene hirviendo al mínimo esta disolución elimina el óxido.

Existen otras disoluciones menos agresivas que el ácido sulfúrico para decapar el metal, especialmente aconsejables si el taller no dispone de una ventilación adecuada. Los fabricantes de productos químicos para joyería comercializan algunas que, disueltas en agua, dan excelentes resultados.

En las disoluciones de ácido no hay que introducir hierro ni acero. Las pinzas que se utilicen deben ser de plástico, cobre o unas pinzas antiácido.

Después del decapado, siempre se debe enjuagar la pieza con agua y luego secarla para poder continuar trabajándola.

Recuerde

Las sales neutralizan los ácidos. Para eliminar en buena parte el ácido del interior de una pieza hueca, o de una pieza con muchos rincones, se debe utilizar una disolución de bicarbonato sódico. Después de sacar la pieza del ácido, es útil hacer un primer enjuague en una ligera disolución de bicarbonato.

Cuidados del metal y su recuperación

Para no tener problemas posteriormente, hay que asegurarse de que los metales que se utilizan en la fundición sean lo más puros posible; para ello se evitará usar cobre en prelaminados, prefiriendo siempre cobre electrolítico y plata fina.

También conviene ser muy cuidadoso con el metal y los crisoles que se utilizan. Cuando se funde por primera vez en un crisol nuevo, éste tiene que prepararse previamente; debe fundirse bórax o fundente para metal en su interior y deslizarse por todas las paredes del crisol para que así quede protegido y el metal, al ser colado, fluya mucho mejor.

▶ Debe moverse el crisol para que el fundente penetre en todo el refractario.

▼ El crisol está listo para fundir.

Cuando se funden retales sobrantes del cajón, debe tenerse mucho cuidado, pues en éste pueden haber caído restos de todo tipo. Primero deben separarse los restos que estén limpios de soldadura, luego la limalla y los restos de metal que tengan soldadura. Los restos limpios pueden fundirse directamente, aunque previamente se les pasará el imán para quitar los restos de hierro.

En caso de que la limalla esté muy sucia y que los restos de las piezas estén llenos de soldadura o presenten partículas de estaño o plomo, lo más adecuado será afinarlo en un taller especializado. No resulta muy caro y se evitan problemas con la ley del metal.

Si se decide fundir la limalla, ésta debe calcinarse en una sartén o cualquier otro útil apropiado para ello, pasándole después un imán para eliminar los pequeños restos de hierro. Si la limalla es de oro, la pondremos en un agua fuerte de ácido nítrico, el cual eliminará el cobre, la plata y el latón. Terminada la acción del ácido, que puede durar varias horas, se filtra la limalla o se decanta lavándola con agua destilada. A continuación, puede fundirse utilizando una mezcla de bórax y bicarbonato al 50 %.

La forma de fundir la limalla es importante; ésta debe mezclarse en suficiente cantidad con el bórax y el bicarbonato, de manera que cuando esté fundida se produzca una escoria líquida y fluida que permita que las pequeñas partículas de metal se depositen en el fondo del crisol y no queden en suspensión; mientras se funde deberá agitarse el metal con una varilla de material refractario. Finalizada la fundición, resulta aconsejable tomar una muestra y analizarla para conocer exactamente las milésimas de oro fino que contiene.

Dado que se trabaja con metales costosos, es importante evitar algunos metales y materiales nocivos que, mezclados en el crisol, pueden estropear la nueva liga.

Los joyeros evitan en lo posible el contacto con metales como el plomo, el estaño y el aluminio con el oro o la plata; un solo gramo de plomo podría hacer que se agriara hasta un kilogramo de oro, lo que supondría tener que recuperar todo el metal y soportar unas pérdidas de peso en el resultado final, es decir, se tendría una **merma.**

Trabajando en la astillera, ha de evitarse que caiga cualquiera de los metales antes citados; en muchos casos esto pasa desapercibido, ya que se puede haber fundido una pieza con algo de estaño y no haberlo visto oculto debajo de un baño de oro. Una vez que se ha fundido el metal y empezado a laminar, pue-

den observarse unas pequeñas fisuras en el mismo sentido; el metal está resquebrajado y no se puede trabajar. A este estado se le llama vulgarmente **agrio,** y es uno de los problemas más graves que pueden presentarse.

▲ Dentro del cajón de la mesa suelen quedar trozos de hierro procedentes de sierras y fresas rotas, así como pequeños restos metálicos que dejan las limas. Para extraer estos restos se utiliza un imán.

▼ Reacción que produce el ácido nítrico cuando ataca metales como el cobre o la plata.

▲ Agriado de oro.

El oro agriado se puede identificar visualmente por las pequeñas fisuras que se producen al laminarlo. El metal es quebradizo y resulta imposible trabajar con él. En ocasiones, también puede identificarse por el sonido: al caer sobre una superficie dura no suena como el oro en buen estado, produce un sonido mucho más grave.

Cuarteo

Es un método fácil y económico que desde antaño se realiza en los talleres pequeños. Se aplica para limpiar el oro de su aleación y de paso eliminar los metales que lo han agriado.

El proceso consiste en fundir cada parte de oro que quiera afinarse junto con cuatro partes de cobre. Una vez fundido el metal, debe laminarse a unas tres décimas de milímetro aproximadamente y cortarse en trozos de más o menos un centímetro. Seguidamente, se sumergirá la aleación en ácido nítrico y agua a partes iguales, para evitar en lo posible las salpicaduras. Llegados al punto en que al echar más ácido al metal éste no hierve, ya no se echará más, pues la reacción ha terminado. A continuación, se procederá a eliminar el ácido por decantamiento añadiendo agua destilada en la cubeta. Una vez que el oro esté filtrado y seco se podrá fundir.

El cuarteo es efectivo en muchos casos, pero puede que no elimine completamente el plomo y otros metales; además, no deja el oro en 1.000 milésimas sino próximo a ellas. Una vez terminado el proceso, sería preciso analizar su título mediante un análisis. No es recomendable ligar a un 33,33 % de liga, pues el título caería por debajo de las 750 milésimas; en caso de tener que ligarlo de nuevo sería más correcto emplear un 32 % de liga.

Si el oro está muy contaminado o se tiene mucha cantidad de limalla, es aconsejable dirigirse a una empresa especializada en afinado de metales preciosos; ésta afinará el oro con unas mermas muy ajustadas.

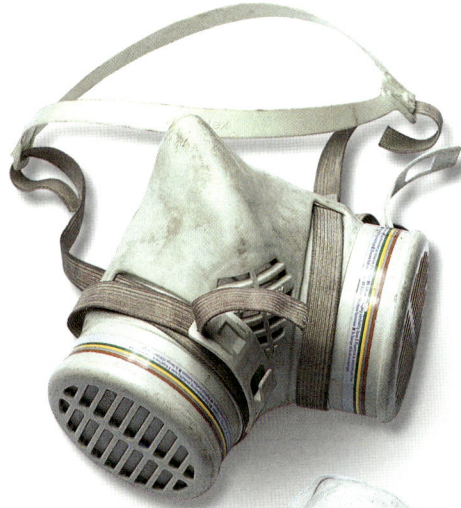

◄ ▲ Para el cuarteo es imprescindible la utilización de una máscara con filtro antiácido y guantes especiales. El cuarteo siempre debe realizarse en un lugar ventilado.

Normas de seguridad

El ácido, al hervir, emana vapores nitrosos que no deben respirarse bajo ningún concepto. Asimismo, debe evitarse cualquier contacto del ácido con la piel.

Esta operación debe realizarse en lugar ventilado, con una máscara con filtro antiácido y con guantes especiales.

Las botellas de ácido deben guardarse en un lugar seguro fuera del alcance de los niños, a poder ser, en un armario cerrado.

En caso de accidente, es preciso aclarar la parte afectada con abundante agua y acudir rápidamente al médico.

Mermas

En el proceso de elaboración de una pieza siempre se generan unas pequeñas pérdidas de metal como consecuencia de su manipulación. Muchas de estas mermas se producen al fundir. El metal se pierde por pequeñas salpicaduras generadas por el fuego demasiado potente, o por quedar pequeñas bolas de metal adheridas a la superficie del crisol, aunque este metal es fácilmente recuperable.

▼ Un buen equipo de aspiración con cabina evita que se respire polvo de abrasivo, que resulta bastante nocivo. También ahorrará mucho dinero cuando se lleve el saco del aspirador a recuperar.

▲ Las mesas de joyero tienen un particular diseño que permite la recogida del metal limado en un cajón dispuesto bajo la astillera.

La oxidación también genera pequeñas pérdidas. Cuando se funde o cuando se recuece, se produce un óxido que suele proceder del cobre de la aleación; una vez eliminado en el blanquimiento, se habrá producido una pequeña merma en el peso. Cuando se recuece, es aconsejable utilizar un antioxidante; de este modo, se evitan las pérdidas y la pieza llegará a la pulidora en buen estado superficial, sin que se haya producido lo que se llama la "piel de limón".

Otras fuentes de merma son el limado, el serrado y el esmerilado. Se origina una dispersión general de polvo que contiene metal y que nunca se logra recuperar en su totalidad; por ello es interesante esmerilar con el motor dentro de una pequeña cabina y tener limpio el cajón, procurando cepillar las herramientas

y los brazos al finalizar cada tarea.

Quizá la mayor parte de merma la genera la pulidora. En este caso la única solución es adquirir un equipo con aspiración para posteriormente recuperar los restos de pasta de pulir.

También los líquidos provenientes del lavado de manos, de los baños electrolíticos o de ultrasonido deben guardarse para su recuperación. En el mercado existen fregaderos especiales con filtro que recuperan el metal.

Basuras

Lo más aconsejable es confiar la basura a una empresa especializada en recuperación. Es la solución más rentable, ya que en un pequeño taller resulta complicado tratar ciertos metales y realizar determinados procesos que requieren instalaciones de seguridad apropiadas.

Para facilitar los trabajos debe mantenerse un alto grado de limpieza y seleccionar apro-

piadamente las basuras del taller. Es importante disponer de varios recipientes para ir seleccionando los distintos tipos de basura o escobilla. En un recipiente se irán acumulando los esmeriles o todo el material que haya entrado en contacto con metal: esmeriles, gamuzas, el barrido del suelo, etc. En otro recipiente se pondrá la escobilla de la pulidora y todo lo relacionado con ella; y en otro los crisoles de fundición y el material refractario. Cuando se trate de un taller muy pequeño, en el que la cantidad de metal trabajado sea reducida, será suficiente con tener un recipiente único con la basura sólida y separar sólo los líquidos: por un lado, todo el líquido proveniente de la limpieza, manos, ultrasonido, etc., y por el otro, los líquidos del baño electrolítico.

Para reducir el volumen de la escobilla o basura, éstas pueden quemarse en un lugar ventilado, procurando que no se disperse. Con esta operación se logra reducir considerablemente el coste de recuperación.

Técnicas
básicas

U na vez conocidos los principios elementales de la metalurgia y la fundición, es necesario tratar una serie de procesos que permiten avanzar en la técnica y, más concretamente, en los procesos que constituyen el trabajo con metales.

El joyero ha de laminar y trefilar hilo, calar planchas, forjar una pequeña pala o soldar cualquier elemento de construcción; éstos son procesos esenciales, que en algunos casos no necesariamente se ejecutan de la forma descrita en este libro; pero es imprescindible conocer su técnica, ya que representan la base fundamental del oficio. Algunos de estos procesos parecen sencillos y elementales, como limar adecuadamente, pero su correcta ejecución influye definitivamente en el resultado de una pieza y merecen la misma atención que la más sofisticada de las técnicas.

Cada capítulo está ordenado con la clara intención de que la evolución sea fácil y ordenada. Una vez asimilados los primeros capítulos, de contenido más genérico, los tres últimos, referentes a articulaciones, cierres y anillas, son procesos básicos que permiten avanzar de forma más específica en la construcción de las piezas.

Preparación de distintos perfiles

A ntes de empezar cualquier trabajo de joyería, es indispensable conformar un lingote fundido en lo que se denomina perfil.

Los perfiles que a continuación se tratarán son los más elementales: la plancha, el hilo y el tubo. Una vez preparados, se inician con ellos distintos procesos como el serrado, el soldado o bien el forjado para dar forma a los diferentes proyectos.

Durante el proceso de preparación de los distintos perfiles, se somete el metal a grandes presiones; éste deberá deformarse considerablemente hasta alcanzar el perfil deseado, lo que supone una variación en su estructura interna. El metal deberá recocerse cuando alcance una reducción de como mínimo un 50 % de su volumen inicial; si no se recuece el metal, acabará por perder su ductilidad, se producirán grietas y finalmente se romperá.

Después del recocido, en el metal se habrá generado una oxidación superficial sobre éste que debe eliminarse con un decapado en ácido. Cuando se ha eliminado el óxido, se enjuaga muy bien la pieza en agua corriente o añadiéndole un poco de bicarbonato; así se eliminarán completamente los restos de ácido. Una vez seco el metal, se puede continuar laminando o trefilando para obtener hilo.

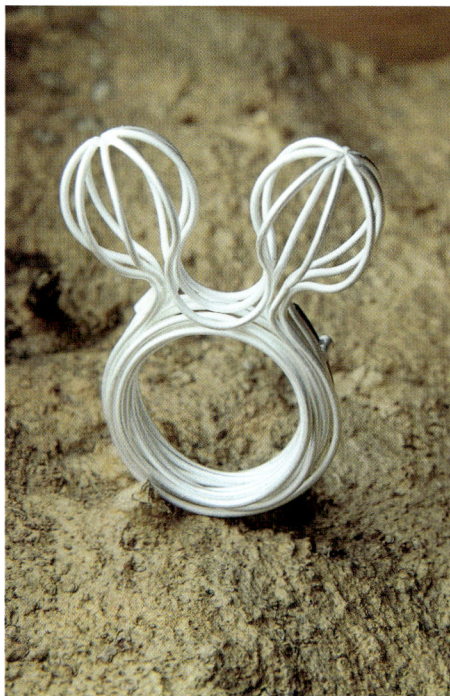

◄ Anillo de hilo de plata. Obra de Xavier Doménech.

► Pieza de oro perteneciente a la cultura Tolima, una de las primeras culturas que trabajaron el oro que encontraban en los ríos.

Laminado

Para preparar los distintos perfiles debe utilizarse el laminador, máquina que resulta esencial en este proceso. El laminador conforma dos tipos de perfil: la plancha y el preperfil cuadrado; este último es un paso previo e imprescindible para trefilar el hilo.

La plancha es uno de los perfiles básicos de trabajo, se puede adquirir ya fabricada y con el grosor deseado en un suministrador de metales preciosos. Resulta muy conveniente saber preparar la plancha y el hilo, ya que en muchos casos no puede comprarse. Además existe el problema del retal sobrante, que al ser trozos pequeños no pueden volver a utilizarse; por lo tanto, es muy aconsejable saber reutilizar el retal como plancha nueva aplicando las técnicas de fundición y laminado.

El laminador se cierra aplicando aproximadamente media vuelta de manivela cada vez que se pasa el metal por la máquina. Se debe recordar que en el transcurso de este proceso se recocerá y decapará el metal varias veces con el fin de garantizar la ductilidad necesaria del mismo hasta el final del perfil.

◄ Este perfil cuadrado debe prepararse reduciendo progresivamente el riel a un canal de menor tamaño; de esta forma disminuirá cada vez más su diámetro, hasta alcanzar una medida que, posteriormente, permita estirar el riel obtenido en la máquina de trefilar y preparar la sección de hilo deseada.

▲ El funcionamiento del laminador de hilo es sencillo; cada vez que se pasa a un perfil menor debe abrirse la manivela superior de un cuarto a media vuelta, según la máquina que se utilice. Se introduce el riel en uno de los canales del laminador y una vez acabado de pasar se va cerrando la manivela a cuartos de vuelta, hasta que el laminador no cierre más. Este proceso debe repetirse cada vez que se disminuye de canal.

▲ El metal, una vez fundido en los distintos perfiles de la lingotera, y después de decapado, limpio y seco, se debe compactar. Para ello se lamina hasta lograr una reducción superior a la mitad de su volumen inicial; una vez conseguida, se recuece el metal. De este modo se obtiene un metal con una tenacidad adecuada y apto para continuar el proceso de trabajo.

▶ El funcionamiento de un laminador de plancha es todavía más simple; consiste en ir cerrando la manivela superior y reducir así el espesor de la plancha mientras es arrastrada por la rotación de los rodillos.

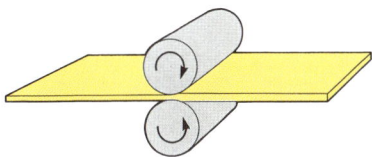

▲ Durante el laminado no se puede cambiar el sentido en que se está laminando, de lo contrario, el metal se partiría. Si se decide cambiar el sentido con el fin de ganar mayor anchura de plancha, es imprescindible realizar un recocido previo.

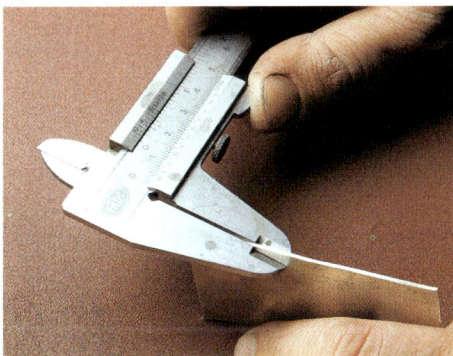

◀ Regularmente se ha de tomar la medida con un pie de rey o un micrómetro para conocer en cada momento la reducción realizada y conseguir el grueso deseado.

Trefilado de hilo

Del laminador se obtiene un riel de oro o de plata a partir del cual se hace un perfil de hilo. Para ello, debe estirarse el hilo con una máquina de trefilar a través de unos perfiles de acero llamados hileras, que cortan y dan forma final al hilo.

Si ha de comprar una hilera, asegúrese de que la calidad del acero es óptima, pues con el uso continuado los agujeros de la misma se ensanchan y pierden su perfil original. Asimismo, al comprar una hilera se debe observar que no exista mucha diferencia de tamaño entre los agujeros, ya que el hilo pasaría muy forzado de un agujero a otro y ocasionaría la rotura del mismo.

El hilo se tiene que recocer cada cinco o seis agujeros a fin de que continúe maleable hasta el final; también es aconsejable ponerle un poco de cera para que se trefile más cómodamente.

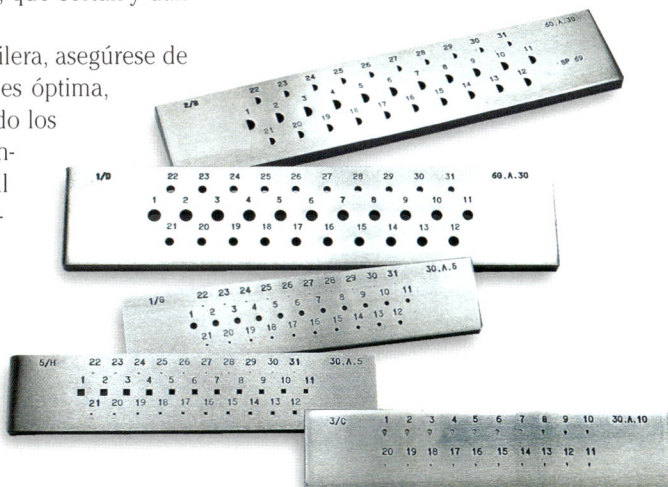

▲ Para empezar a trefilar, éstos son los cuatro perfiles básicos de una hilera y los más utilizados: el perfil redondo, el cuadrado, el de media caña y el rectangular. Quizás la hilera más utilizada es la redonda, siendo aconsejable adquirir una con agujeros de hasta 1,5 o 2 mm y otra mayor que alcance los 6 o 7 mm de diámetro.

◀ En el mercado existen multitud de perfiles de hilera con las formas más variadas.

◄ **1.** Una vez que se obtiene el hilo con el perfil del laminador, se ha de realizar una punta en un extremo del hilo lo suficientemente fina como para que atraviese el agujero mayor de la hilera; sólo ha de pasar la punta, no el resto del hilo. Ésta se puede hacer con una lima de grano grueso o bien aplastándola en sucesivos perfiles cada vez más pequeños del propio laminador. La punta es imprescindible para pasar el hilo a través de la hilera, asirlo con la tenaza y tirar de él.

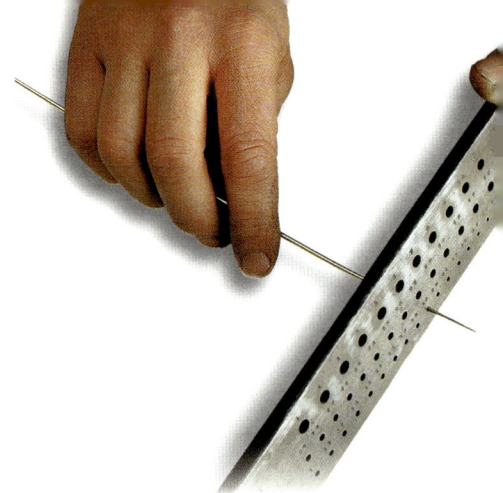

▲ **2.** A través del primer agujero se pasa sólo la punta del hilo.

► **3.** Aprisionando la punta del hilo con la mordaza de la trefiladora y accionando la manivela que posee esta máquina en su costado se estira el riel; éste, al pasar a través de una sucesión de distintos agujeros, se irá reduciendo hasta alcanzar el perfil deseado.

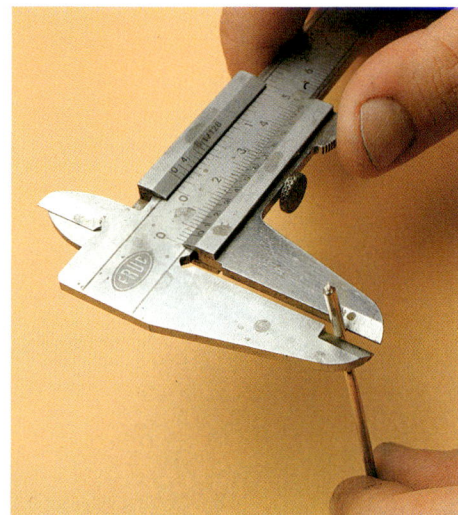

▲ **4.** El hilo se trefila por el perfil de hilera deseado. Reduciendo el número del agujero del perfil, éste será cada vez más pequeño. Con la ayuda de un pie de rey se toma la medida del hilo y se controla su reducción.

▼ Distintas fases de la reducción, desde un riel de plata fundido hasta llegar a un hilo redondo. La calidad y el buen estado de una hilera son factores que influyen definitivamente en el resultado de un perfil.

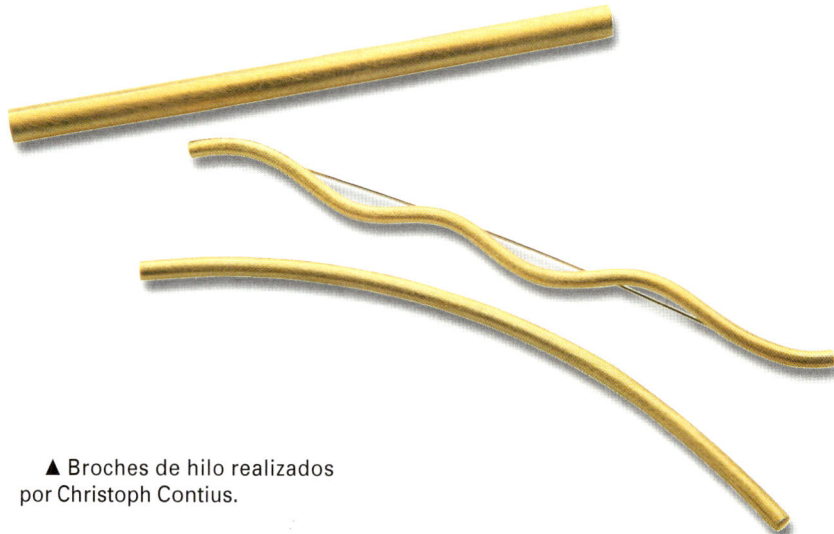

▲ Broches de hilo realizados por Christoph Contius.

Fabricación de tubos

El tubo es otro de los perfiles clave; su uso abarca todo tipo de construcción, siendo un elemento esencial para la fabricación de bocas o charnelas. El tubo se obtiene a partir de una plancha y por ello debe soldarse, motivo por el que es conveniente conocer la técnica de la soldadura.

Es un proceso simple que requiere de un dado de canales y de un martillo de joyero al que previamente se le habrán redondeado las aristas para proporcionarle un aspecto de muy usado; éste no debe tener aristas vivas que al golpear la plancha le puedan producir marcas que serían muy difíciles de eliminar.

Fórmulas para cortar la plancha

Como se parte de una plancha rectangular, es importante saber qué anchura se ha de cortar para alcanzar un determinado diámetro; para ello pueden utilizarse las siguientes fórmulas:

Si sólo se dispone del diámetro exterior deseado y el grueso del metal se hará:

Diámetro exterior – Grueso de la plancha x 3,14
= Ancho de plancha para cortar

Si por el contrario se ha de ajustar un tubo dentro de un hilo redondo, es decir, que sólo se tiene el diámetro interior:

Diámetro interior – Grueso de la plancha x 3,14
= Ancho de plancha para cortar

Cerrar los tubos

Una vez recocida la plancha, se la golpea por el lado recto del martillo en todo lo que será su interior dentro de un dado de canales. Los golpes han de ser uniformes, sosteniendo el martillo por un extremo y golpeando por toda la longitud de la plancha, de forma que vaya doblándose paulatinamente hacia el interior y adquiriendo forma de U.

La forma desgastada del martillo es importante, pero también lo es la anchura del lado plano del mismo. El otro lado del martillo ha de ser algo abombado y sin aristas vivas. Asimismo, estará pulido para que al golpear pase su brillo al metal. Cuando se golpea un metal con un martillo en mal estado de conservación, se transmite este estado al metal.

Una vez se ha cerrado el tubo, se pasa por un agujero o dos de la hilera redonda, para darle un mejor perfilado. Previamente, se debe recocer el tubo para evitar que se abra cuando sea soldado; este paso es imprescindible en tubos grandes, ya que el metal adquiere cierta tensión al ser golpeado. Puede ocurrir que el tubo se abra un poco con el recocido; si esto sucede, se golpeará con el martillo exteriormente y se acabará de cerrar antes de soldarlo.

Después de soldar se eliminará el sobrante de soldadura con una lima y se trefilará como si de un hilo se tratara.

▲ Anillo de hilo y soportes de tubo para perlas. Obra de Ulla & Martin Kaufmann.

▼ Martillos de diversos tipos utilizados en joyería.

◄ La utilización de dados de canales de madera es frecuente. Asimismo, se puede fabricar un dado de canales a partir de un bloque de nailon haciéndole agujeros con distintas brocas y luego cortando el bloque por la mitad de los mismos.

◄ 1. Para fabricar un tubo o charnela primero se ha de partir de una plancha plana a la cual se le haya realizado una punta triangular con las tijeras para metal.

► 2. A continuación, la plancha ha de cerrarse paulatinamente sobre sí misma en el dado de canales. El golpe pasa de ser interior a exterior, cambiando la cabeza del martillo, ahora por su lado más ancho, de forma que el tubo sea redondo y los extremos de la plancha lo más encarados posible, ya que es por donde posteriormente se soldará.

▲ Evolución en la realización de un tubo.

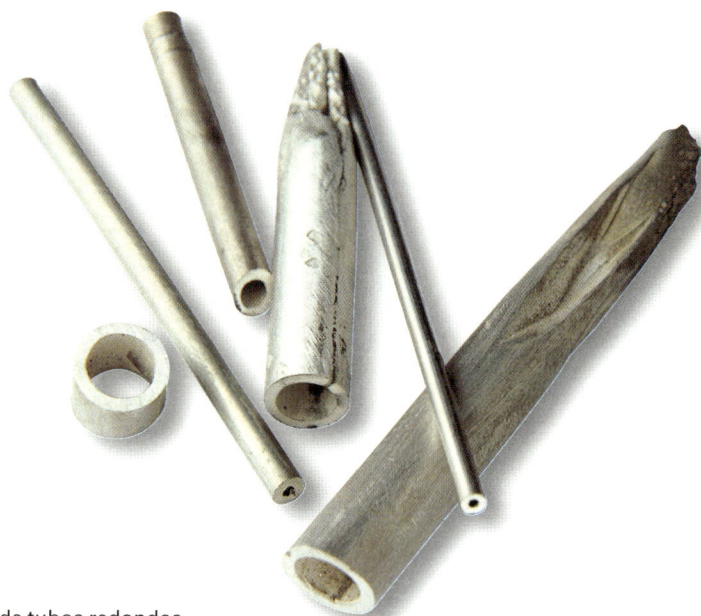

▶ Distintos tamaños de tubos redondos.

Anillo de tubo doblado

En muchos casos es preciso doblar el tubo; si éste no tuviera un alma o relleno interior se deformaría en el proceso, perdiendo la forma de su sección. Se pueden utilizar varios materiales de relleno como plástico o pastas especiales, siempre que puedan resistir la presión. En el caso de la plata se puede utilizar aluminio, pero su eliminación resulta peligrosa.

Para el oro se emplea un alma de cobre, ya que se elimina fácilmente con ácido nítrico, tomando las debidas precauciones.

Para una mayor comprensión del tema se presenta a continuación un anillo de oro hueco. Se precisarán una plancha de oro de 0,6 mm y un hilo de cobre cuadrado, ambos recocidos y decapados.

▲ 1. Se preparan una plancha de oro y un hilo cuadrado de cobre, tal como se ha explicado anteriormente; la plancha se ha conformado como tubo en el dado de canales y se ha trefilado el tubo en un par de agujeros, de forma que el hilo cuadrado pueda introducirse holgadamente en su interior. Una vez el hilo de cobre está en el interior, pueden soldarse los extremos o esperar a que esté más trefilado.

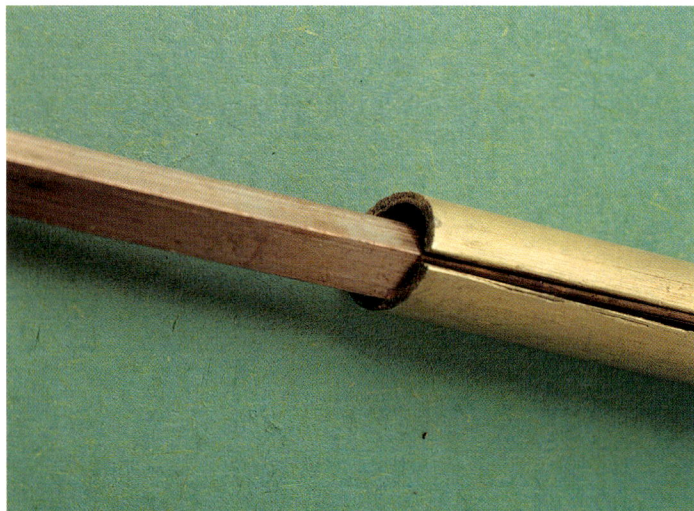

◀ 2. Con el cobre dentro del tubo, se sueldan los extremos del tubo, procurando que la unión de la soldadura quede en una de las aristas del hilo cuadrado.

▶ 3. A continuación, se estira el conjunto por la hilera cuadrada, de manera que la unión de la soldadura quede en una esquina del perfil de la hilera. Se ha de conseguir que el alma de cobre y el perfil estén bien unidos.

► **4.** Se conforma el perfil en forma de anillo; en este caso se realiza en un doblador, aunque también se puede hacer en una lastra para anillos. Seguidamente puede golpearse el tubo de forma suave; el alma de cobre interior impedirá su deformación.

◄ **5.** Una vez doblado el anillo y puesto a la medida deseada, se fija en una pieza de mano y se corta con la sierra, procurando que el corte sea lo más recto posible.

◄ **6.** Se sostiene el anillo con dos alicates planos de cierre paralelo; esta herramienta es muy práctica, pues al cerrar permite sujetar la pieza en toda su superficie sin deformarla. Con mucho cuidado se hacen coincidir los dos extremos del anillo; una vez cerrado se vuelve a pasar la sierra por la unión para dejarla limpia y poder soldarla.

▲ **7.** El anillo se soldará atado con hilo de acero para evitar que se abra al aplicarle calor y provoque una soldadura en falso; esto sucede porque al conformarlo en redondo ha adquirido cierta tensión.

► **8.** Una vez soldado y aplanado se liman dos encajes para los dedos en los laterales del anillo. En este caso, se liman el oro y el cobre interior al mismo tiempo.

◄ **9.** Antes de soldar las dos tapas de oro se tiene que eliminar el cobre del interior sumergiendo el anillo en un baño de ácido nítrico; de esta manera se eliminará el cobre sin dañar el oro. Seguidamente, se preparan dos planchas de oro convenientemente curvadas en el dado de canales para que sirvan de tapa.

► **10.** Para sujetar las tapas es muy práctico realizar una lazada con hilo de acero para soldar. Las tapas deberán atarse, pero sin presionar excesivamente, pues podría deformarse el anillo.

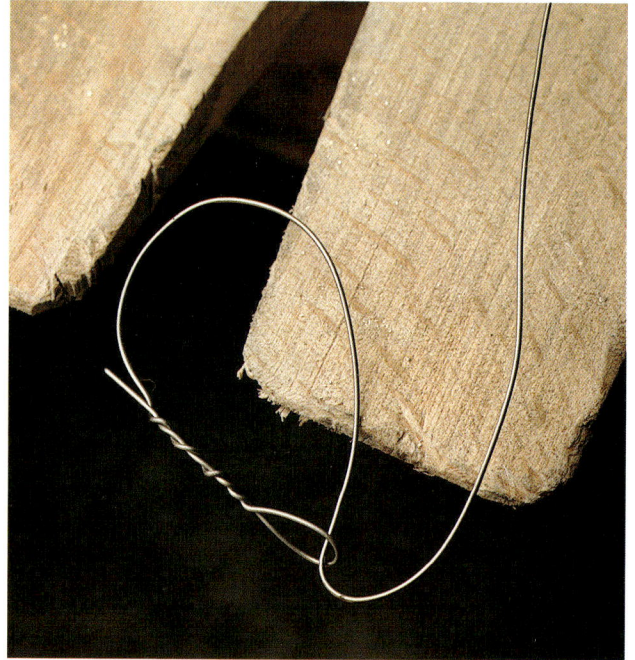

▼**11.** Es útil aplicar un producto aislante en las soldaduras anteriores para evitar que con el fuego se deshagan. Puede utilizarse almagre mezclado con agua o bien, como en este caso, usar un producto específico.

▲ **12.** Se aplica fuego, pero como la soldadura debe correr por todo el perfil de la tapa, es aconsejable utilizar un soldador de gas y pallones, antes que un soldador oxhídrico.

◄ **13.** Una vez decapado se lima y esmerila todo el anillo, reduciendo progresivamente la numeración del papel de esmeril hasta igualar toda la superficie.

Construcción de una montura a partir de perfiles

Saber cómo se hacen los perfiles y su combinación es la base de la joyería. Hasta ahora se han mostrado perfiles de cierto tamaño, pero en la realización de una montura pequeña también se utilizan los mismos elementos mencionados anteriormente: la plancha, el hilo y el tubo.

Se ha terminado con un anillo hueco y completamente cerrado. Si se le aplica calor a un cuerpo cerrado, el aire, al expandirse, saldrá por la parte más débil haciendo que la pieza reviente. Para evitarlo, se ha realizado un pequeño agujero en el anillo que se tapará posteriormente para ponerle una placa con la firma del autor.

◄ **1.** El anillo se ha cortado en forma de V por el lado de la montura, por ello al quedar abierto no corre peligro de reventar con el calor. En el otro lado sí se ha realizado un pequeño agujero. A continuación, se hace una plancha doblada y soldada en forma de V con oro amarillo, y paralelamente un hilo cuadrado de platino, en este caso soldado a una pequeña plancha.

▼ **2.** El hilo cuadrado se ha limado, doblado y soldado para lograr este perfil capaz de soportar la piedra.

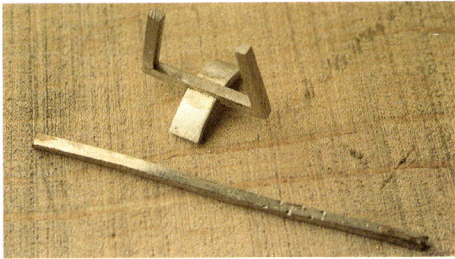

▶ **3.** Seguidamente, deben unirse los dos cuerpos de la montura; es muy práctico aplicar una pasta especial que soporta las piezas delicadas para soldar. Se aplica una soldadura fuerte en pasta y se procede a soldar.

▲ **4.** La montura ya está completa; a continuación, se ajustará al anillo. Una vez que los dos elementos, montura y anillo, están en su posición correcta, se atan con hilo de acero para que no se muevan mientras se les aplica el fuego para soldar. En este caso, si anteriormente se ha aplicado una soldadura fuerte, ahora se efectuará una mediana.

▶ **5.** Para que la piedra no se caiga, se pondrá un hilo de oro. Este hilo se cerrará mojando en fundente cada extremo y aplicándoles fuego con el soldador oxhídrico de una forma rápida y decidida; así se formará una bolita en cada extremo, que seguidamente se repasarán con una fresa cóncava.

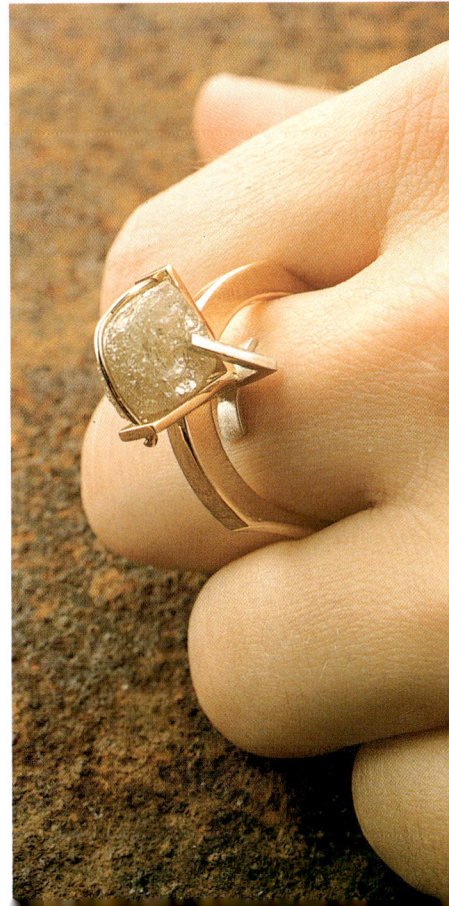

◄ Y éste es el resultado final. Obra de Carles Codina.

Limar y esmerilar

Tanto el limado como el esmerilado son procesos que se aplican constantemente en el desarrollo de un trabajo. Pueden parecer trabajos de fácil realización, pero son las tareas más difíciles de realizar; su aprendizaje requiere tiempo y su correcta aplicación influye definitivamente en la óptima ejecución de la pieza.

La función del limado y del esmerilado es corregir imperfecciones y reducirlas a la mínima expresión. Normalmente, se lima primero y se esmerila después de una forma gradual, hasta dejar la pieza lista para pulirla o para aplicarle cualquier acabado como puede ser un arenado.

Limar

Las limas suelen tener tres tipos de picado en su superficie. Cuanto mayor es su picado, más metal es capaz de cortar, pero, en contrapartida, mayor es la raya dejada en la superficie y más laboriosa resulta su eliminación posterior con el papel de esmeril.

Debe tenerse en cuenta que las limas de acero sólo liman cuando son impulsadas hacia delante; éste es el momento en que debe aplicarse la presión. Ejercer fuerza en el retroceso desgasta la lima sin conseguir ningún corte sobre el metal.

Las limas de diamante son otro tipo de lima utilizado en joyería; éstas cortan de forma mucho más uniforme y no dejan rayas tan profundas como las limas de acero; como consecuencia, el trabajo posterior de esmerilado resulta menos laborioso.

Cuidados y limpieza de las limas

Las limas requieren ciertos cuidados para que se conserven en perfecto estado; es una buena idea guardarlas separadas de las demás herramientas del taller, pues de ese modo se evita que se rocen entre sí y se desgasten. Es preferible no utilizar limas de calidad con metales blandos como el cobre, ya que éstas se embozan con facilidad. Asimismo, es aconsejable tener unas limas específicas para trabajar el oro, que deberán guardarse aparte y en su funda.

Si se liman metales blandos y contaminantes como el plomo, quedarán retenidos dentro del picado de la lima pequeños trozos de metal; éstos pueden aparecer posteriormente en la pieza en forma de picaduras o agriado del metal cuando éste sea recocido de nuevo.

Para limpiar las limas se utiliza una carda especial o bien se lavan con gasolina. Nunca se les aplicará aceite y se evitará el exceso de calor si se decide emplear fuego para ponerles el mango.

◄ Las rallas producidas en la superficie también resultan interesantes como acabado final en una pieza. Obra de Carles Codina.

▲ Existen diversos perfiles de limas; este dibujo muestra los más usuales. Tener un buen equipo de limas resulta imprescindible para iniciarse en el oficio de joyería.

► Para empezar a trabajar, se requieren dos tamaños de limas de diversas formas con un picado medio; también serán precisas varias limas pequeñas que tengan un picado medio y fino.

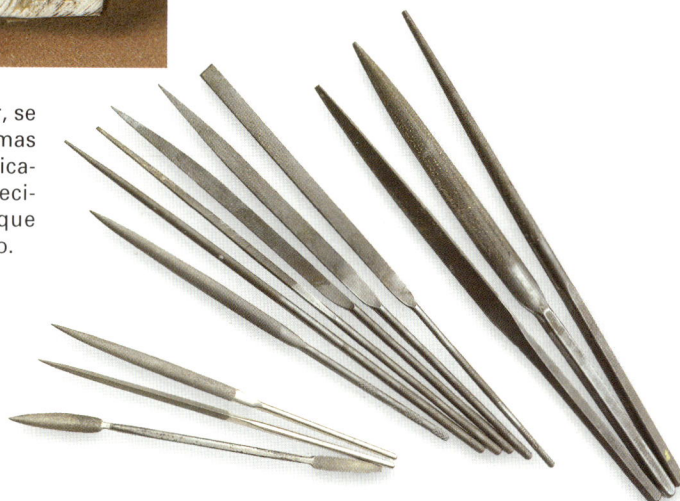

◄ Para limar una pieza, ésta se ha de sujetar bien y limar hacia delante. Una de las incorrecciones más frecuentes, cuando no se posee mucha experiencia, es la de redondear las aristas debido a cierta inclinación natural en el control de la lima. Limar una pieza de joyería no es un ejercicio mecánico, se debe "limar con la cabeza", es decir, hay que aprender a controlar la lima.

◄ Para cuadrar una plancha en ángulo recto se utiliza la escuadra. Primero se lima un lado y una vez plano se apoya en uno de los brazos de la escuadra metálica; colocando una luz detrás, se observa el lado contiguo y se procede a limar el metal en los puntos donde se aprecia un contacto entre la pieza y la escuadra. El mismo proceso se repite en cada uno de los cuatro lados hasta alcanzar la cuadratura perfecta.

Esmerilar

El proceso siguiente consiste en reducir el rayado producido con la lima; para ello se utilizan distintos papeles abrasivos compuestos a partir de polvo de corindón. Para esmerilar correctamente se debe ir reduciendo progresivamente el grano de la hoja de esmeril hasta llegar al papel más fino posible.

Si suponemos una numeración que vaya del número 150 al 1.200 sólo serán necesarios tres números de hoja. La primera puede estar entre 150 y 350, la segunda entre 350 y 650 y la última entre 1.000 y 1.200. Una buena relación sería acabar con una lima de grano fino, aplicar esmeril de 350 o 400, luego un esmeril entre 650 o 700 y finalmente otro de 1.000 o 1.200.

Siempre que se reduce una numeración debe desaparecer del objeto el rayado del papel anterior, no siendo aconsejable pasar a una numeración inferior si no se tiene la certeza de haber eliminado totalmente la raya anterior. Un error frecuente es limar y, a continuación, esmerilar en el mismo sentido que se ha limado; así, lo único que se consigue es ensanchar la raya y llegar a la pulidora con una superficie que no resulta apta para un buen acabado. El proceso consiste en entrecruzar el sentido del esmerilado constantemente.

Normalmente, el papel final suele ser un 1.200 y una vez aplicado no debe observarse ninguna raya.

▲ Para obtener buenos resultados el esmeril debe ser de buena calidad; si éste se corta bien y se aprovecha correctamente, su duración se alarga de forma considerable. Según el fabricante, pueden encontrarse diversas numeraciones y calidades de papel.

◀ Con el fin de esmerilar con precisión y no desperdiciar inútilmente el papel de esmeril, es necesario proveerse de diversas varillas de madera y pegar en ellas varios papeles de esmeril de distintas numeraciones. Aunque se puede comprar hecha, esta herramienta resulta fácil de realizar; con ella se controla mejor el esmerilado y se aprovecha el papel.

▲ Se corta la hoja de esmeril y se aplica cola blanca de carpintero procurando que las aristas del esmeril ajusten perfectamente en la arista del listón de madera; es útil ayudarse con la punta de unas tijeras para marcar el papel de modo que éste se doble correctamente.

▲ Cuando se esmerila no se debe hacer siempre en el mismo sentido, se ha de cruzar el sentido de esmerilado e ir reduciendo progresivamente el grano del papel de esmeril hasta dejar la superficie bien lisa.

▼ Cuando se utilice el motor para esmerilar, así como en los trabajos de perforado y fresado, es aconsejable ponerse unas gafas protectoras. Igualmente se puede usar una cabina apropiada para evitar el posible impacto de las partículas de metal, disminuyendo la dispersión de las mismas y facilitando una mayor recuperación.

▲ También se puede esmerilar con el motor; para prepararlo se cortan tiras de esmeril de aproximadamente 1 cm de ancho y se atan con acero de soldar en el extremo de un mandril apropiado para esta función.

▲ El esmerilado con motor es útil para interiores de anillos e infinidad de trabajos. El inconveniente, si no se posee cierta práctica en su utilización, es que se pueden dejar marcas, especialmente en superficies planas.

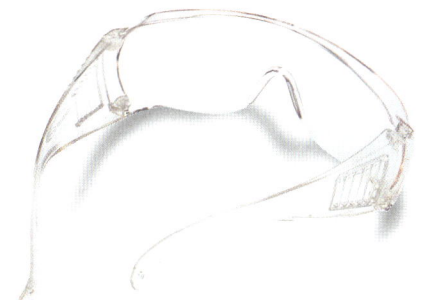

Calar y perforar

S i tuviéramos que elegir una herramienta representativa del oficio de joyero, ésta sería sin duda la sierra de calar. Su origen es muy antiguo, pues ya en el Neolítico se realizaron sierras de piedra. En la Roma Antigua se desarrolló la sierra de arco tal como hoy la conocemos. Calar y perforar son dos procesos que están estrechamente vinculados; no se puede calar el interior de una plancha o de una pieza sin haberla perforado.

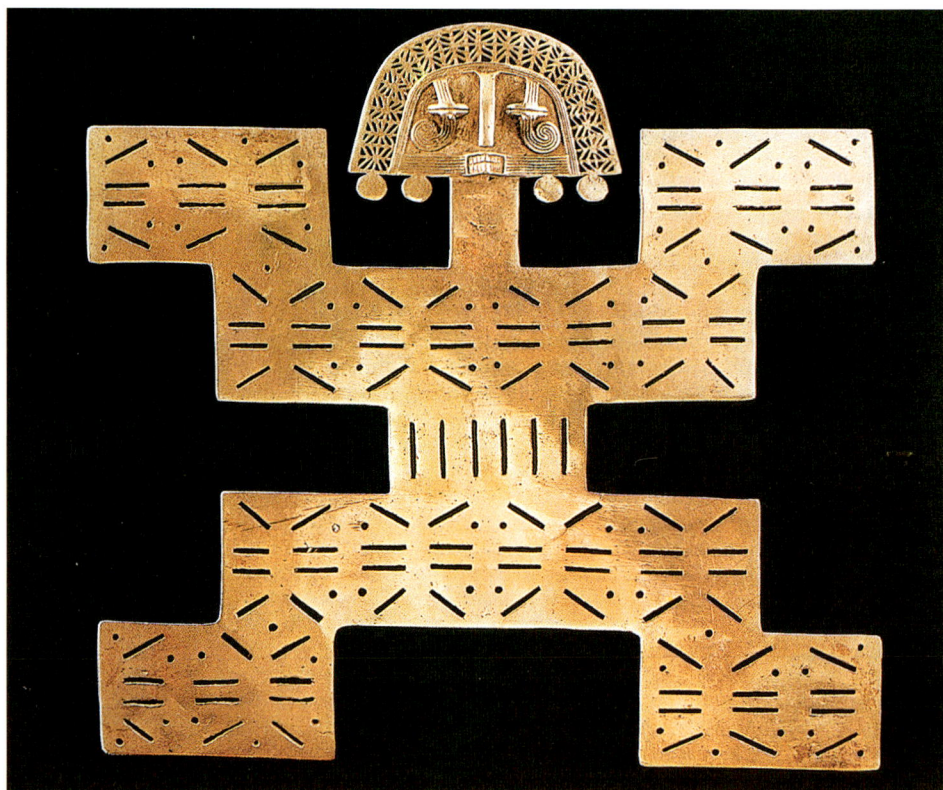

► Pectoral de oro precolombino, perteneciente a la cultura Tolima (Colombia), en el que se aprecia el fino trabajo de perforado y calado, así como la simplicidad formal en la representación de la figura humana.

Calar

Calar consiste en cortar y eliminar una pequeña parte de material del interior de una pieza con el fin de decorarla o ajustar algún otro material en su interior. Para calar se utiliza la sierra de joyero, la cual permite serrar la mayoría de los metales y materiales empleados en joyería. Está compuesta de dos elementos: un arco de acero regulable y los pelos de sierra que se montan en los extremos del arco. El pelo de sierra es propiamente el elemento que produce el corte; se pueden encontrar en varios gruesos y se identifican por una numeración realizada por el fabricante. La elección de la numeración depende del grueso de metal que se desea cortar.

▼ Se pueden realizar piezas cortando el metal y remachando las distintas partes entre sí. Pendientes diseñados por Stephane Landureau.

▲ Sierra de joyero. El pelo de sierra tiene un temple mucho más duro en el centro que en sus extremos.

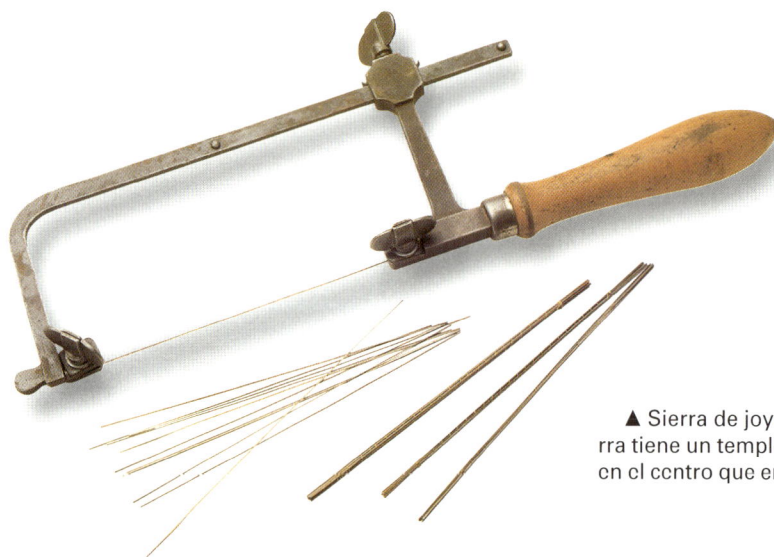

► La acción de calar consiste en eliminar una parte del interior de una lámina de metal. Esto supone una perforación de un tamaño por el que pueda introducirse el pelo de sierra para empezar a calar. Broche realizado por Aureli Bisbe.

Corte

Normalmente, la sierra se utiliza para cortar y calar todo tipo de piezas de metal, pero también tiene otras utilidades; puede usarse para limar rincones inaccesibles o para decorar piezas mediante pequeños cortes en la superficie.

La elección del tamaño del pelo de sierra es muy importante; éste depende del grosor del metal que se desea cortar. No es aconsejable cortar una plancha fina con un pelo grueso. Cuando la distancia entre los dientes es mayor que el grosor de la plancha que se va a cortar, es muy probable que el pelo se encalle y se rompa.

Para facilitar el corte puede aplicarse un poco de cera al pelo de sierra, (en el mercado existen ceras que se utilizan en las sierras y en todo tipo de herramientas de corte).

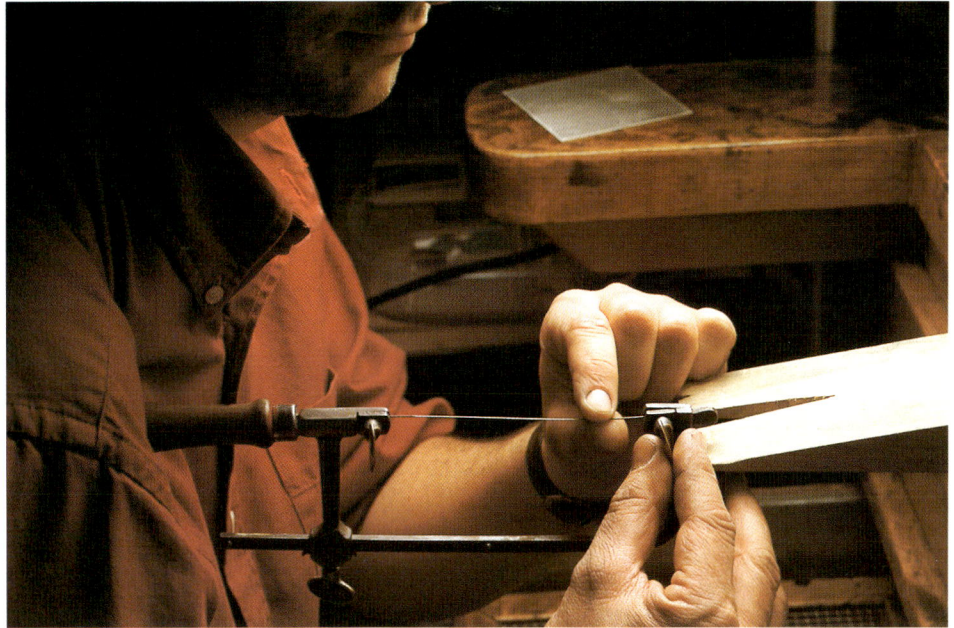

◀ Para montar el pelo en el arco, debe apoyarse la parte exterior de éste en la misma astillera o en la mesa de trabajo y fijar el pelo en la mordaza inferior, de forma que los dientes del pelo queden en dirección a la persona que lo está montando. Con el hombro se presiona suavemente para comprimir un poco el arco; es en este momento cuando hay que colocar el otro extremo del pelo y apretar la mordaza superior. Si se hace de este modo, cuando se deje de presionar el arco, el pelo tendrá la tensión suficiente para cortar.

◀ El movimiento de serrar debe ser perpendicular a la pieza, ejerciendo la fuerza al bajar el arco, ya que es cuando se produce el corte, debido a la orientación descendiente de los dientes de sierra.

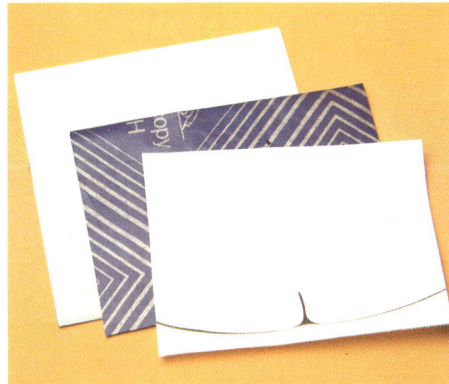

◀ Para transferir cualquier dibujo realizado sobre papel a una plancha de metal, se precisa una hoja de papel carbón y pintura plástica para pintar la superficie metálica.

◀ Para cambiar la dirección del corte se debe llegar al punto de giro y pivotar serrando dos o tres veces en el mismo punto hasta liberar un poco la sierra; de este modo, se cambia la dirección de corte con comodidad y sin romper el pelo de sierra.

▶ Para calar un dibujo interior, primero se realizará un agujero con una broca y se introducirá el pelo a través de éste.

Transferir un dibujo

Es frecuente tener que transferir un determinado dibujo sobre un metal para cortarlo. Un método sencillo y rápido es pintar la superficie del metal con pintura plástica de color blanco; una vez seca, se coloca una hoja de papel carbón y encima de éste se sitúa el papel con el dibujo que se desea copiar. Cuando se repase por segunda vez el dibujo original, éste quedará impreso sobre la pintura plástica.

Si el dibujo ha quedado bien definido sobre la pintura plástica, se podrá calar directamente, pero si se desea que quede la raya sobre el metal, con un punzón muy fino se marca de nuevo el dibujo impreso sobre la pintura, la plancha quedará rayada y una vez eliminada la pintura con agua se puede cortar.

▶ La plancha debe sostenerse firmemente, realizando con la sierra un movimiento vertical firme y continuo.

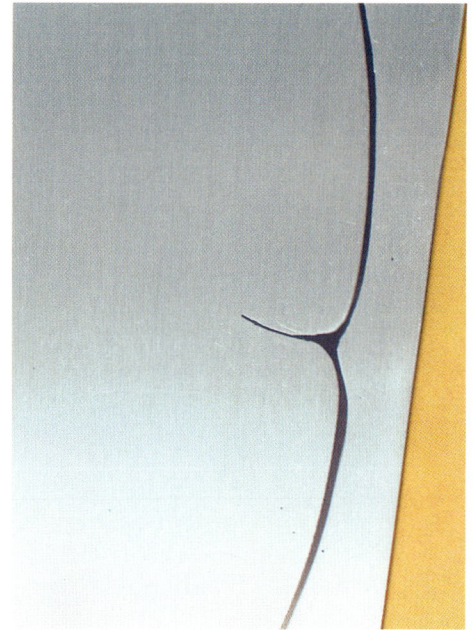

▲ En este caso la sierra de calar no sólo ha servido para cortar linealmente el dibujo: también se ha podido limar el calado en los lugares más inaccesibles; esto se consigue deslizando el costado del pelo de sierra y ejerciendo una ligera presión lateral.

Realización de un broche por Aureli Bisbe

En ocasiones, como se muestra a continuación, se puede utilizar el calado para dejar entrever y dar la debida importancia a otros materiales. Aureli Bisbe realiza diferentes estructuras caladas en una estructura en forma de caja, de modo que, una vez encajadas en su respectiva base, sirvan de soporte y permitan entrever un material que no es posible soldar, en este caso "Color Core".

◀ El "Color Core" se rompe de forma irregular para dejar entrever la calidad de la fractura del material; a continuación, se corta con la sierra de calar y se lima para que ajuste dentro del marco.

◀ Éstas son las estructuras que, una vez acabadas, se utilizarán como soporte del "Color Core".

▶ Broches de "Color Core" realizados por Aureli Bisbe.

Perforar y fresar

Perforar y fresar son dos formas diferentes de cortar y eliminar metal; ambos son procesos esenciales en joyería y especialmente en el engastado de piedras preciosas, aunque también en muchas ocasiones el perforado puede constituir en sí mismo un elemento decorativo. Estos procesos introducen en el uso de los micromotores y los flexibles, una de las herramientas que con más frecuencia se utiliza en un taller de joyería.

▲ Anillo de plástico, perforado con broca, realizado por Kepa Carmona.

◀ Broche realizado por Joaquim Capdevila, en el que las perforaciones aportan a la pieza un gran valor artístico.

Micromotores y flexibles

Tanto para perforar como para fresar se utilizan una serie de herramientas llamadas micromotores y flexibles. Con funciones parecidas, el rendimiento, la versatilidad y la comodidad varían notablemente. El micromotor tiene un pequeño motor situado en la misma pieza de mano, mientras que el flexible tiene el motor separado de la pieza de mano, transmitiendo la rotación a través de un brazo flexible.

Cualquiera de las dos herramientas resulta esencial en un taller, ya que, como se verá más adelante, también son herramientas muy utilizadas para pulir y para engastar piedras. Tanto la pinza como las diversas fresas y brocas tienen la misma medida de paso o diámetro, que es de 2,35 mm, lo que permite poder fijar una gran cantidad de fresas y brocas.

La diferencia entre una fresa y una broca es sustancial: una broca sólo corta en sentido vertical, mientras que la fresa puede cortar lateralmente en función, claro está, de su diseño. Antes de empezar a taladrar es aconsejable marcar con un punzón el lugar exacto donde se desea agujerear para tener un punto de apoyo y no errar al empezar a perforar el agujero.

◀ Esta imagen muestra el corte que produce una broca y el de una fresa: mientras que la primera simplemente perfora, la fresa permite eliminar material en todos los sentidos y por lo tanto su utilización no será la misma.

▶ El flexible es la herramienta más utilizada para perforar. A diferencia del micromotor, en el flexible el motor está separado de la mano de trabajo por un brazo flexible que trasmite la rotación a la pieza de mano.

▼ Existen multitud de fresas de corte, tanto en acero como en diamante. En el dibujo se muestran las más frecuentes.

La soldadura

La soldadura (del latín *solidare*, que significa hacer sólido), proporciona una forma de unión sólida e invisible entre los distintos elementos metálicos que intervienen en la construcción de una pieza. Sin embargo, para unir piezas de metal entre sí o con otros materiales, desde hace miles de años se han utilizado las más variadas técnicas: ataduras con cuerdas, remaches, colas, etc. En este capítulo también se abordarán estas formas de unión que hoy retoma con fuerza la joyería contemporánea.

La soldadura es el proceso más utilizado para unir el metal entre sí, mediante una interacción de las estructuras del mismo. Como se vio en el capítulo dedicado a la metalurgia, cuando se funde el metal se desmorona su estructura interna, rompiéndose las distintas uniones entre cristales, lo cual provoca que el metal pierda su forma original. Al igual que ocurre en el recocido, al soldar, los grupos de cristales, denominados granos, se separan formando dislocaciones o espacios microscópicos dentro de la estructura. Al aplicar la soldadura, ésta penetra en el interior del metal proporcionando una unión muy resistente; es lo que se denomina soldadura fuerte.

Proceso

En el proceso de soldar intervienen dos elementos: la soldadura y el calor. El primero es una aleación del mismo metal que se pretende unir pero que posee un punto de fusión más bajo. Con el calor del fuego que proporciona el soldador se logra fundir la soldadura antes que el metal que se quiere soldar. La soldadura, una vez que está fundida, fluye por la superficie de la unión como si de agua atraída por capilaridad se tratara; de este modo se consigue llenar la unión y unir las distintas partes de una pieza.

◄ A partir de diversos elementos y con un buen dominio de la técnica de la soldadura se pueden realizar piezas como este brazalete de oro procedente de Indonesia.

► La soldadura es el proceso básico en la construcción de estructuras con metal, como demuestra este broche realizado por Ramón Puig Cuyás.

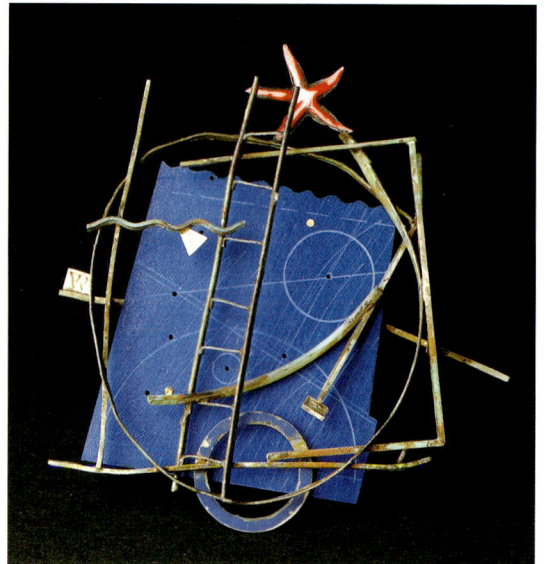

La soldadura se suele comprar ya preparada o la realiza el mismo joyero. Para soldar piezas de joyería de cierta complicación se tendrán un mínimo de tres o cuatro soldaduras, cada una de ellas con un punto de fusión diferente. Las soldaduras suelen numerarse, siendo costumbre denominar a la soldadura que tiene el punto de fusión más alto soldadura fuerte, soldadura mediana a la del punto medio de fusión, y soldadura blanda a la que posee el punto de fusión más bajo.

Se puede preparar en distintas presentaciones. Cada formato tiene un modo de aplicación idóneo. Dos de las formas más usuales de preparar la soldadura son los pallones cortados a partir de una plancha de soldadura y el hilo de soldadura. Actualmente, cada vez es más frecuente usar soldadura en forma de pasta, formato especialmente útil cuando se utiliza un soldador oxhídrico y que no requiere la aplicación previa de líquido de soldar.

◄ Soldadura en forma de pequeños pallones y soldadura en forma de pasta; esta última se aplica con un dosificador que permite la cantidad requerida para cada unión.

Elementos para soldar

La soldadura puede adquirirse en cualquier tienda especializada, pero saber elegir el material adecuado para soldar cada metal resulta más complicado. Hay diversos elementos que es preciso conocer y saber utilizar apropiadamente.

Ladrillos y soportes para soldar

Existen diversos tipos y formas de soporte donde aplicar el fuego para soldar. Se pueden encontrar placas planas de fibra; placas de ladrillo refractario blando, que permiten escarbar o agujerear la superficie y son especialmente útiles para realizar soldaduras precisas; mallas de acero rígidas; plataformas giratorias de distintos materiales; carbón mineral triturado, que proporciona un lecho blando capaz de fijar piezas que precisan una determinada posición para soldar.

La malla de alambre (o peluca) permite que el fuego pase por el entramado de hierro y se utiliza para dar un fuego homogéneo y envolvente. Este soporte es perfecto para realizar uniones donde las soldaduras deben fluir a lo largo de la pieza para soldar y por lo tanto requieren de una temperatura homogénea en toda la pieza.

El ladrillo de carbón vegetal es muy útil, no oxida tanto la pieza y reparte y mantiene uniformemente el calor en la misma; muchos de los ejercicios de este libro están realizados sobre este tipo de ladrillo.

◄ Para aplicar el fuego a la pieza es preciso colocarla sobre un soporte específico para esta tarea.

Líquidos para soldar

Su utilización tiene un papel muy importante, ya que al soldar se forma una oxidación superficial que impide que la soldadura fluya con facilidad; para evitarlo se aplica un fundente líquido que impide la formación de óxido y facilita la operación.

El fundente más común es el bórax, que se aplica mezclado con agua, aunque también puede mezclarse con ácido bórico, aumentando así su punto de fusión. La utilización del bórax tiene un inconveniente: al calentarse se forma una ligera espuma que desplaza los pallones de la soldadura de su posición. El bórax debe aplicarse con pincel en ambos lados de la pieza una vez está limpia de óxido.

▼ Éstas son dos presentaciones clásicas: el líquido para soldar y bórax en barra, que una vez diluido en un poco de agua facilita la soldadura, especialmente de la plata.

▼ El antioxidante es otro producto que puede utilizarse antes de la soldadura: éste forma una película, como la de la imagen, que evita la aparición de óxido y protege el pulido cuando se aplica calor a la pieza.

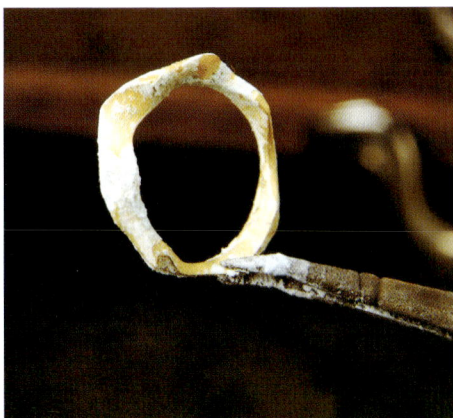

Soldadores

Con el soldador se obtiene el calor necesario para poder soldar las distintas partes de una joya; también es la herramienta que se utiliza para recocer las piezas, los rieles y las planchas.

Los soldadores utilizados en joyería suelen ser de gas y la presión del aire se obtiene mediante un fuelle, un compresor o bien soplando con la boca. En algunos casos, la presión del aire puede sustituirse con la presión que proporciona el mismo gas de la bombona o bien por oxígeno u otro gas que permita lograr una mayor potencia. La elección dependerá del tipo de gas elegido.

El soldador de bombona azul es muy utilizado en pequeños talleres artesanales; la presión la ejerce el aire que proporciona un fuelle, accionado por el pie, o bien un pequeño compresor. También existen modelos en los que la presión procede de la misma bombona azul sin necesidad de usar el fuelle. Este tipo de soldadores tienen una presión más uniforme, aunque no permiten tanta regulación.

El soldador oxhídrico es muy útil en trabajos de joyería, pues sólo proyecta el calor en la zona deseada, factor que permite trabajar con menos tipos de soldadura. Con este soldador se pueden montar piezas con más precisión, menor oxidación y mayor rapidez. El oxhídrico no es muy útil cuando se usa directamente sobre pallones de soldadura, pues la fuerza de la llama hace que el pallón se desplace; sin embargo, resulta muy adecuado para soldar con hilo y pasta de soldadura. Es especialmente con esta última con la que se consigue su máximo rendimiento, ya que no es preciso aplicar líquido de soldar, lo que supone una gran comodidad y rapidez.

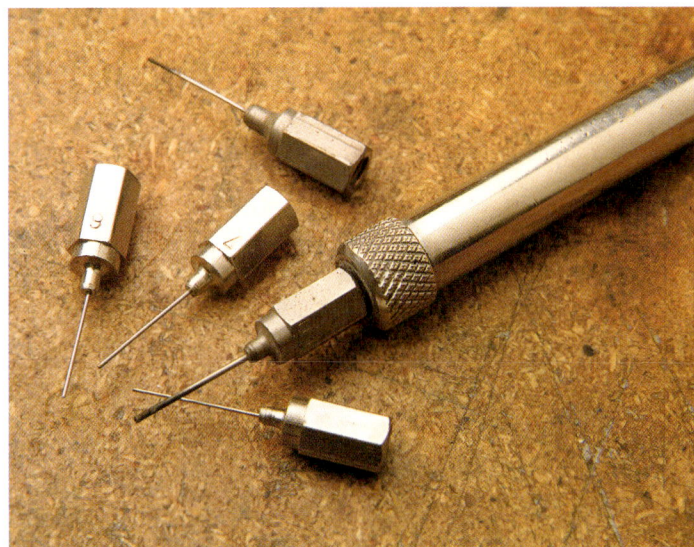

▲ La llama del oxhídrico con su característico color verde es capaz de llegar a más de 3.000 °C. Es una llama muy potente y al mismo tiempo muy precisa, lo cual permite montar piezas con gran rapidez y exactitud.

▲ ▼ En los soldadores se puede regular la cantidad de aire y de gas que se va a mezclar, controlando la intensidad de fuego. Así se obtiene un fuego reductor y envolvente para recocer o soldar las piezas uniformemente, o bien un fuego oxidante, con mayor intensidad de aire y más preciso, aunque más oxidante.

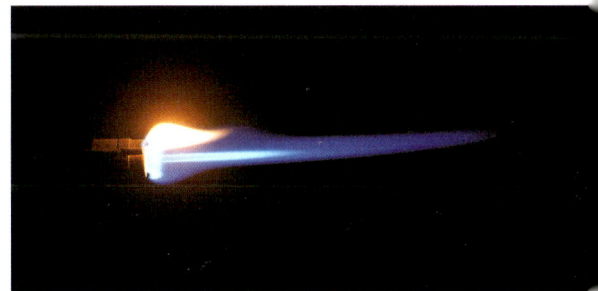

◄ Un tipo de soldador muy utilizado es el soldador oxhídrico. Este soldador descompone el agua destilada en oxígeno e hidrógeno. La potencia de la llama se regula por el sucesivo cambio de boquillas.

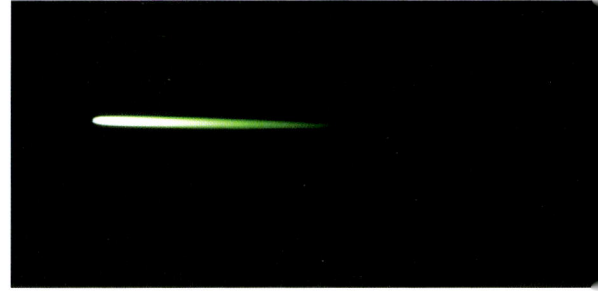

Aplicación

Para efectuar una soldadura es imprescindible que el metal esté limpio de óxido y grasa. Para ello, es necesario un decapado previo en ácido o cualquier otro sustituto y un buen enjuague posterior en agua que contenga un poco de bicarbonato sódico para eliminar posibles restos del ácido.

En una correcta unión debe evitarse que la soldadura rellene en exceso; por tanto, las piezas que se van a unir deben ajustar perfectamente. Soldar correctamente requiere cierta práctica, pero hay algunos consejos que no deben olvidarse. La soldadura una vez que fluye siempre va a la parte más caliente; por ello es preciso calentar primero suavemente y con un fuego general toda la pieza. Si la soldadura se calienta antes que la pieza, se fundirá y formará una bola que no penetrará en la unión. Al soldar dos elementos entre sí éstos deben tener la misma temperatura: si un lado de la unión está más caliente que el otro, la soldadura quedará retenida en ese lado.

Normalmente, los joyeros trabajan con tres tipos de soldadura que tienen distintos puntos de fusión y cada una de ellas estará clasificada en función de éstos. Primero se aplicará la que posea un punto de fusión más elevado, y de este modo al aplicar una segunda soldadura con un punto de fusión inferior la primera no se verá afectada, permitiendo un trabajo de soldadura más cómodo y preciso.

▲ Una unión perfecta parte de una pieza correctamente ajustada. En este caso la unión que resultaría no sería correcta, puesto que el anillo no ajusta.

▲ El corte del anillo es ahora un corte limpio, tan sólo se acabará de ajustar y atar con hilo de acero antes de proceder a soldar. La unión ahora será correcta.

▼ 1. Se aplica primero el fundente, y a continuación, con el mismo pincel o bien con unas pinzas, se coloca el pallón de soldadura encima de la unión. Es aconsejable calentar un poco la pieza con el fundente para fijar el pallón en su lugar. Si se desea soldar con pasta de soldadura, se calienta ligeramente la pieza y se aplica la pasta de soldar; cuando ésta penetra en el interior, se aplica calor. Si se utiliza hilo de soldadura, éste se debe mojar previamente en el fundente.

▲ 2. Los pallones se colocan a cierta distancia unos de otros, teniendo presente la cantidad de soldadura aportada a la nueva unión; debe ser la justa, pues un exceso de soldadura sería difícil de eliminar en un perfil como el de la imagen.

▼ 3. Se calienta la pieza y cuando adquiere un color oscuro se concentra el soplete en la unión hasta lograr un rojo cereza; en este momento la soldadura fluirá y se hará visible en forma de línea brillante. Seguidamente, se reduce o apaga el fuego y una vez enfriada la soldadura se habrá producido la unión.

▶ Al soldar piezas delicadas puede ocurrir que los distintos componentes se muevan; para evitarlo deben atarse con hilo de acero para soldar. Este hilo se puede comprar de diversos grosores y se utiliza para atar los elementos que van a soldarse. Antes de introducir las piezas en el ácido, se debe retirar el hilo.

◄ Un producto muy utilizado para sostener los diversos elementos en su posición correcta es la pasta de calor frío, que también se usa para proteger las piedras del fuego. Es de gran utilidad cuando tienen que repararse piezas con piedras que no admiten el fuego.

► Las soldaduras se pueden proteger con almagre disuelto en agua, o puede comprar un producto específico para ello. Para evitar que el calor se transmita con facilidad a las piedras, también pueden encontrarse en el mercado productos con consistencia de pasta.

Doblar y soldar

Dar volumen a una pieza es un objetivo que se puede lograr mediante el cincelado o bien embutiendo discos, pero también se consigue construyendo dicho volumen a partir de diversos perfiles de hilo sobre los que se sueldan diferentes planchas.

► Este tipo de construcción requiere de un perfil rectangular realizado a partir de diferentes biseles y sucesivos pliegues practicados con unos alicates.

► Una vez soldada la plancha, se lima y esmerila todo el perfil exterior hasta terminar la estructura.

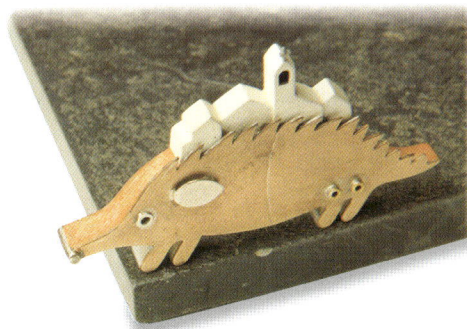

SEGURIDAD

Todos los soldadores funcionan con un determinado gas. Es muy importante que el suministrador del equipo proporcione un soldador homologado con sus respectivas gomas; éstas se deberán cambiar si se observa algún defecto o cuando así lo disponga el fabricante. También es importante que el soldador tenga los filtros, válvulas antirretroceso y demás elementos de seguridad. No debe olvidarse que, en función del gas utilizado, la habitación debe disponer de sus correspondientes salidas de gas. En cuanto al ladrillo de soldar, se ha de evitar cualquier contacto con derivados del amianto: es un material nocivo y su uso está prohibido.

► Pieza construida a partir de diversos módulos realizados con hilo rectangular de plata y plancha de cobre. Obra de Xavier Ines.

Eliminación del óxido

Cuando la pieza esté fría se habrá producido una oxidación superficial que deberá eliminarse con el blanquimiento para poder continuar trabajando. En el capítulo dedicado a la metalurgia se explican distintas formas de eliminar este óxido. Cabe destacar que esta oxidación puede minimizarse utilizando antioxidantes apropiados y que siempre que se decape con ácido deberá enjuagarse la pieza en agua con un poco de bicarbonato. Una vez limpia la pieza, ha de secarse, para no estropear las limas y demás útiles del taller, especialmente antes de laminar.

El ácido viejo

El ácido viejo ya utilizado acaba siendo una solución de baño de cobre, pues se convierte en ácido saturado con un exceso de iones libres en su disolución. Al introducir una pieza metálica se está introduciendo una carga eléctrica que hace que los iones se adhieran a la superficie. El proceso se ve claramente cuando se coloca en el ácido viejo un trozo de acero para soldar o unas pinzas metálicas: el acero provoca el intercambio de cargas eléctricas.

El efecto provocado por el ácido viejo es muy interesante cuando se utiliza para cargar cobre en los procesos de granulación o incluso antes de un baño de oro o de plata.

El ácido ya utilizado no puede tirarse directamente por el fregadero, antes debe neutralizarse con bicarbonato o carbonato de calcio.

Otros tipos de unión

La soldadura ha sido y continúa siendo el tipo de unión más frecuente en la construcción de un objeto de metal. Sin duda la joyería contemporánea ha conllevado la investigación y utilización de los más variados materiales, muchos de los cuales normalmente no se pueden soldar y es preciso recurrir a sistemas de unión en frío que permitan su sujeción sin afectar a la forma y calidad expresiva del material. Por ello es frecuente encontrar tipos de unión diferentes y nuevos, especialmente en piezas de joyería contemporánea.

► El uso de adhesivos plásticos es cada vez más frecuente debido a la utilización de diversos materiales en joyería. Broche realizado por Carles Codina.

Roscas

Las roscas, al igual que los remaches, permiten la unión en frío de distintos materiales, como los plásticos o las maderas. Su uso es cada vez más frecuente, ya que es un método limpio y preciso.

Para realizar roscas son imprescindibles dos herramientas: los juegos de hileras de roscar y los machos correspondientes. Estas herramientas son de acero y están pensadas para cortar metal de una dureza inferior; intentar roscar sobre materiales de dureza similar o superior no siempre es posible.

▲ Broche de diversos materiales ensamblado con tornillos. Obra de Kepa Carmona.

◄ **1.** Para el ejemplo mostrado en la imagen, se hace un hilo de plata recocido del diámetro que indica el fabricante en la hilera. Luego se introduce dentro de la herramienta encargada de realizar la rosca y se gira en el sentido de las agujas del reloj; con la rotación se produce el corte exterior en forma de rosca.

◄ **2.** Ahora debe realizarse la rosca interior a un tubo de plata cuyo diámetro interior será unas décimas más pequeño que el diámetro exterior del hilo.

Normalmente, los juegos de machos para roscar los componen tres unidades con un corte progresivo. Éstos se colocan por orden en la herramienta para roscar y mediante un movimiento continuado de rotación van cortando el interior del tubo.

◄ **3.** Tanto la hilera de roscar como los machos han de coincidir, es decir, deben tener el mismo número de paso de rosca, que es la distancia entre dientes; de otro modo, sería imposible enroscar las dos partes.

▼ En este caso se ha practicado un corte con la sierra en el hilo de oro para poder colocar el destornillador y roscar con comodidad. Broche de Carles Codina.

Remaches

El remache no es nada nuevo: su origen es anterior a la propia soldadura y está basado en la idea de la maleabilidad y la deformación del metal en frío. Consiste en colocar un elemento recocido, normalmente un hilo, a través de un orificio ajustado, y forjarlo hasta lograr una adaptación que impida que escape.

► **1.** Para colocar un remache, se moja el extremo de un hilo redondo en líquido de soldar. Se sostiene verticalmente con una pinza de fuego o bigote y se aplica un fuego intenso al extremo inferior hasta fundir el hilo y convertirlo en una pequeña bola.

▲ **2.** Una vez decapado, se coloca en el lado inverso de un agujero de hilera en el que ajuste perfectamente.

▲ Esquema del proceso de remachado.

▲ **3.** Se golpea con el martillo en todos los sentidos hasta aplanar la cabeza.

▲ **4.** Con la lima o con una fresa cóncava se acaba de dar la forma deseada a la cabeza.

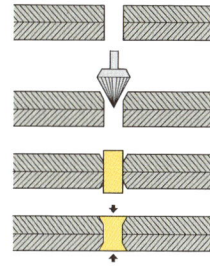

► Una de las diversas posibilidades es colocar el remache en la pieza y remachar con el martillo por el lado contrario.

Adhesivos

Muchos de los resultados que se observan en las piezas de joyería actual no serían posibles sin la utilización de adhesivos. Existen muchos tipos de adhesivos de gran calidad y que poseen un poder de unión formidable.

De entre la amplia gama de adhesivos que existen en el mercado, se debe elegir el más apropiado para el tipo de unión y de material; la unión nunca debe ser más fuerte que el material, las superficies han de estar bien limpias y preferiblemente algo ásperas; por ello es aconsejable limar o esmerilar previamente los lados de contacto y limpiarlos convenientemente.

Existen adhesivos elásticos, normalmente formados por dos componentes (Araldit), que son más apropiados para uniones que precisan relleno o bien para piezas que van a sufrir ligeras vibraciones o movimientos; estos adhesivos también son aptos para materiales porosos, a diferencia de los cianocrilatos (Super Glue), que suelen ser más rígidos y que resultan más apropiados para unir superficies lisas de diversos materiales.

Broche de "Color Core" realizado por Aureli Bisbe

Partiendo de una estructura de plata formada por la unión de dos aros concéntricos de hilo rectangular, soldados sobre una plancha de plata, Aureli Bisbe realiza un bello broche, resultado de cortar con una fresa sucesivas capas de "Color Core" superpuestas a modo de laminado. El "Color Core" es un tipo de material que se utiliza como revestimiento de mobiliario.

► **1.** El primer trabajo consiste en cortar diversas coronas circulares de "Color Core", de forma que encajen en el interior del broche de plata. Para ello se marcan con el compás las distintas láminas elegidas.

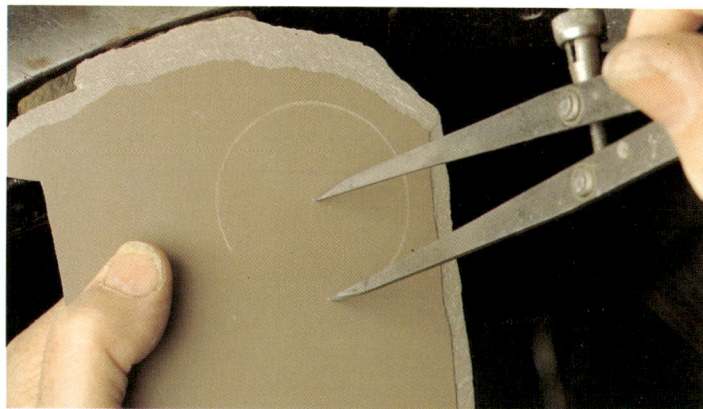

◄ **2.** A continuación, se corta con la sierra de calar por el exterior de la línea marcada y con una lima plana se deja el material perfectamente concéntrico y perfilado.

► **3.** Las tres capas de material elegido deben ajustar perfectamente en el interior del espacio donde han de insertarse. Una vez ajustadas, se empezará el encolado del "Color Core".

▼ **4.** Para la unión se ha utilizado un adhesivo viscoso y un poco elástico de secado rápido, muy apto para este tipo de unión. Una vez limpia y desengrasada la superficie, se aplica una capa de adhesivo y a continuación se coloca la primera de las anillas.

▼ **5.** Sin esperar a que seque, se vuelve a dar adhesivo y se emplaza la segunda anilla.

▼ **6.** Se repite el proceso y finalmente se coloca la última de las anillas.

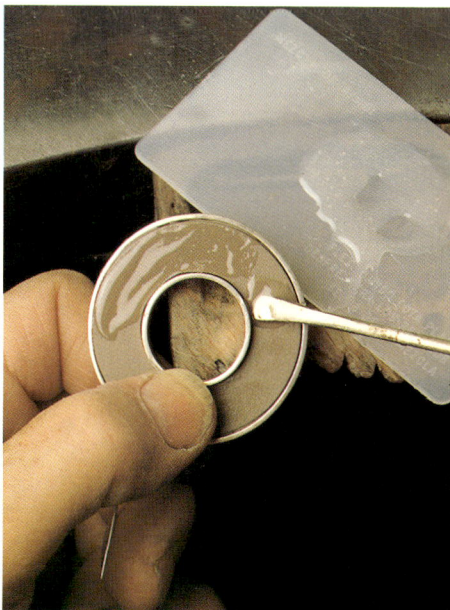

▲ 7. El conjunto se fija con tres mordazas para que la presión minimice la capa de adhesivo y se consiga una unión fuerte. El secado se puede acelerar colocando el conjunto debajo de una bombilla potente.

▶ 9. El corte se efectúa siempre hacia el interior con la pieza bien apoyada en la astillera.

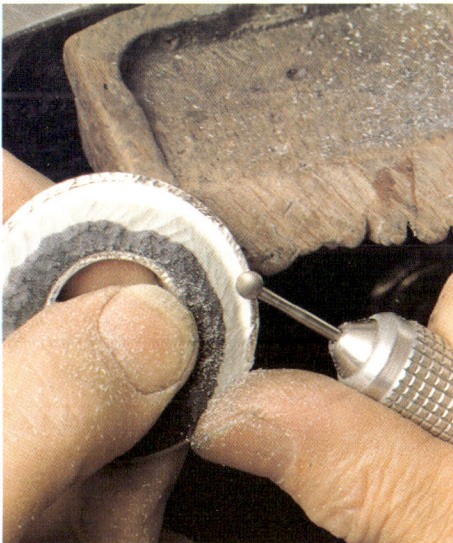

▲ 8. Una vez seco, con una fresa de bola grande se corta el material desde el exterior hacia el centro de la pieza, de modo que vayan apareciendo las sucesivas capas.

▲ 10. El borde de plata también se trabaja con la fresa, del mismo modo que el "Color Core".

▶ Éste es el resultado después de fresar todo el "Color Core". Broches realizados por Aureli Bisbe.

Conformado de discos y cilindros

Gran parte de los trabajos que se realizan en joyería suelen iniciarse a partir de una plancha o un hilo. Con el cincelado y el repujado se obtienen volúmenes partiendo de planchas planas. Pero en muchas ocasiones sólo se necesita un poco de volumen para ocultar un cierre, construir una esfera, o realizar un plano; es entonces cuando se deberán utilizar los distintos dados de embutir.

Embutir un disco

Para la construcción de elementos como cierres, esferas o cascarillas para perlas es frecuente tener que cortar y embutir un disco; asimismo, su utilización como mero elemento formal resulta de por sí interesante.

Es importante conocer el peso del metal deseado, especialmente si se piensa realizar la pieza en oro; para ello se puede utilizar la siguiente fórmula, que proporciona el peso final del disco.

Peso de un disco:

$$\frac{\text{Radio}^2 \times 3,14 \times \text{Grosor} \times \text{Peso específico}}{1.000} = \text{Peso del disco en gramos}$$

Por ejemplo. ¿Cuánto pesará un disco de oro de 14 mm de diámetro, realizado en una plancha de 1 mm de espesor?

$$\frac{(7 \times 7) \times 3,14 \times 1 \times 15,5}{1.000} = 2,3 \text{ g de oro}$$

La forma de embutir es muy importante. Cuando se conforma un disco de plata o de oro entre el acero del dado y del embutidor, el golpe provoca una dilatación y consecuentemente una disminución del grosor en el área golpeada; por ello, es aconsejable utilizar un embutidor de madera de boj, que no dilata tanto el metal como el de acero. También es importante la forma de golpear el metal; así, cuando el martillo golpea el embutidor, éste debe moverse ligeramente como si de un bruñidor se tratara, evitando golpes bruscos sobre la plancha y procurando que éstos sean resbaladizos en toda la superficie; de este modo se consigue un grosor uniforme en todo el disco.

▶ **4.** No debe olvidarse que a medida que se embute el domo se va produciendo un endurecimiento del metal que debe controlarse recociendo la pieza regularmente.

▶ Las herramientas básicas para conformar discos y cilindros son el dado de embutir, que puede ser de bronce o bien de acero, el dado de canales que permite realizar formas cilíndricas y los embutidores, que, según cómo se utilicen, pueden desarrollar distintas funciones.

▼ Colgante construido a partir de diversas planchas embutidas en plata. Obra de Xavier Doménech.

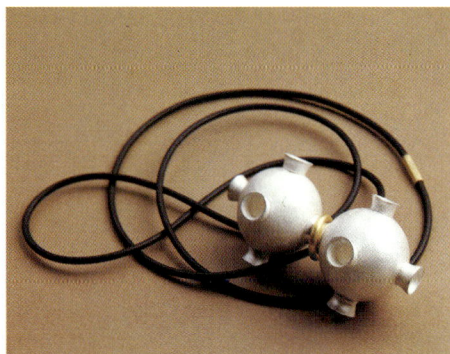

◀ El disco, una vez marcado con el compás, puede cortarse con la sierra de calar, pero hay herramientas apropiadas para ello, como los cortadores; éstos disponen de varios diámetros de corte.

▲ **1.** El metal se introduce previamente recocido en el cortador y se golpea con una maza de forma seca y concisa; así se obtiene el corte perfecto del metal al diámetro deseado.

▲ **2.** Para embutir se ha de situar el disco de metal en uno de los perfiles del dado, de forma que su diámetro quede en su interior. Se empieza con el embutidor de mayor diámetro en el agujero adecuado.

▲ **3.** El disco habrá adquirido ya forma de domo; seguidamente se reducirá progresivamente el diámetro del agujero del dado y el del embutidor. Tal como se observa en la imagen, el domo se inclina ligeramente; hay que golpearlo por todo su borde interior para conseguir una forma esférica correcta.

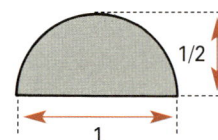

▲ Para saber si la forma es esférica se toma la medida con el pie de rey. Cuando la altura mida la mitad de su diámetro será una semiesfera y, por lo tanto, si se sueldan dos semiesferas entre sí se podrá obtener una bola.

► Collar realizado a partir de discos embutidos de plata oxidada y papel. Obra de Ana Pavicevik.

◄ Detalle del collar.

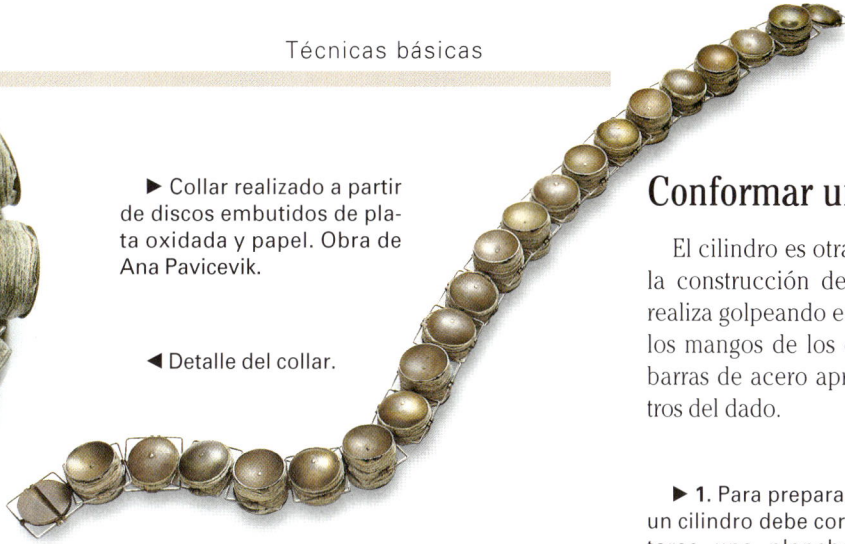

Conformar un cilindro

El cilindro es otra forma muy utilizada en la construcción de diversos elementos; se realiza golpeando en el dado de canales con los mangos de los embutidores o bien con barras de acero apropiadas para los diámetros del dado.

► **1.** Para preparar un cilindro debe cortarse una plancha rectangular y recocerla; se empieza a embutir en el dado de canales cuidando que las aristas de éste no marquen la plancha, ya que resultaría un grave inconveniente.

▲ **2.** Se va reduciendo paulatinamente el diámetro del brazo del embutidor y el del canal del dado donde se golpea. Cuando tenga forma de U podrá golpearse por el exterior hasta lograr unir los dos extremos de la plancha.

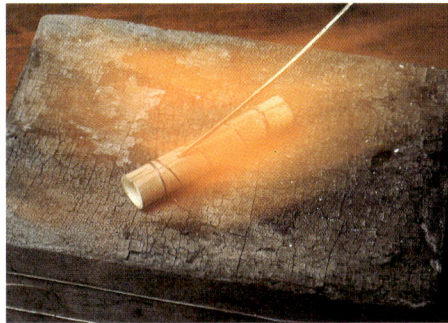

▲ **3.** Antes de soldar, el cilindro se atará con hilo de acero para evitar que se abra con el calor debido a las tensiones acumuladas durante el conformado.

► **4.** Una vez decapado el cilindro en ácido nítrico, se le acaba de dar forma colocando el embutidor en el interior y golpeando con una maza de plástico por el exterior. Cuando la forma cilíndrica sea óptima se esmerila.

Realización de un cierre

A continuación, se verán de los dos conceptos tratados en este capítulo aplicados a la realización de unas cascarillas para un cierre de collar. En este caso corresponde al cierre de un collar de anillas presentado en el capítulo de paso a paso.

► **1.** Se han preparado dos discos y dos trozos de cilindro de la forma descrita con anterioridad y de manera que los diámetros exteriores encajen perfectamente.

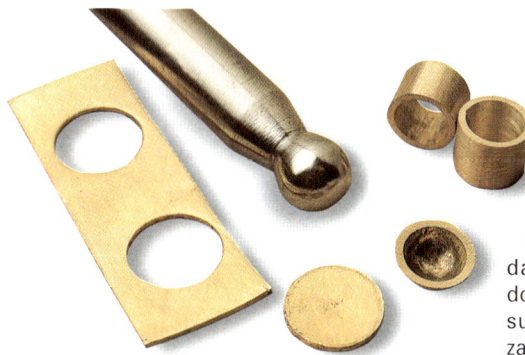

► **2.** Se aplica soldadura para unir el domo al cilindro y se sueldan las dos piezas entre sí.

◄ **3.** Después de limar y esmerilar el conjunto, se suelda una anilla gruesa en la parte superior y se practica un agujero transversal por el cual se introduce un hilo de oro de forma que traspase el cordón y aparezca por el otro lado. Seguidamente, se sueldan los dos extremos del hilo a la cascarilla y se elimina el hilo sobrante.

► **4.** Éste es el cierre una vez pulido. En este caso se ha elegido un cierre de entre los muchos que se pueden encontrar en un mayorista de fornituras.

Forja

Uno de los procedimientos más antiguos con que el hombre ha trabajado el metal es la forja. Golpeando el metal con diferentes martillos, sobre diversos tases, se controla la forma y el alargamiento del mismo, y se consigue una transición armoniosa entre las partes gruesas y finas de una pieza; de este modo, pueden realizarse desde trabajos de gran formato a delicados detalles.

La forja, igual que el laminado, mejora la estructura interna del metal; al refinarse el tamaño del grano se consigue un metal más resistente que el metal fundido. Asimismo, como resultado de los sucesivos golpes, se obtienen superficies con unas texturas muy interesantes.

El forjado, esencialmente, consiste en el dominio del metal a fuerza de golpes efectuados con un mazo también de metal, que suele tener un extremo plano y cuadrado, y el otro en forma de cuña. Cuando se golpea por este lado sobre un lingote, el metal es impulsado longitudinalmente sobre su eje, y esto provoca el alargamiento del mismo.

Para ensanchar un lingote o una determinada forma inicial, es preciso utilizar el lado plano del mazo, procurando golpear en toda la superficie del metal para que éste pueda dilatarse.

El golpeado del metal con el mazo se ejecuta sobre un yunque o diferentes tases, en función del tamaño y la forma que se pretendan obtener. Es esencial que la superficie de acero de éstos sea estable y lo más lisa posible; asimismo, el extremo del martillo ha de estar bien pulido, ya que con el golpe, éste tiende a conferir su brillo al metal que se está trabajando.

El oro, la plata y el cobre admiten muy bien el forjado, pues son algunos de los metales más maleables y blandos que existen. El latón es un metal poco adecuado para forjarlo.

A medida que se avanza en el forjado, el metal se endurece, y por lo tanto, hay que efectuar sucesivos recocidos; es interesante revisar el capítulo de metalurgia (véanse págs. 12 a 25) para verificar el recocido y el enfriamiento específicos que tiene cada aleación, los cuales devuelven la correcta maleabilidad al metal.

◄ Pendientes procedentes de Mali. Se han forjado con diferentes martillos y tases, partiendo de un lingote fundido.

▲ Colgante de plata realizado a partir de sucesivos estiramientos del metal. Obra de Jaime Díaz.

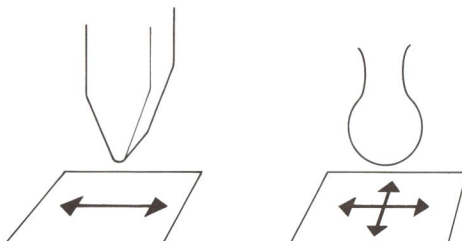

◄ Golpear por el lado en forma de cuña del martillo produce un alargamiento longitudinal del lingote, mientras que un golpe por el lado esférico provoca que la dilatación sea en todos los sentidos.

▼ El tipo de martillo utilizado y el modo de golpear son factores que determinan la forma final del forjado.

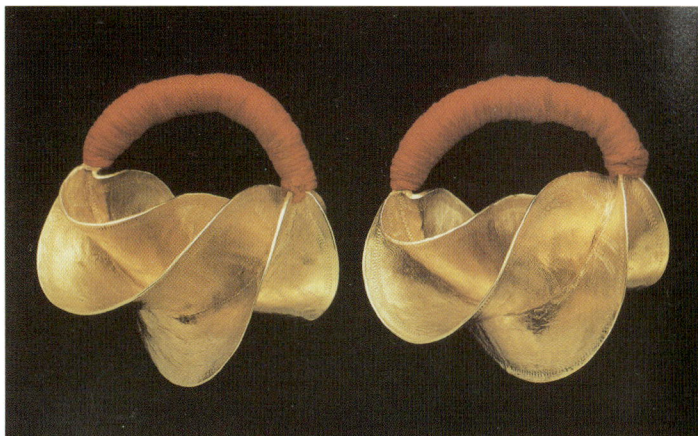

▼ El metal siempre debe batirse sobre diferentes tases de acero, para que se dilate al golpearse. La imagen muestra pequeños tases de sobremesa, útiles para realizar forjados reducidos, remaches o texturas.

Pulsera forjada

Para la siguiente pulsera, Jaime Díaz utiliza un lingote de plata, que forja con un martillo y una maza de plástico sobre diversos tases.

▶ **1.** El lingote de partida pesa 80 g y tiene un espesor de 3,5 mm.

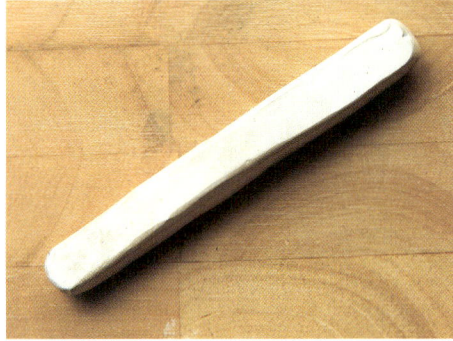

▲ **2.** En este caso se ha batido sobre un yunque pequeño, realizado para este propósito mediante la modificación de un martillo viejo; así, al golpear la plata, ésta se amoldará hacia el interior, adquiriendo una forma más cóncava.

▲ **3.** Se sitúa la pulsera en un tas amplio y ligeramente curvo, obtenido de una pieza mecánica; seguidamente, se dan unos golpes exteriores, con el fin de ensanchar el diámetro externo y conseguir una textura exterior martilleada.

▲ **4.** En este momento, la pulsera puede batirse hasta lograr espesores muy finos, siempre que el recocido se realice de forma correcta. Al ser de plata, se ha de recocer por encima de los 750 °C y enfriar de golpe en agua.

▲ **5.** Colocando la pieza en una lastra para pulseras, y golpeando con una maza de nailon o madera, se consigue una mejor adaptación del perfil interior, que en este caso es ovalado.

◀ **6.** Seguidamente, se vuelve al primero de los yunques y se golpea por la parte exterior, para conseguir un borde más fino y obtener así el acabado definitivo.

▶ **7.** Se han realizado dos piezas iguales y unido mediante soldadura. El interior se ha oxidado, y la superficie exterior se ha frotado suavemente, con un estropajo blando, para respetar la calidad de la textura obtenida con el martillo. Obra de Jaime Díaz.

Articulaciones

Muchas piezas de joyería, especialmente las pulseras y los collares, están formadas por distintos elementos que deben articularse entre sí para obtener movimiento y una buena adaptación a la parte del cuerpo para la que han sido diseñadas. Es imposible describir la infinidad de movimientos que es posible realizar, pero sí se pueden mostrar tres movimientos esenciales que pueden resultar de mucha utilidad: la articulación con garra de hilo, la articulación de tubo y la articulación ciega.

La articulación no siempre debe ser de metal, ni tampoco es un elemento que tenga que disimularse: en muchas ocasiones la simple visión de ésta ya resulta de por sí interesante.

◄ Pulsera de plástico pintado formada a partir de diversos perfiles troquelados que encajan entre sí. En este caso el atractivo de esta pieza reside en el diseño de la propia articulación y en el movimiento que produce. Obra de Svenja John.

Articulación con garra de hilo

Esta articulación tiene muchas variantes y se puede aplicar de diversas maneras; normalmente se suele utilizar para articular galerías entre sí con el fin de formar *rivières* o bien para articular pulseras u otros elementos. Una de estas posibilidades aparece descrita en el capítulo de paso a paso referente a la pulsera articulada.

Para realizar el siguiente colgante se ha preparado un hilo rectangular con el correspondiente perfil de la hilera. Con él se han realizado anillas de diversos diámetros que a su vez han sido soldadas y convenientemente esmeriladas.

▼ 3. Se prepara un hilo redondo de 0,6 mm en forma de U que se introduce por el segundo aro. Seguidamente, se pasan los dos extremos del hilo por los dos agujeros del primer aro, procediendo a soldarlos en el interior de este último.

▲ 1. En el costado de una de las piezas se practican dos agujeros paralelos, dejando una separación entre ellos no superior a 1,5 mm.

▲ 2. En otra de las piezas se realizan dos agujeros igual que los efectuados anteriormente, con la diferencia de que en este lado debe eliminarse el metal existente entre los dos agujeros con la ayuda de una fresa cilíndrica. Con otra fresa cilíndrica más delgada que la anterior, se realiza un fresado transversal para encajar un hilo fino que seguidamente se soldará.

▼ 5. A través de un pequeño agujero practicado en la estructura, se anuda con hilo de oro previamente recocido una perla de río y un trozo de coral.
Colgante de Carles Codina.

▲ 4. El procedimiento para obtener un movimiento adecuado es el siguiente: se introducen todos los hilos en forma de U de manera que sobresalgan generosamente, se tira de ellos y se suelda únicamente una de las patas. A continuación, se forzará el conjunto realizando un ligero movimiento de las partes, para que la pieza tenga una buena caída, y se sueldan todas las segundas patas.

Una vez terminadas las soldaduras, se decapa y se cortan y liman todos los sobrantes de hilo.

Articulación de tubo

Se aplica con frecuencia para el movimiento de diversas piezas, especialmente en pulseras, cajas y otros elementos de construcción. Pueden realizarse diversas variaciones a partir de la estructura y ajustar las medidas a la dimensión de la pieza que se desee realizar.

Para el ejemplo descrito a continuación, se ha preparado un tubo redondo en plancha de 0,5 mm y dos cuadrados a partir de hilo cuadrado de 2,5 mm, que se han soldado con soldadura fuerte.

▶ **3.** Se procede a soldar con la ayuda de unas agujas de acero que sirven de soporte, procurando que el puente quede ajeno a la soldadura. Se ha utilizado soldadura media.

▼ **5.** Se prepara un hilo recocido que ajuste en el interior del tubo, el cual se cortará de modo que resten 0,5 mm de metal por cada extremo; estas décimas serán necesarias para efectuar el remache que unirá las dos piezas.

◀ **1.** En primer lugar debe ajustarse el tubo entre los dos elementos; para ello se juntan y se pegan los dos cuadrados sobre una plancha y con una lima redonda se liman las dos aristas de los cuadrados, hasta conseguir que el tubo ajuste en el interior.

▲ **2.** En uno de estos tubos se realiza un puente con la sierra de calar, como el que muestra la imagen, con el fin de que al soldar los dos extremos, éstos queden bien alineados.

▲ **4.** Una vez soldado, se cortan el puente restante y un trozo de tubo que se ajuste al espacio dejado por el puente. Terminada la soldadura, deben encajar con exactitud una pieza dentro de otra.

▲ **6.** Este brazalete de oro ha sido realizado con una articulación de tubo, siguiendo el proceso descrito anteriormente. Obra de Carles Codina.

Articulación ciega

Este tipo de articulación se utiliza tradicionalmente en cierres de pulseras rígidas, también denominadas esclavas, donde es importante que el movimiento quede completamente escondido.

Para realizar la articulación ciega deberán sobredimensionarse los grosores con el fin de ajustar la articulación al cuerpo de la pieza donde irá encajado. Esto implica que deben medirse muy bien las dimensiones de la pieza y los grosores de los diversos elementos de metal que intervendrán en el movimiento.

Para la propuesta siguiente, se ha preparado un anillo para articularlo por la mitad y poder acceder a un compartimento secreto que tiene la antigua función de contenedor de sales.

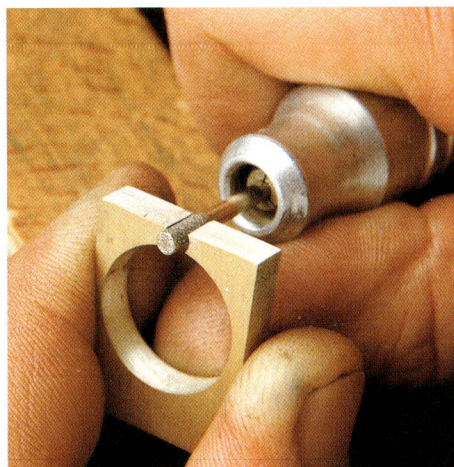

▲ **1.** Primero se empieza a cortar con la sierra; a continuación, se ensancha el espacio del corte con diversas limas y, finalmente, con una fresa cilíndrica, tal como se aprecia en la imagen.

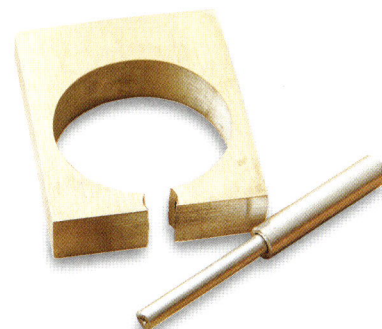

▲ **2.** Se preparan dos tubos de modo que ajusten perfectamente uno dentro del otro; como particularidad, el tubo externo es bastante más grueso, para que posteriormente pueda limarse el sobrante. En este caso, para la unión del tubo se utiliza una soldadura fuerte.

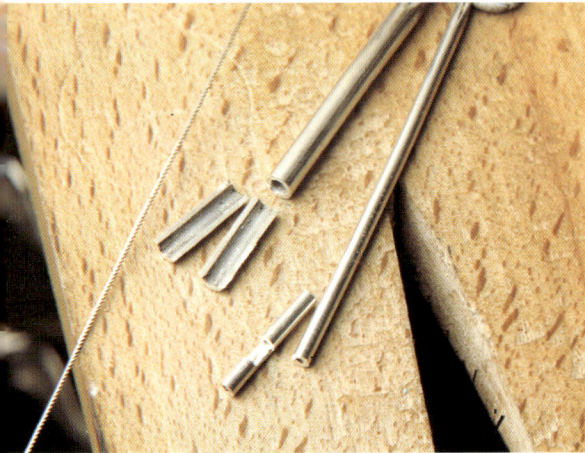

▲ 3. Se corta el tubo grande longitudinalmente, mientras que al pequeño se le practica un encaje con sierra en forma de puente, tal como muestra la imagen. Esta muesca sirve de guía para que al soldar este trozo al interior del tubo grande, los dos extremos del mismo queden alineados.

▲ 4. Con soldadura media se suelda el tubo pequeño con el puente dentro del grande, procurando que el puente quede totalmente exterior. Una vez soldado, se corta con la sierra el pequeño puente de metal, así los dos extremos quedan perfectamente encarados. Finalizada esta parte de la articulación, en el otro lado se soldará, también con soldadura media, un trozo pequeño de tubo que encaje dentro de la primera parte.

▲ 5. Como puede apreciarse, las dos piezas ajustan perfectamente entre sí y al mismo tiempo el exterior del conjunto ajusta dentro del encaje realizado en el anillo. Se impregna el interior de la articulación con protector para soldadura; también deben protegerse los puntos de soldadura delicados.

▶ 6. Una vez colocada la articulación en su sitio, se ata con hilo de acero para soldar y se suelda al anillo con una soldadura blanda.

▲ Esquema de la articulación.

▶ 7. Después de limpiar y decapar, se lima la articulación siguiendo el contorno del anillo. Con el limado se rectificará el tubo tanto interior como exteriormente, sin llegar a limar el hilo interior: si se lima el interior del tubo pequeño la articulación se romperá.

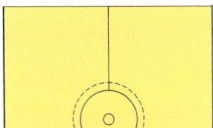

▶ 8. Se introduce un hilo redondo recocido que ajuste en el interior y se remacha encima de un tas, procurando que al golpear por la parte superior con el martillo cl hilo también ceda por su lado inferior en contacto con el tas.

◀ 9. El anillo se ha cortado por la parte superior y en él se han soldado diversas láminas que forman dos cámaras independientes capaces de contener polvo o líquido. El motivo superior es un cactus fundido con una técnica muy específica; tiene una rosca en su parte inferior que sirve de tapón.

▶ 10. *Anillo para morir. Especies protegidas nº 3.* Obra de Carles Codina.

E n el cuerpo humano es donde una joya se muestra plenamente, pues las piezas están hechas para que las personas que las llevan las luzcan y los demás las contemplen. Esto supone que la pieza ha de tener un mecanismo de sujeción para sostenerse. En muchas ocasiones, la propia forma de la pieza sirve de sostén, pero hay casos en los que se requiere la realización de un cierre que permita sujetar pulseras, collares, pendientes, broches, o cualquier otro elemento.

Actualmente, se pueden adquirir todo tipo de cierres prefabricados, en tiendas especializadas en fornituras para joyeros, o incluso también por catálogo. Estos cierres se sueldan o se montan a los distintos elementos con facilidad, por lo que en muchas ocasio-

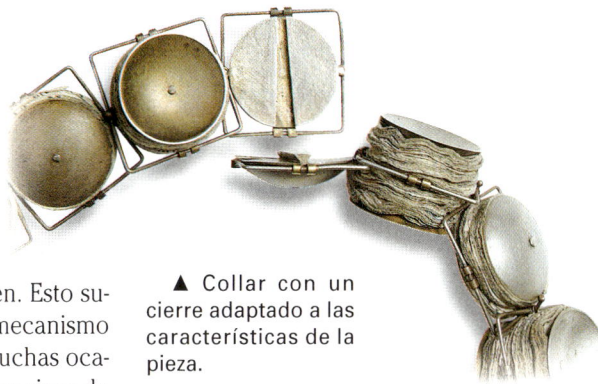

▲ Collar con un cierre adaptado a las características de la pieza.

nes sólo es preciso ajustarlos y darles el acabado final. No obstante, en muchas ocasiones un cierre prefabricado puede estropear un diseño, por lo que es necesario saber adaptar determinados cierres a las características de la pieza y, por lo tanto, se debe conocer bien el funcionamiento de estos mecanismos para adaptarlos correctamente a las piezas.

▼ Diferentes tipos de cierres que pueden adquirirse en tiendas de fornituras.

Cierre omega

Quizás uno de los mejores cierres que se fabrican es el cierre omega; su forma permite una buena posición del pendiente. El cierre combina el perno, que atraviesa el lóbulo de la oreja, con otro hilo que presiona el lóbulo de la oreja contra el pendiente; a este último, debido a su forma, se le llama "omega".

▶ La pieza que tiene forma de omega no debe recocerse; ésta tiene la tensión que le proporciona el hilo del omega. Esto también se tendrá presente en las reparaciones: el omega debe desmontarse antes de soldar la pieza. Para efectuar el remache, se introduce el pequeño hilo recocido a través del talón y del omega y se remacha con un martillo. En este caso, se ha utilizado el martillo percutor de manera que el golpe rebote sobre un tas de acero situado en la parte inferior.

◀ Este cierre consta de un talón o soporte donde está montado el omega y un perno que debe ir soldado a una distancia aproximada de 7 o 9 mm del talón. Primero, se suelda el talón y, a continuación, el perno; una vez concluidas todas las soldaduras se instala el omega.

Cierres de presión

La base de este cierre la constituye un perno o hilo de plata o de oro con un grueso de unos 0,7 mm, el cual deberá estar firmemente soldado a la pieza tal como muestra el dibujo. La presión puede comprarse ya fabricada; pero si se decide realizarla, no hay que olvidar que el metal para este tipo de cierre debe tener cierto temple; por lo tanto, no puede hacerse con plancha acabada de recocer.

◀ Para que la soldadura del perno al pendiente sea resistente y duradera, con una fresa se realizará un pequeño encaje para el perno y, a continuación, se soldará un hilo en su interior.

◀ Con una lima que sólo tiene corte en su arista, se lima un pequeño encaje a modo de seguro, el cual evitará que la presión pueda escapar con facilidad.

◀ Esquema del tipo de seguro realizado en el perno del pendiente.

▼ Las presiones se pueden comprar ya hechas; sólo se debe elegir el tamaño de las mismas según las dimensiones del pendiente.

Cierre para broche

Este cierre se adapta a cualquier superficie plana y proporciona una buena sujeción. Es posible ejecutarlo de muchas maneras; la aquí descrita es un método fácil realizado en oro.

► **1.** Se prepara un tubo de oro con plancha de 0,5 mm y otra plancha también de 0,5 mm, a la cual se le practica un bisel con una lima triangular o cuadrada.

▲ **2.** Al bisel, una vez doblado y soldado, se le une el tubo tal como se muestra en la imagen. Por otro lado, se ha confeccionado un hilo rectangular que también se ha biselado, doblado y soldado del modo que se aprecia en la imagen.

▲ **3.** Para lograr un buen ajustado de la aguja se realiza, por ambos lados, un primer fresado con una fresa en forma de cono invertida, tal como se ve en la fotografía.

▲ **4.** Se precisa un segundo fresado con una fresa cilíndrica a fin de efectuar un pequeño asiento para la aguja.

▲ **5.** Terminados los dos elementos, éstos deberán soldarse de forma paralela y alineada lo más separados posible.

► **6.** Se introduce un hilo de oro sin recocer y se dobla como muestra la imagen.

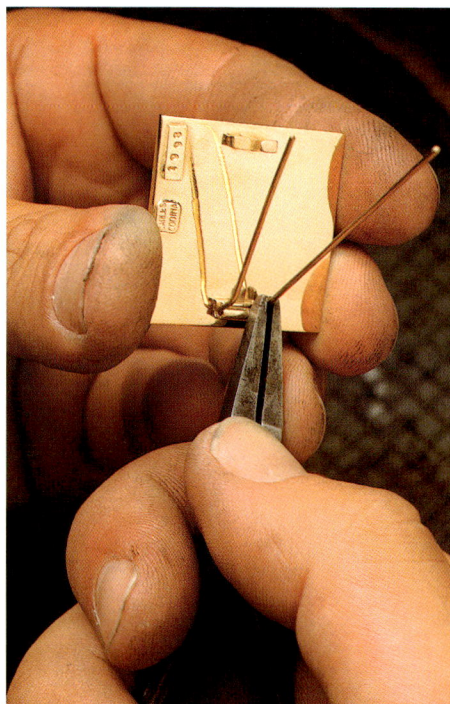

▼ **7.** La aguja debe tener esta alineación, de modo que los extremos queden abiertos y al introducir las agujas dentro del cierre, éstas ejerzan fuerza hacia el exterior presionando el interior del mismo.

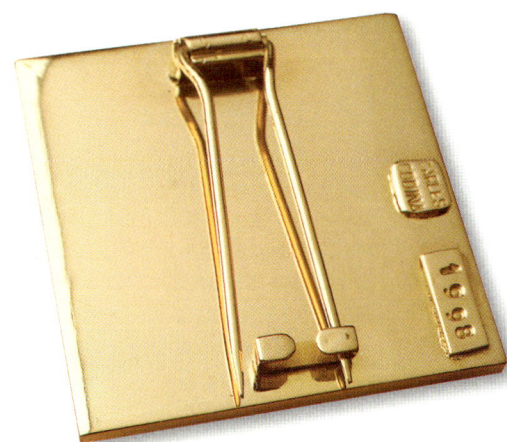

Cierre de cajón

El cierre de cajón tiene innumerables variaciones sobre una estructura como la que se muestra a continuación. En la pulsera descrita al final de este libro se enseña de forma detallada la sencilla adaptación de un cierre de cajón.

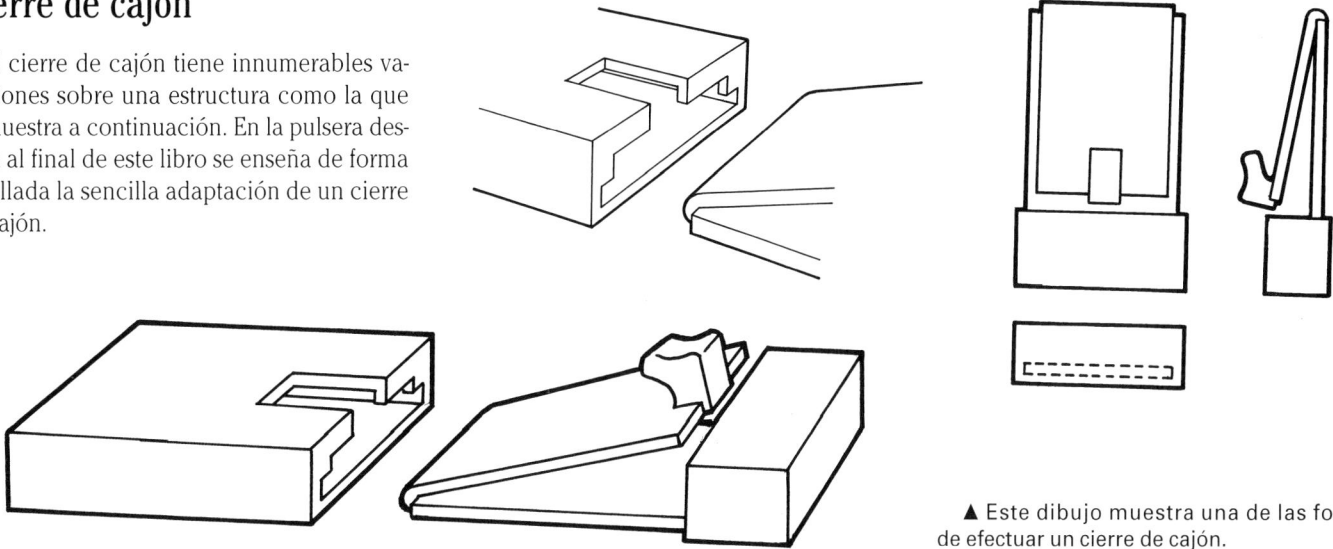

▲ Este dibujo muestra una de las formas de efectuar un cierre de cajón.

Cierre de tubo para pulsera

Generalmente, éste se utiliza para cerrar pulseras; es un cierre de fácil ejecución y admite muchas posibilidades. Se hace un tubo y se corta en tres trozos; dos de ellos se sueldan a una parte de la pieza y el trozo central en el otro lado. Por el interior de ellos, corre un hilo doble de media caña, a modo de pasador, que libera el tubo central permitiendo que se abra la pulsera. Para que no se escape el pasador, se suelda un hilo pequeño en el extremo superior de uno de los tubos.

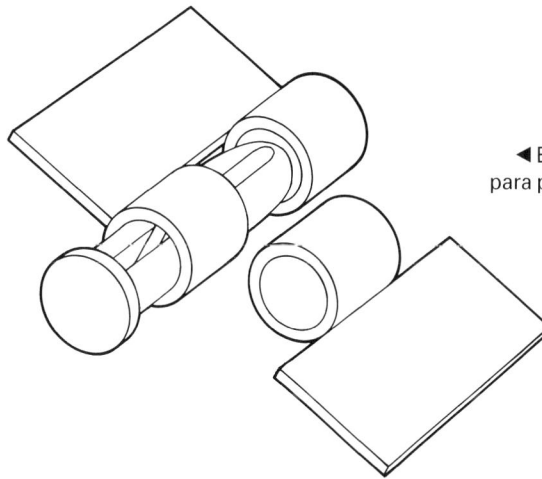

◄ Esquema del montaje de un cierre de tubo para pulsera.

Cierre de rosca

Como ya se vio en el capítulo dedicado a las uniones, con la herramienta apropiada es muy fácil realizar un cierre de rosca; en este caso, la adaptación a un cierre resulta sencilla y es posible hacerla de distintas formas.

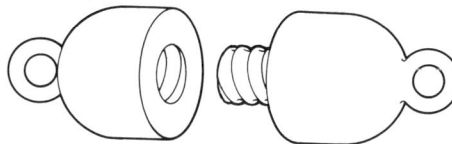

◄ Una posibilidad en la aplicación de un cierre de rosca puede ser ésta.

Cierres tipo mosquetón

También hay muchas formas de hacer este cierre, generalmente utilizado para cerrar collares y pulseras; el único consejo es tener precaución con los gruesos y el temple del hilo, ya que un hilo muy fino y acabado de recocer puede ser insuficiente para resistir el uso y el peso de determinadas piezas.

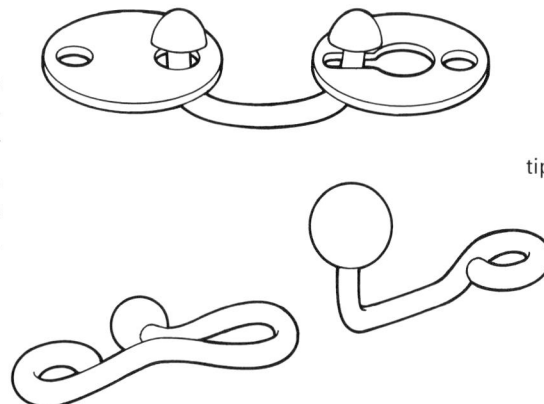

◄ Algunas opciones para ejecutar cierres tipo mosquetón.

Anillas

Tradicionalmente las anillas han sido uno de los elementos esenciales de la joyería; se utilizan para la unión móvil de distintos elementos o bien para la confección de múltiples cadenas. El proceso consiste en enrollar diferentes secciones de hilo de metal alrededor de distintos perfiles metálicos denominados dobladores; una vez realizada la espiral se procede a cortar las anillas y a unirlas entre sí o con un cuerpo de pieza.

En este capítulo se estudiará la anilla más sencilla y la más utilizada: la anilla redonda. Se usará para la pulsera que se presenta a continuación, pero pueden realizarse otras formas, sólo se precisa confeccionar un doblador con el perfil deseado.

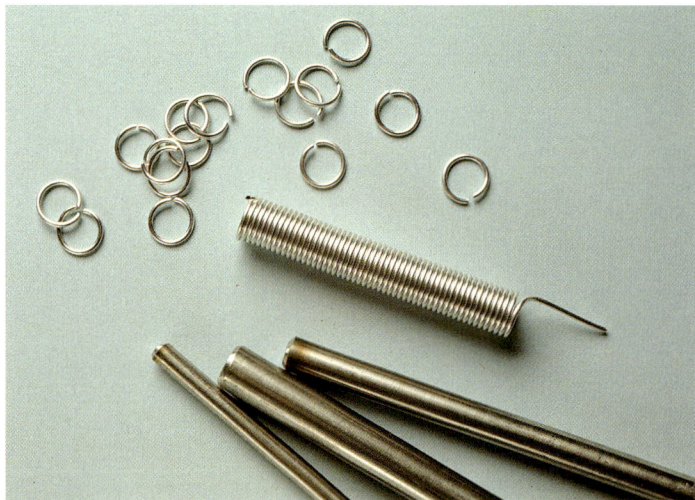

◄ Aunque en el mercado existen herramientas específicas para realizar e incluso cortar anillas, el sistema que se define en el siguiente paso es económico y fácil; se precisa para ello un taladro manual, así como distintos perfiles de acero con diferentes diámetros, llamados dobladores.

▲ **1.** Primero se monta la barra dentro de la punta del taladro manual y se fija fuertemente este conjunto a un tornillo de apriete; seguidamente, se introduce un extremo del hilo en el interior de la punta del taladro de forma que éste quede sujeto junto a la barra. A continuación, y procurando tensar un poco el hilo, se empieza a girar la manivela de forma suave y constante. La espiral puede hacerse directamente sobre la varilla de acero o bien protegerla con un papel antes de enroscar el hilo.

▶ **2.** Una vez terminada la espiral es preciso recocer el conjunto, puesto que al doblar el hilo de metal, éste habrá adquirido cierta tensión que de no eliminarse, al soldar haría que las anillas se abrieran ligeramente y la unión con soldadura no fuera eficaz. Una vez recocidos, se pasa a cortar con la sierra; el corte con tijeras no es tan recto y la soldadura tendría que rellenar el espacio dejado por el corte, dando como resultado una unión frágil.

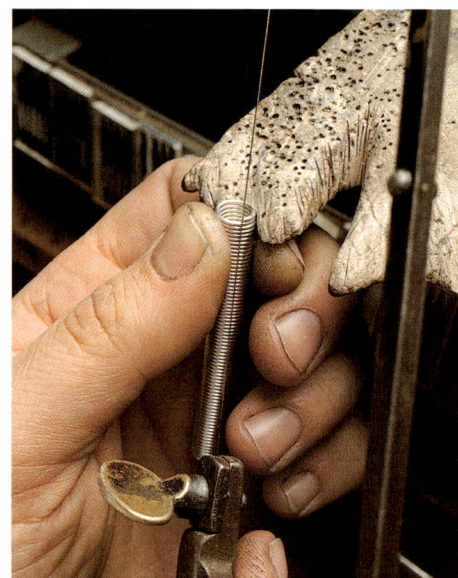

▶ Collar realizado con distintos diámetros de anilla. Obra de Sofie Lambaert.

Pulsera de anillas

Esta pulsera es de realización muy sencilla y de una belleza sorprendente, especialmente si se cuida el acabado. En este caso se ha dado un acabado mate nada ortodoxo y se ha montado un cierre muy simple de los denominados de pozo. Para realizar la pieza se precisará un hilo recocido de oro de un grosor de 0,7 mm y un solo grado de soldadura que puede ser la mediana.

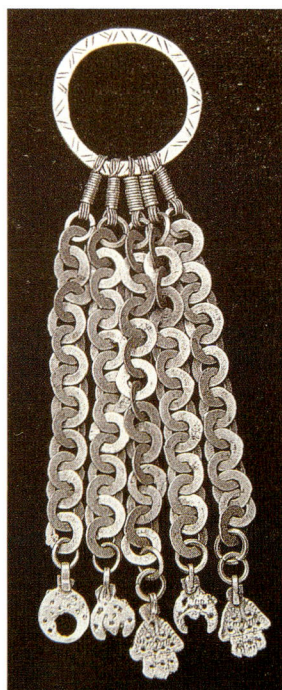

◄ Este tipo de cadena de anilla ha sido realizado desde antaño por muchas culturas como muestran estos ornamentos beréberes procedentes de Túnez.

▲ 1. El primer trabajo ha sido realizar las anillas en el doblador o varilla redonda. Una vez conformadas, se recuecen y decapan para posteriormente cortarlas y cerrarlas con la ayuda de dos alicates planos.

▲ 2. Se colocan las anillas ordenadamente sobre el ladrillo de carbón vegetal para proceder a soldarlas. Antes de aplicar el fuego es necesario calentarlas ligeramente para que al aplicar la soldadura en pasta ésta penetre mucho mejor.

▲ 3. Una vez se han soldado y decapado las anillas, se golpean con el martillo de joyero o con un martillo pequeño que termine en forma de bola. Cuando estén forjadas, se toman aproximadamente la mitad de las anillas y se cortan por la soldadura con la sierra.

◄ 4. La pulsera se construye colocando dos anillas cerradas dentro de una abierta, para después soldarla y formar grupos de tres anillas. Estos grupos se unen entre sí con otra anilla abierta formando grupos de siete anillas.

▲ 5. Se debe continuar así hasta confeccionar 18 cm, que es el largo habitual en una pulsera.

▲ 6. El cierre es de los denominados de pozo y es de fácil construcción. Se suelda la última anilla de la pulsera dejándola fija y se realiza una pequeña cadena de anillas redondas soldada a un trozo de hilo cuadrado; éste tiene que pasar justo por la anilla para que no pueda escapar una vez cerrada la pulsera.

► 7. El resultado es una cadena clásica, pero el forjado y el acabado con ácidos le dan otro aspecto.

Superficies

La superficie del metal puede tratarse de diversas formas, con el fin de obtener su apariencia definitiva; para conseguirlo será necesario conocer no sólo las distintas posibilidades del acabado final de una pieza, sino también la forma y el modo en que previamente debe prepararse el metal para lograr el objetivo deseado.

En los siguientes capítulos se abordan las diferentes posibilidades y los distintos tratamientos superficiales que se pueden dar a una pieza. Algunas técnicas implican la previa preparación de varias aleaciones para conseguir el color final; otras consisten en la creación de interesantes texturas superficiales y, finalmente, se muestran diferentes técnicas de acabado superficial del metal.

Grabado al ácido

Esta forma de grabar el metal tiene muchos usos en joyería; resulta muy útil, por ejemplo, en la aplicación de niel, esmaltes, resinas, o incluso para posteriores incrustaciones de metal. Se pueden realizar desde finos trabajos de grabado, hasta interesantes texturas que luego se utilizarán para la construcción de piezas. Con el grabado al ácido no se pierde el trazo gestual del dibujo, permitiendo trabajos sobre metal propios de diseños realizados sobre papel.

El principio es sencillo: por un lado están los ácidos, que, como es bien conocido, atacan al metal y que una vez preparados en su justa proporción llamaremos mordientes. Asimismo, existe toda una serie de lacas y barnices que evitan el contacto del ácido con el metal; por consiguiente, la superficie expuesta al mordiente es atacada y rebajada produciendo un grabado ya de por sí interesante.

Preparación del metal

Los metales han de estar bien esmerilados, frotados con polvo de piedra pómez o bien con un cepillo de fibra de vidrio y agua. Posteriormente, se han de limpiar y secar perfectamente antes de aplicarles los distintos barnices; de lo contrario, el barniz en contacto con el ácido se puede levantar y estropear el trabajo previsto.

Marcado del dibujo

Existen varias formas para marcar el dibujo sobre el metal en función de la dificultad que tenga el diseño.

Un sistema para pasar dibujos complejos es pintar la superficie del metal con pintura plástica blanca, de forma que quede totalmente cubierta. Encima se coloca un papel de carbón y sobre éste el papel con el dibujo, que una vez vuelto a trazar quedará impreso sobre la pintura. A continuación, con una punta de señalar se resigue el contorno del dibujo y se procede a limpiar perfectamente la superficie.

▶ El metal que se ha de grabar no debe tener grasa; una vez limpio no puede tocarse, ya que la grasa de los dedos puede impedir que el barniz se fije adecuadamente. En este caso se ha pegado una cinta de carrocero en la parte posterior del grabado y se han repasado todas las aristas.

▼ Broche grabado al ácido y posteriormente cincelado. *The outlook,* obra de Judith McCaig.

Productos resistentes al ácido

Existen muchos productos resistentes al ácido en función del trabajo que se quiera realizar. Pueden obtenerse resultados muy interesantes utilizando diversos productos para proteger las superficies: pegamentos, mezclas de alquitranes, ceras, cintas adhesivas... los efectos son sorprendentes.

También protege del ácido la cera de abeja dada en caliente o bien la goma laca, aunque su aplicación no es tan precisa. Para trabajos delicados puede emplearse un tipo de barniz negro satinado, que se vende en tiendas especializadas en artículos de arte; este barniz es blando al trazar las curvas y las zonas complejas y no se parte tanto como el betún de Judea, que suele ser muy útil en otro tipo de trabajos. Para eliminar la cera bastará con hervir la pieza y suprimir los restos con agua y detergente. La capa de barniz debe ser fina y muy uniforme; una vez aplicada se ha de dejar secar.

▲ La cera puede aplicarse caliente con un pincel o mediante un baño.

▲ Si se aplica cera de abeja con un baño, se debe procurar que la capa no sea muy gruesa; para ello el metal deberá estar algo caliente.

▲ Ésta es la superficie lista para grabar en ella con un buril o un punzón.

▲ Para definir mejor las líneas o bien para hacerlas finas, se ha de utilizar un punzón de acero con una punta apropiada para que levante el barniz. La zona que quede libre de barniz será atacada por el ácido y, por tanto, rebajada.

Mordientes

Los ácidos de uso más común son el ácido clorhídrico (HCl), el ácido nítrico (HNO$_3$), y el ácido sulfúrico (H$_2$SO$_4$). La ventaja que tienen es que todos ellos se disuelven en agua.

Como punto de partida para realizar grabados precisos, las proporciones serían las siguientes:

Metal	Ácido nítrico	Ácido clorhídrico	Agua destilada
Oro	1 parte	3 partes	40 partes
Plata	1 parte		3 - 4 partes
Cobre	1 parte		1 - 2 partes

A la disolución de una parte de ácido nítrico con tres de clorhídrico se la denomina agua regia.

El ácido es más pesado que el agua; por ello, la mezcla deberá agitarse suavemente con el fin de que sea homogénea y muerda por igual.

Ataque

El grabado al ácido es el resultado de tres factores: la concentración de ácido, el tiempo y la temperatura; todos ellos influirán en el resultado final de un buen grabado.

Se deben emplear ácidos de calidad con un bajo contenido de impurezas. Una alta concentración de ácido en agua reducirá el tiempo de grabado, produciendo unas líneas más descontroladas pero a la vez muy interesantes. Si no se presta la suficiente atención, esta alta proporción de ácido puede levantar el barniz. Si se desean líneas bien definidas es mejor usar una concentración baja de ácido, así se obtienen mordidas definidas y precisas.

Un factor importante es la temperatura: no es lo mismo hacer un grabado en invierno que a pleno sol en verano; el tiempo de grabado está influido por la temperatura de disolución, por tanto, cuanto más elevada sea ésta menor tiempo de grabado. Otro factor básico es el tiempo, pues cuanto más tiempo esté el mordiente en contacto con el metal más profundo será el grabado.

Cómo realizar el grabado

El ataque del ácido debe realizarse en un recipiente de cristal resistente al calor, porque la mezcla de ácido y agua ya genera en sí calor, o porque se decida calentar el recipiente para acelerar el proceso.

Para poner la pieza en el baño se usan pinzas de plástico o de madera y para sentarla en el fondo se pueden utilizar dos hilos de algodón. La profundidad del grabado puede comprobarse poniendo un testigo de metal junto con la pieza. Después del grabado el barniz puede eliminarse con la ayuda de un cepillo y disolvente.

▶ Esta pieza se ha realizado sobre plata con un ácido muy fuerte. El resultado ha sido un trazo menos definido pero válido para lo que se pretendía. Obra de Carles Codina.

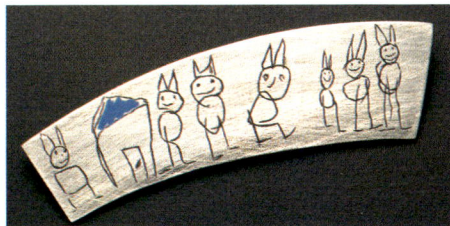

▲ Un grabado lento en una proporción baja de ácido da un resultado como éste. Sabine Meinke.

▲ Controlando estos tres factores (cantidad de ácido, temperatura y tiempo) se puede lograr un buen grabado, pues es posible compensar la debilidad del ácido aumentando el tiempo de grabado o la temperatura.

▼ Esta imagen nos muestra el resultado de dos ataques distintos de ácido; el primero ha estado más tiempo en el baño y el segundo corresponde al descrito y que ha permanecido menos tiempo dentro del mismo ácido.

▲ También pueden realizarse texturas o grabar piezas volumétricas. En este caso se puede calentar un poco la pieza y espolvorear goma laca a través de un tamiz; éste se fundirá al entrar en contacto con la superficie y a continuación se procederá a grabar.

▶ Se introduce la plancha en el baño de ácido tal como se ha descrito anteriormente y se obtiene un resultado como el de la imagen.

Seguridad

Los ácidos son peligrosos, respirarlos puede afectar a las mucosas nasales y en contacto con la piel generan serias quemaduras; por tanto, se trabajará con guantes especiales y con una mascarilla con filtro antiácido; también es aconsejable utilizar unas gafas protectoras para evitar posibles salpicaduras en los ojos. El lugar de trabajo debe estar muy ventilado y los ácidos se guardarán en un lugar seguro.

Combinaciones de metal

Los metales preciosos se unen aplicándoles soldadura, pero también es posible unirlos por difusión, ya que estos metales cuando se someten a una alta temperatura, a una atmósfera reductora y a presión se funden ligeramente, uniéndose sin necesidad de la soldadura. Seguidamente, se presentan dos técnicas para combinar metal, cada una de ellas con un tipo de unión distinto. En primer lugar se verá el *mokume gane* unido por difusión, y a continuación un entorchado simple unido con soldadura.

Mokume gane

Esta técnica fue utilizada hace 300 años en la creación de fundas y empuñaduras de espada. En su traducción japonesa *mokume* significa veta de madera y *gane,* metal. El nombre se debe a la similitud con los laminados de madera. El *mokume gane* consiste en la unión de diversas láminas de metal entre sí a modo de bloque laminado. Éstas se pueden soldar con soldadura o bien se pueden unir por difusión. En el ejercicio que se presenta a continuación se ha elegido esta segunda técnica, que siendo algo más complicada permite obtener resultados superiores, pues al no contener soldadura el trabajo posterior es mucho más versátil.

Preparando el bloque

En primer lugar se formará un bloque, es decir, se someterá el metal a mucho calor en una atmósfera reductora y a una ligera presión que hará que los metales se unan entre sí, sin necesidad de añadir soldadura. Para ello se preparan unos laminados especiales cuya clave es su contenido en cobre; la proximidad de su punto de fusión y el hecho de poseer una maleabilidad parecida provoca que una vez terminado el bloque, éste se comporte como si de una unidad se tratara y, por lo tanto, posteriormente se pueda forjar y trabajar correctamente.

En la Tabla A se muestran las distintas aleaciones que pueden utilizarse.

▼ Tabla A: aleaciones

	Oro fino	Plata	Cobre
Shakudo	4,8 %	–	95,2 %
	2,5 %	–	97,5 %
Shibuichi	–	40 %	60 %
	–	30 %	70 %
Shiro-shibuichi	–	60 %	40 %

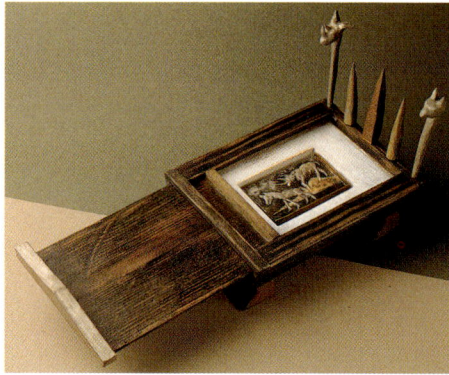

▲ Existen muchas posibilidades para combinar metal; en este caso Judith Mc Caig graba primero el metal y una vez cincelado combina diversas láminas de oro sobre plata. Título de la obra *Dark dead grass steps for tomorrow.*

Las diferentes aleaciones también pueden combinarse entre sí en distintas proporciones. Por ejemplo, si se combinan Shakudo y Shibuichi en las proporciones indicadas en la Tabla B se obtiene la aleación denominada Kuro-Shibuichi.

▼ Tabla B: cómo obtener la aleación Kuro-Shibuichi.

Shakudo	+	Shibuichi
83,3 %	+	16,7 %
71,4 %	+	28,6 %
58,8 %	+	41,2 %

Las aleaciones se seleccionan y se alternan por su tono contrastado, sin olvidar que las láminas de alto contenido en cobre se patinan mejor.

En el bloque mostrado a continuación se ha dejado una capa exterior de oro fino y una capa de cobre más gruesa como capa inferior.

▶ **4.** Seguidamente, se dispone la caja como muestra la imagen y se ata fuertemente con hilo grueso de acero. Las dos láminas de hierro son importantes, ya que el conjunto será sometido a una presión que debe ser uniforme en todo el bloque de laminado.

▶ **5.** El conjunto se somete a un fuego reductor. Puede utilizarse una forja de herrero o un horno con ladrillos de carbón. Cuando la caja con el bloque alcanza un color rojo naranja, se presiona el conjunto con un martillo viejo o unas pinzas de fundir. Se observará un resultado brillante entre las distintas láminas de metal, que indica que se ha realizado la unión.

▲ **1.** Las planchas deben dejarse planas y esmeriladas, sin ninguna irregularidad superficial. Una vez preparadas, se limpiarán con agua y bicarbonato y finalmente con alcohol, sin tocar la superficie con los dedos.

▲ **2.** Aunque se haya formado una cascarilla, también es preciso pintar los lados de las placas de hierro que entrarán en contacto con las láminas, utilizando almagre o cualquier producto protector de soldaduras.

▲ **3.** Se colocan las seis placas en el interior y se impregnan con un poco de sal de bórax muy diluida.

Laminado

Una vez que se ha obtenido el bloque es preferible forjarlo en el yunque con un mazo de hierro con el fin de compactar bien el metal antes de proceder a laminar.

▼ **1.** Cuando el bloque esté decapado y limpio debe parecerse al que muestra la imagen: en él se aprecian las distintas capas de metal y la inexistencia de soldadura. Este conjunto se comportará como un bloque compacto.

▲ **2.** Se forja el bloque y a continuación se lamina hasta alcanzar una reducción de la mitad de su tamaño inicial.

▲ **3.** Se corta el laminado por la mitad, se aplana y se vuelve a colocar dentro de la caja, donde se unirá del mismo modo que se hizo anteriormente.

▶ **4.** Esta vez el bloque contendrá doce capas, justo el doble. Este proceso de laminar y unir debe repetirse teniendo presente que cada vez que se efectúa se obtienen el doble de capas, 6-12-24-48.

Formas de trabajar el bloque

Existen diversas formas de trabajar este bloque: puede agujerearse con diferentes brocas antes del laminado o bien trabajarlo una vez laminado. Para la siguiente propuesta se ha elegido un proceso consistente en limar anchas vetas transversales.

▲ **1.** Cuando se profundiza en el bloque se pueden variar la anchura y la penetración de las vetas; estas variaciones son las que con posterioridad formarán diferentes efectos en la lámina.

▼ Si en vez de hacer cortes transversales en el mismo sentido también se hacen a modo de cuadrícula, se obtiene este interesante resultado.

▲ **2.** Una vez limadas las distintas vetas se procederá a forjar y a laminar. Cuando se ha reducido el grueso del bloque se puede volver a limar la misma veta para hacerla más profunda.

▼ Esquema de los diversos tipos de trabajo en el bloque y su posterior resultado.

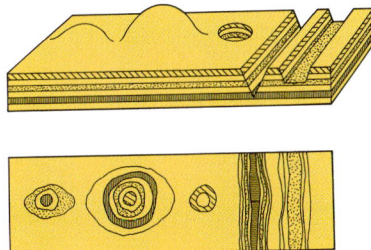

▲ **3.** Se lamina el bloque hasta conseguir una plancha fina. En este caso el resultado es un degradado de franjas transversales.

▼ Si no se efectúa ningún corte al bloque y se lamina se obtiene una plancha que puede trabajarse de diversas maneras.

Entorchado

Este proceso consiste en obtener hilos y planchas a partir de la unión de distintos hilos de oro, plata o cualquier aleación de las utilizadas en el *mokume gane.* Es una técnica con muchas posibilidades de creación; su proceso de trabajo admite tantas variaciones que serían imposible de describir en este capítulo.

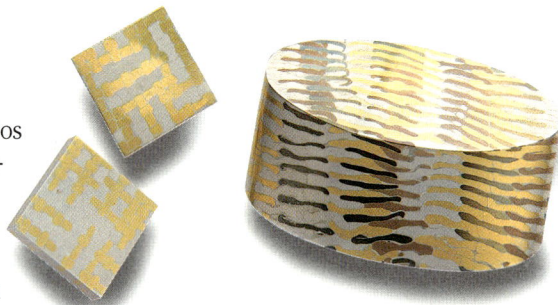

▲ Broche y pendientes realizados por Francesco Pavan.

Realizando una plancha

A partir del entorchado de diferentes hilos y después de laminar es posible obtener diversas láminas que proporcionan una gama cromática muy interesante.

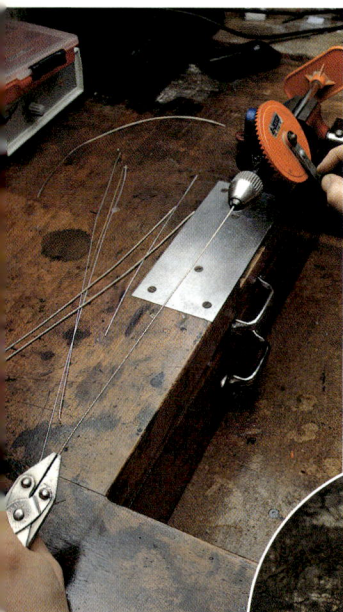

◄ **1.** Con la ayuda de un taladro manual se entorchan un hilo de oro y otro de plata. Previamente se puede soldar una de las puntas e introducirla en el taladro; la otra punta debe estirarse con unas tenazas y hacer rodar la manivela con la mano hasta que el hilo quede entorchado.

▶ **2.** En este caso se han preparado diversos hilos de oro y plata previamente recocidos y decapados. De hecho, se puede realizar con cualquier aleación de las explicadas en el *mokume gane,* o bien con una combinación de oro de color.

▲ **3.** Existen diversas formas de preparar el hilo; en este caso se han realizado cinco entorchados de dos hilos y se ha introducido un hilo en el centro de la soldadura. El conjunto debe atarse con acero y aplicarle líquido de soldar antes de darle calor.

◄ **4.** Otra forma de preparación consiste en atar los hilos de distintos metales con hilo de acero y soldar todo el conjunto con abundante soldadura aplicada en forma de hilo. Es importante que los hilos estén muy apretados para que la soldadura rellene el mínimo espacio posible y así reducir el inconveniente que supone la aparición de zonas más amarillas por efecto de la soldadura en las planchas.

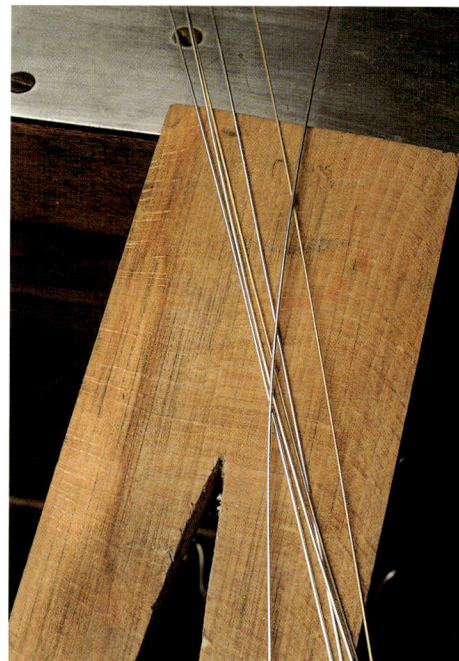

▲ **5.** Se pueden realizar anillos entorchando el conjunto en sí mismo para a continuación trefilarlo en el banco de estirar y darle un perfil redondo o cuadrado y luego una forma de anillo. En este caso se ha realizado un hilo cuadrado con el laminado y se ha soldado entre sí para preparar una plancha.

▼ **6.** El bloque obtenido se lima por sus dos lados con una lima gruesa para eliminar el exceso de soldadura que haya podido quedar encima de la superficie.

▼ Pulsera realizada por Stefano Marchetti.

▶ **7.** Para obtener una plancha se lamina el bloque hasta alcanzar un grueso de 0,6 mm; seguidamente, se le ha dado un mayor contraste oxidándola con óxido de plata. Se debe ser precavido en la preparación de una plancha y utilizar una soldadura con un punto de fusión elevado, si se tiene la intención de realizar nuevas soldaduras para continuar el trabajo.

Un anillo simple

Partiendo de tres hilos y con tan sólo una soldadura es muy fácil realizar el anillo que se presenta a continuación.

▶ **1.** Sujetando dos o tres hilos por un extremo en un tornillo de mesa y retorciendo el otro extremo se puede lograr un hilo como el que se muestra a continuación.

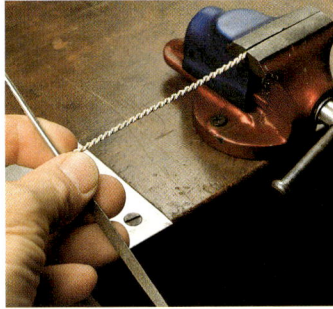

◀ **2.** Basta con conformar el hilo en la lastra de anillos y soldarlo. Si se coloca el conjunto en un baño de óxido de plata se logra oscurecer sólo la plata, y no así el oro, pues a éste el óxido no le afecta.

Cadena con eslabones forjados

Esta cadena, que ya se había mostrado en el capítulo dedicado a las anillas, parte del mismo concepto de realización, pero con la particularidad de que el hilo con que está elaborada se halla compuesto de dos metales bien distintos, como el oro y la plata.

▲ **1.** Se preparan dos hilos de sección rectangular soldados con soldadura fuerte y se laminan un poco para volverlos a trefilar por una hilera cuadrada como si de un mismo hilo se tratara.

◀ **3.** Se puede dejar la pulsera como en la imagen: la oxidación de la plata frente al oro hace que aumente el contraste.

▲ **2.** Una vez recocido el hilo se realizan diversas anillas redondas, de la misma forma que se hizo en el capítulo dedicado a las anillas. Después de soldarlas, se laminan y se forjan, golpeándolas con el martillo; posteriormente, se unen entre sí.

Anillo de plata y oro sin soldadura

Utilizando la propiedad que tienen los metales para unirse entre sí sin la utilización de soldadura es muy fácil realizar un anillo como el siguiente.

▶ **1.** Se prepara una lámina de plata y se deja completamente plana y esmerilada. Sobre ella se sitúan diversos pallones de oro fino previamente mojados en líquido de soldar.

▲ **2.** El conjunto se calienta con un fuego envolvente hasta lograr la fusión del oro y la plata.

▲ **3.** Seguidamente, se lamina hasta alcanzar un grueso de 0,8 mm y se esmerila.

▲ **4.** La placa es conformada en forma de anillo en la lastra para anillos; después se suelda por los extremos.

▶ **5.** Después del oxidado, éste es el resultado obtenido.

Granulación

La granulación consiste en la unión de diminutas bolas de plata o de oro entre sí o bien sobre una superficie de metal sin utilizar soldadura externa. De hecho, se pueden formar gránulos tan diminutos que parezcan una pelusa; un buen ejemplo son los trabajos realizados por los etruscos en los siglos VI y V a. C.

Gránulos de metal

Él gránulo es un elemento esencial. Se puede realizar la granulación con gránulos de oro de 18 quilates o de plata de 925 milésimas, pero los mejores resultados se alcanzan con bolas de oro fino o de plata fina, ya que su punto de fusión es más elevado y la temperatura se puede controlar más fácilmente. Una vez terminado el proceso, la superficie adquiere una apariencia más ligera al ser menor la zona de unión. El hecho de trabajar con metales sin alear supone que se debe aportar el cobre a la unión por medio de una pasta de granular.

Al fundirse un metal tiende a ocupar el mínimo espacio. Por ello, un trozo de metal cuando se funde acaba convirtiéndose en una esfera. Se pueden realizar esferas de metal a partir de trozos de hilo, anillas o pequeños pallones, pero para conseguir una buena granulación el gránulo debe ser completamente esférico. El primer paso consiste en preparar el metal para posteriormente darle forma de bola. Existen diversos sistemas para realizar estas bolas o gránulos, de los cuales en este capítulo se explicarán tres.

▲ Anillo realizado por Harold O'Connor, en el que se aprecia el preciso trabajo de granulado en una joya de nuevo concepto.

Preparación del metal

Para preparar el metal del cual se obtendrán los gránulos, se cortan pequeños trozos y se colocan sobre una brica de carbón vegetal para fundirlos. Este sistema es muy interesante, pues permite obtener los gránulos rápidamente, siempre y cuando se trate de una cantidad no muy importante.

Otro método para conseguir bolas de igual peso y tamaño es realizar anillas con hilo y luego cortarlas; éstas, al convertirse en bolas, serán exactamente iguales.

▲ Se corta una lámina delgada de metal de forma que queden pequeños trozos con diversas medidas. Así se obtienen bolas de distintos tamaños y se pueden realizar gránulos muy pequeños.

Realización de gránulos

Una vez preparado el metal, siguiendo cualquiera de los dos métodos explicados, se prepara un ladrillo de carbón vegetal, al cual previamente y mediante una fresa de bola, se le han practicado unos pequeños orificios cóncavos, con el fin de que sirvan de asiento para que las futuras bolas no se muevan al ser fundidas y queden esféricas. Una vez aplicado el fuego, el metal adquiere forma esférica, con lo que sólo resta dejar enfriar, decapar y secar. Si se realizan las esferas sobre un bloque refractario o fibra, la bola no será perfectamente redonda, especialmente por el lado que está en contacto con el refractario. Por esto es importante el uso de carbón vegetal: este ladrillo reparte el calor de forma más uniforme y lo mantiene durante más tiempo que un ladrillo refractario de otro tipo.

Otro método que permite hacer gran cantidad de gránulos consiste en situar sobre una placa refractaria un cilindro de acero refractario, de los habitualmente usados para microfusión, y cerrar la unión entre ambos con barro también refractario. En su interior se coloca una primera capa del carbón más grueso, y sobre ésta, otra capa de carbón con un tamizado muy fino. El objetivo de esta operación es evitar que una vez las bolas estén fundidas puedan caer a través del carbón y se unan con otras bolas

▼ En este caso se realizan anillas de hilo de plata fina y se coloca una en cada agujero de la brica. Las anillas tienen la gran ventaja de que una vez cortadas todas tienen el mismo peso, de modo que al fundirse forman esferas de tamaño idéntico.

◄ Anillos granulados realizados por Carles Codina.

vecinas. Sobre la segunda capa se depositan los pequeños trozos de metal o las anillas, procurando que no se toquen entre sí. Este proceso se repite hasta terminar todo el metal o bien hasta llenar el cilindro.

A continuación, se coloca el conjunto en el horno a una temperatura superior a la del punto de fusión del metal con que se piensa realizar la granulación. El tiempo de permanencia en el mismo dependerá del tipo de metal utilizado y del tamaño del cilindro que se emplee.

▲ En un mortero se tritura abundante carbón vegetal y se tamiza en dos consistencias: una muy fina y otra más gruesa.

▼ Asimismo, puede aplicarse directamente calor sobre los pequeños trozos de metal colocados sobre un ladrillo de carbón vegetal sin agujeros. Con el calor se vuelven esféricos y ruedan hasta caer en el agua. Se ha de tener cuidado de que la bola no caiga en el agua cuando todavía está muy caliente, pues se puede deformar con el choque térmico.

▲ También pueden formarse gránulos cortando pequeños trozos de metal fino y disponerlos uno a uno en su correspondiente agujero. A continuación, se aplica el fuego del soldador hasta lograr su fusión. Una vez el metal ha tomado forma esférica, se deja enfriar y se decapa el óxido en ácido.

▼ Hay varias fórmulas para realizar las pastas, algunas de ellas complejas y laboriosas de preparar, pero que dan un excelente resultado. En este caso, esta pasta de color verde es la que se utiliza normalmente.

Pasta de granular

En la granulación se genera una pequeña fusión superficial que supone una interpenetración estructural. Para conseguirla es necesario elevar la temperatura en el punto de contacto de las superficies, ya que con el calor se genera una agitación térmica que logra romper los grupos de cristales denominados granos. Éste es el momento en que interviene el cobre, que aporta la pasta de granular: el cobre penetra en ambas estructuras y genera una aleación puntual con un punto de fusión más bajo que el del interior de la bola y la superficie sobre la que se están aplicando las bolas, provocando la unión.

Se pueden preparar muchos tipos de pastas para granular, pero hay dos elementos que deben utilizarse inexorablemente: el cobre y el carbón. Como cobre puede usarse cualquier sal de cobre o cobre sólido: hidróxido de cobre, cloruro de cobre, acetato de cobre, óxido de cobre negro u óxido de cobre rojo.

Se puede generar cobre rojo sumergiendo los gránulos en ácido viejo junto con hilo de acero para que las bolas adquieran un tono ligeramente rosado. También pueden meterse las bolas en un horno a unos 460 °C y sacarlas para que se oxiden.

El carbón es aportado a la unión por la cola; ésta tiene que ser un coloide, una cola de origen orgánico, pues debe liberar carbón al quemarse. Se puede utilizar la cola de pez, el tragacanto, la goma arábiga o incluso colas blancas usadas para manualidades pero que contengan componentes orgánicos.

Proceso práctico sobre un anillo de plancha

Las bolas se seleccionan por su tamaño. Pueden unirse bolas de distintos tamaños, pero cuanto más esféricas y más igualadas de tamaño sean más óptimo será el resultado.

También existen diversas formas de aplicación: puede ponerse pasta en la superficie y en la bola al mismo tiempo o sólo en la bola. Es preciso indicar que un exceso de pasta, al igual que un exceso de cobre, es perjudicial para la unión.

Para emplazar los gránulos pueden utilizarse pinzas, espátulas de madera o bien, como en este caso, un pincel.

Para efectuar la unión se aplica un fuego reductor, evitando al máximo la entrada de oxígeno en el momento de la misma; se trabajará lo más rápido posible, sin apartar el fuego de la pieza en ningún momento. Realizando la unión sobre carbón se consigue equilibrar el suministro de calor, lo que resulta esencial en el proceso.

▶ **3.** Se coloca un poco de pasta en otro contenedor y una vez bien impregnados todos los gránulos se van emplazando en su lugar.

▼ **5.** El calor puede aplicarse mediante un horno o bien con un soldador. Con el calor se produce la reacción de unión durante un breve período de tiempo, por lo cual es preciso estar muy atento y controlar bien el calor para evitar fundir la pieza.

Una vez unidos los gránulos, se decapará en ácido con el fin de eliminar la oxidación generada.

▲ **1.** Para seleccionar el tamaño de las bolas deben tamizarse a través de distintos tamices. En este caso se ha preparado un juego de tamices partiendo de un filtro de cafetera, con lo que el ahorro ha sido considerable.

▲ **2.** La pasta se ha preparado con óxido de cobre negro y goma arábiga a la cual se puede añadir un poco de sal bórica, hasta lograr la consistencia adecuada.

▲ **4.** Una de las fases más importantes en la granulación es el secado; éste debe realizarse para seguir colocando bolas en los laterales. La eliminación de toda el agua antes de aplicar el calor es esencial para evitar que con el fuego los gránulos se desplacen.

▼ **6.** Aspecto del proceso de granulación terminado. Anillo realizado por Carles Codina.

▲ Una vez acabada la granulación, se puede soldar o efectuar cualquier otro proceso. Anillos granulados con esta técnica realizados por Carles Codina.

▲ Una vez terminada la granulación, puede golpearse con un martillo o bien limarse para conseguir otra apariencia. Broche granulado, obra de Harold O'Connor.

Aplicación sin base

La granulación puede realizarse uniendo los distintos gránulos entre sí, sin necesidad de una plancha. Para la realización de este anillo, Verónica Andrade utiliza gránulos gruesos de plata fina, preparando la pasta del modo descrito anteriormente, pero dejándola algo más espesa debido al tamaño de la bola.

◄ Bol granulado de plata realizado por David Huycke.

◄ **1.** Se preparan bolas de un tamaño de 1,5 mm y se impregnan con pasta de granular de la forma que se ha descrito anteriormente. Se van emplazando cada una de las bolas sobre un trozo de mica, para impedir que los gránulos se adhieran a la base. Se arman cuatro laterales y cuando estén secos se les aplica calor para realizar la unión sin que las bolas se desplacen.

▲ **2.** Terminados los laterales se montan formando un rectángulo; en este caso sí que se ha utilizado soldadura.

◄ **3.** Finalizado el rectángulo, se prepara un anillo de oro para soldarlo en su interior. Los dos elementos deben encajar perfectamente uno dentro del otro.

► **4.** Realizada la unión se procede a la oxidación con óxido de plata con el fin de ennegrecer la plata. Anillo granulado de oro y plata realizado por Verónica Andrade.

Cómo conseguir texturas

Las láminas de metal se obtienen a través del proceso de laminado; su superficie es plana, por lo que resulta muy vistoso dar relieves o texturas sobre ella. Para ello se pueden utilizar cinceles, buriles, ácido para grabar y un sinfín de herramientas y materiales, que hacen que la gama de posibilidades sea interminable. En este capítulo se tratarán varias formas de texturar: mecánicamente, por percusión de diversos martillos y por presión del laminador.

◄ Anillo texturado. Obra de Silke Knetsch.

▲ Algunos métodos efectuados en el metal también pueden realizarse sobre ceras o materiales que se fundan. En este caso, la textura se hizo en cera a partir de una impresión. Broche realizado por Carles Codina.

Texturas por percusión

Una de las herramientas que ofrece más posibilidades para conseguir texturas es el martillo. En los resultados no sólo influyen el tipo y la forma de éste, también es decisiva la superficie sobre la que se golpea; en función de si se golpea el metal con el mismo sobre un tas de acero, sobre un tas de plomo o sobre un saco de arena, los resultados serán muy distintos. Al igual que en el forjado, al golpear el metal entre dos aceros, éste se dilata; mientras que si la superficie es blanda, el metal se deforma, consiguiendo un mayor volumen.

Pueden usarse martillos nuevos o bien modificar viejos martillos haciéndoles muescas en su superficie, de modo que al golpear queden impresas sobre la lámina de metal. La cadencia en el golpe, el ritmo y los cambios de orientación permiten conseguir con un mismo martillo resultados completamente diferentes.

También pueden hacerse punzones con varillas de acero, mangos de limas viejos, etc. En el capítulo de cincelado se describe cómo hacer un punzón, aunque para obtener distintas texturas no sea imprescindible el templado del mismo.

▼ Para que el impacto del martillo sea más profundo es preferible que el metal esté recocido.

▼ Pendientes realizados por Beatriz Würsch a partir de golpear sucesivamente con el lado estrecho del martillo un disco de plata.

Impresión en el laminador

Al laminar varias planchas de metal juntas, los rodillos del laminador ejercen una fuerte presión sobre las láminas. Si se introducen diversas láminas de metal y objetos con distintas durezas en su interior, la presión del laminador deja diferentes texturas sobre la plancha de metal.

Para calar un diseño en una plancha dura como pueden ser la alpaca o una fina lámina de acero inoxidable, se coloca una lámina de plata o de oro encima de la misma y debajo se pone una de latón, que evitará el contacto con el del cilindro del laminador. Con este método también se imprimen texturas de materiales tan diversos como papel, cartón, plásticos o aceros.

▶ La textura se pasa entre dos láminas de latón, especialmente si se trata de aceros o materiales que pueden dañar los cilindros.

▶ En este caso, se han laminado distintos pelos de sierra entre dos láminas de plata y, a continuación, se ha oxidado el interior de una de las impresiones también con plata. El acero penetra profundamente dentro de una lámina gruesa de plata recocida.

◀ Los papeles abrasivos dejan una marcada textura sobre el metal; la gama de texturas será tan extensa como la gama de abrasivos que puedan encontrarse.

▶ Los papeles duros como el cartón dejan su impresión sobre la plata recocida convenientemente.

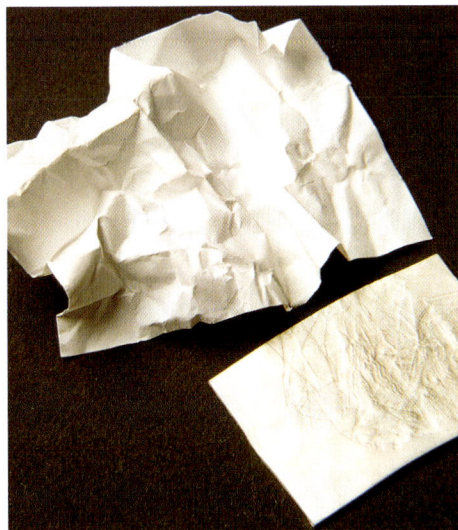

▲ En este caso, la textura ha sido el resultado de laminar un simple papel.

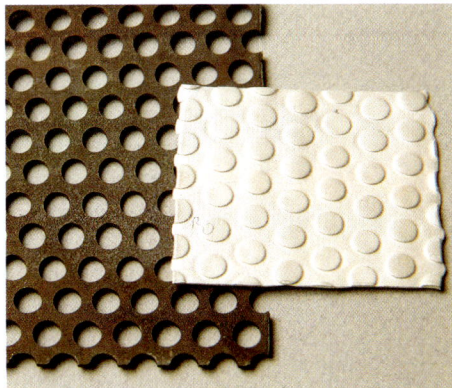

▲ Un trozo de rejilla de acero perforado deja una impresión precisa en la lámina de plata. Obsérvese la deformación de los círculos en forma de pequeños óvalos como consecuencia del estiramiento producido al laminar; el resultado de la impresión nunca será igual al original.

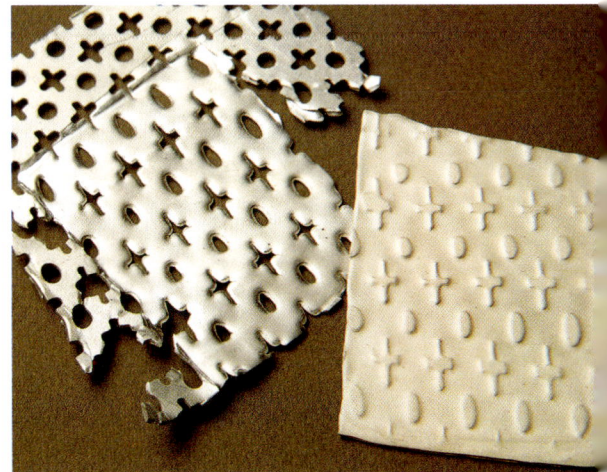

▲ Las rejillas de aluminio también dejan impresión, aunque producen una deformación mayor respecto al original debido a la leve dureza del aluminio.

Reticulación

La reticulación data de la época victoriana en la Rusia zarista y Escandinavia. Fabergé fue uno de los artistas que mejor trabajó esta técnica, con la que realizó multitud de objetos como estuches para cartas, gafas, frascos de licor y otros.

Este procedimiento consigue una textura superficial repleta de valles y crestas generados mediante distintos enfriamientos del metal. La técnica consiste en formar una capa superficial rica en plata y debajo de ésta una fina capa rica en cobre, bajo la cual está la aleación de metal que posee un punto de fusión inferior. Esta diferencia entre los puntos de fusión interior y exterior hará que al aplicar calor, la plancha se convierta en una especie de bolsa de agua, ya que sólo se funde el interior de la misma, pues al tener más cobre en la aleación su punto de fusión es más bajo. Entre las dos capas se provoca una capa de óxido de cobre que se mantiene sólida mientras el interior se funde. Al enfriarse el interior, el metal fundido se contrae y empuja esta capa de óxido de cobre, formando crestas superficiales y provocando un efecto que semeja la piel envejecida.

▲ Éste es el resultado de la plancha de reticulación después de oxidar los fondos con óxido de plata.

Preparación de la plancha

Para generar esta capa exterior más rica en plata, se debe oxidar la plancha, y luego, con ácido sulfúrico, eliminar el cobre generado en la superficie. Eliminando el cobre superficial se logra una superficie exterior prácticamente de plata fina, próxima a las 1.000 milésimas y, por lo tanto, con un punto de fusión más elevado.

Este proceso puede realizarse colocando la plancha en un horno programado a 650 °C, durante diez minutos; acabado este tiempo se decapa en ácido sulfúrico y se cepilla muy suavemente la superficie; el proceso se repite unas cuatro veces, después de lo cual la plancha quedará blanca, pues se habrá eliminado el cobre superficial. En caso de utilizar el soplete, deberá calentarse la plancha hasta que aparezca la oxidación y acto seguido decapar con ácido nuevo, repitiendo el proceso como mínimo cinco veces. Aunque pueden reticularse leyes más altas, se consigue un mejor resultado preparando plata con un alto contenido en cobre; por ejemplo, con plata de 800 u 820 milésimas de plata fina se obtienen excelentes resultados.

Aplicación de calor

La reticulación es un proceso que requiere experiencia y donde el resultado no siempre es previsible; por lo tanto, se empezará con una plancha mayor para después seleccionar la parte en que la textura sea más interesante.

◄ 1. Se ha preparado una plancha lisa de plata de 820 milésimas, con un grueso que en ningún caso debe ser inferior a 0,5 milímetros; la superficie debe estar bien lisa, limpia y no presentar rayas.

▼ 2. Para eliminar el óxido superficial se prepara un ácido nuevo más fuerte que el que se utiliza para decapar.

▼ 3. Para conseguir mayor altura en el reticulado se colocan diversos clavos de acero encima de la brica de carbón, incluso pueden hacerse agujeros colocando chinchetas verticalmente.

▲ 1. Cuando se aplica calor se funde el interior, pues el punto de fusión es más bajo entre la superficie exterior y la interior; se formará entonces una capa rica en cobre, que permitirá que durante la reticulación la capa exterior, más abundante en plata, permanezca intacta.

▲ 2. Es mejor empezar el proceso con una llama media, y añadirle más aire a medida que el metal se empiece a colapsar; seguidamente, se pasará por la superficie de la plancha. Es mediante la variación de la temperatura de la llama que se obtienen los distintos efectos sobre el metal.

▲ 3. Durante la aplicación de calor se liberan tensiones en el metal debido a varias causas: la más importante es la temperatura; ésta funde el interior y hace que el metal se expanda; al retirar la llama, el metal se enfría y se contrae, dándole a la superficie un aspecto rugoso, a la vez que se adapta a la superficie sobre la que se está reticulando. Ésta, una vez terminada, es porosa y difícil de soldar, por ello es mejor montarla posteriormente en la pieza con remaches o cualquier otro sistema de sujeción.

U na vez el metal está esmerilado, es preciso conferirle un acabado final. Los acabados que se le pueden dar a una superficie de metal son muchos; uno de los más utilizados consiste en sacarles el máximo brillo. Un pulido brillante correcto, igual que cualquier otro buen acabado, requiere de una superficie en perfecto estado; por lo tanto, previamente, se habrá realizado una buena fundición y un esmerilado correcto, progresiva y rigurosamente hasta conseguir la desaparición total de cualquier raya. Si la superficie no se encuentra en estado óptimo, difícilmente se obtendrá el resultado deseado.

Existen diversas técnicas para dar brillo al metal, pero en este capítulo sólo se abordará el pulido manual realizado con pulidora, que continúa siendo la técnica que proporciona una mayor calidad de acabado.

▼ Pendientes de oro con aguamarina; no están pulidos, pero obsérvese que su acabado es impecable. Obra de Sandel Kerpen.

Útiles para pulir

Para pulir con pulidora se requieren un motor de pulir y unos útiles determinados que se fijan en los conos que esta máquina posee en sus extremos. Los accesorios necesarios son: discos para pulidora con distintos perfiles, cepillos con diferentes anchuras, boinas de algodón, borregos y dedales de fieltro para pulir los interiores de anillos. Por regla general, se precisarán dos juegos de cada, pues el proceso de desbaste debe repetirse posteriormente en la fase de abrillantado.

▶ Existe una serie de discos a los que no es necesario aplicarles pasta de pulir, y que permiten realizar pulidos con mayor precisión, ya que con ellos se puede acceder a lugares donde la pulidora trabajaría con dificultad.

▶ Para pulir agujeros, interiores de alianzas, galerías y rincones inaccesibles a los útiles para pulir, se utiliza hilo de algodón previamente impregnado de pasta abrasiva.

▲ La pulidora está formada por un motor que obtiene su resultado óptimo entre las 2.800 y 3.000 revoluciones por minuto; en sus extremos tiene unos soportes de forma cónica, en los cuales se acoplan los útiles para pulir.

◀ El motor flexible y el micromotor también tienen una extensa gama de útiles para pulir, especialmente indicados para acceder a rincones, interiores, monturas para piedras o para repasos delicados.

Pulido brillante

Es muy difícil aconsejar un método de pulir y un tipo de abrasivo o pasta genéricos; pero sí se pueden definir dos etapas en el proceso de pulido: una primera fase que consiste en eliminar las rayas dejadas por el esmerilado previo, y en la cual se utiliza un abrasivo más basto y agresivo; y una segunda etapa donde se obtiene el brillo definitivo utilizando esta vez abrasivos más suaves. Para usos posteriores pueden denominarse: al primero, desbaste, y al segundo, abrillantado.

Proceso

Normalmente, el desbaste se realiza mediante pastas abrasivas, compuestas por: trípoli, pómez y cera como aglutinante. En este proceso se elimina algo de metal; también se le da un poco de brillo a la pieza.

Siempre debe estudiarse previamente la pieza y elegir los útiles en consecuencia. Con el fin de no redondear aristas, se utilizarán discos duros para los volúmenes planos; y cepillos de pelo para los redondeados. Una vez que se ha finalizado el desbaste, deberá limpiarse exhaustivamente la pieza, antes de proceder al abrillantado de la misma.

En el abrillantado se deberá repetir el mismo proceso realizado en el desbaste, pero utilizando abrasivos más suaves, como pueden ser el rojo inglés o el rojo de pulir. Finalmente, la pieza debe pulirse con una boina suave de algodón y, una vez limpia, la pieza deberá secarse, preferiblemente en serrín de maíz, para eliminar los restos de humedad. A continuación, puede darse un repulido o brillo italiano, pero si se ha finalizado correctamente el abrillantado con pasta roja el pulido restará impecable.

▼ Antes de empezar el pulido se debe verificar que no exista ninguna raya dejada por el último esmeril utilizado. Caso de existir alguna, es preferible eliminarla con el papel de esmeril, antes que con la pulidora. Cada fase debe completarse, y sólo se pasará a la siguiente cuando la anterior esté bien realizada.

Pulido de partes planas

Para el pulido de una pieza de estas características, en la cual se han de respetar las aristas y no redondearlas, se deberá esmerilar cuidadosamente cada lado antes de empezar el desbaste, y utilizar discos de fieltro planos, para pulir cada uno de los lados, evitando en lo posible los cepillos u otros útiles que puedan redondear las aristas.

▶ **1.** El primer paso consiste en aplicar un abrasivo específico para desbaste al disco de fieltro. Es la primera de las pastas de pulir que se debe utilizar.

▲ **2.** Para el pulido de este anillo octogonal, es preciso utilizar un disco plano con el fin de no redondear las aristas. El pulido siempre debe realizarse en el cuadrante inferior de la pulidora, moviendo ligeramente la pieza y cambiando el sentido de incidencia del disco sobre la superficie.

▲ **3.** Para pulir el interior de un anillo se utiliza un disco para anillos. Se frota el interior del mismo sobre el disco, realizando movimientos de izquierda a derecha, hacia delante y hacia atrás.

▲ **4.** A continuación, se pulen del mismo modo los dos laterales y se desengrasa la pieza con agua caliente y jabón o bien en un aparato de ultrasonido, antes de cambiar de pasta de pulir.

▶ **5.** El mismo proceso debe repetirse con la segunda pasta, de color rojo, con la cual se dará el brillo definitivo a la pieza.

◀ **6.** El brillo final se consigue con una boina de algodón, aplicándole un poco de pasta roja.

▶ **7.** Este brillo puede perfeccionarse con diversos útiles y productos específicos, pero conviene evitar el exceso de pasta.

Pulido de volúmenes

Este tipo de piezas requiere el uso de cepillos o gratas específicas. Los discos duros dejarían pequeños planos en la superficie que dificultarían un correcto acabado.

▶ **1.** En algunas ocasiones puede resultar útil un cepillo hecho de tiras de estropajo sintético de uso doméstico, pues éste deja la superficie muy fina y apta para pulir.

▶ **3.** Seguidamente, y después de limpiar, se abrillantará con una boina de algodón cosida y pasta roja, evitando en todo momento el exceso de pasta. La pieza debe pulirse cambiando constantemente el sentido de incidencia de la boina en la superficie.

▶ **4.** Las cadenas son peligrosas cuando se pulen con pulidora; es aconsejable extenderlas sobre una madera, y no enrollar la cadena en la mano.

▶ **2.** Para desbastar una pieza con volumen, como la que muestra la imagen, es aconsejable utilizar un cepillo o grata negra, idóneos para pulir rincones de difícil acceso; se deberá mover la pieza en todos los sentidos para no dejar marcas con el cepillo.

La limpieza

Para efectuar un buen pulido, es preciso ser cuidadoso en el trabajo y mantener siempre limpios los útiles de pulir. Éstos deben guardarse separadamente, por procesos, y no hay que mezclar las distintas pastas entre sí. Se debe tener un especial cuidado con las pastas de abrillantar, una boina o un borrego sucio o quemado difícilmente proporcionará un buen acabado final.

Cuando se pasa del desbaste al abrillantado, la pieza debe estar completamente exenta de pasta de desbaste. Para limpiarla se puede emplear un poco de agua y jabón, e incluso se puede añadir algún tipo de desengrasante; una vez caliente se frotará con un cepillo hasta su total limpieza.

▶ La limpieza con una máquina de ultrasonido es muy práctica; no sólo se utiliza para eliminar la pasta de pulir, también se emplea para la limpieza general de alhajas y otros materiales.

Otras posibilidades de acabado

Muchas piezas tienen acabados mates o satinados; éstos pueden realizarse de diversas formas, quizá la más frecuente consiste en oxidar la pieza con calor y decaparla con ácidos, pero también hay otras posibilidades.

Para matizar existe la arenadora; se trata de una pequeña máquina que por medio de aire a presión lanza arena muy fina contra la superficie del metal, proporcionándole un fino picado.

▲ Una forma fácil de satinar, consiste en frotar la superficie con diferentes estropajos de uso doméstico; se puede frotar directamente en seco o con agua y bicarbonato, que, además, le proporcionará algo de brillo al acabado final.

◀ Para matizar una superficie también pueden emplearse útiles como el de la fotografía. Éste se fija en el cono de la pulidora, y al rodar los hilos de acero golpean la superficie, dándole a la lámina de metal un picado superficial parecido al de la arenadora.

▼ Los ácidos también proporcionan brillo al acabado y aumentan el efecto y el color del oro. Pulsera realizada por Carles Codina.

Coloraciones

Cuando un metal se expone al aire y a la humedad se produce una oxidación natural en su superficie. Este efecto, que puede observarse en el hierro cuando está a la intemperie durante cierto período de tiempo, también puede apreciarse en esculturas de bronce expuestas a los agentes atmosféricos: éstas acaban adquiriendo tonos verdosos con el transcurso del tiempo. La oxidación es una reacción natural, que en este capítulo se tratará de acelerar y modificar para obtener las pátinas de color que se deseen. La oxidación es muy atractiva en escultura y en joyería, como resultado superficial en sí misma y como realce de fondos; asimismo, se puede dar apariencia de envejecido a piezas completamente nuevas en un corto espacio de tiempo.

Los colores más vistosos y variados suelen estar asociados a metales con un alto contenido en cobre en su aleación. Por este motivo la mayoría de los trabajos y los mejores resultados se alcanzan con metales como el cobre, el bronce o el latón. El oro es difícil de oxidar, en cambio la plata puede oxidarse fácilmente en tonos negros y grises.

▶ Son varios los factores que influyen en el proceso de oxidación; el calor y el enfriamiento aceleran dicho proceso, pero lo que determina el color resultante de la pátina es la proporción de los distintos productos químicos y la manera en que éstos se aplican sobre la superficie del metal.

▼ La oxidación ocurre como fenómeno natural; la mayoría de bronces adquieren interesantes pátinas de forma espontánea en contacto con los agentes atmosféricos, tal como ocurre en mucha joyería étnica. Collar de bronce procedente del Zaire.

▼ Pieza de bronce patinada a partir de sucesivas aplicaciones y fijaciones con fuego de sulfuro de potasa, nitrato de hierro y bióxido de titanio. Obra de Francesc Guitart.

Preparación de las superficies

La superficie que se vaya a patinar debe estar limpia de óxido y grasa. Cuando se trate de cobre, bronce o latón será preciso un decapado previo; para ello se sumergirá la pieza en una disolución decapante compuesta de ácido nítrico y agua. Este baño durará un breve espacio de tiempo y no se utilizará demasiado ácido nítrico en el decapado, ya que éste ataca el metal. Una vez terminado el decapado, se cepilla la pieza con un cepillo duro y tosca; cuando esté limpia se seca y se le aplica la pátina.

Muchas pátinas se consolidan mejor en la superficie cuando ésta es algo áspera. Por consiguiente, es aconsejable para estos casos realizar un baño fuerte de ácido o bien aplicar la pátina sobre superficies que de por sí posean una fuerte textura, especialmente si con posterioridad se pretende resaltar fondos.

Formas de aplicación

Existen diversas maneras de aplicar los productos químicos sobre la superficie del metal, pero en este capítulo explicaremos las cinco técnicas más útiles e interesantes: pulverización o ducha, inmersión en baño, atmósfera contaminante, impregnación de serrín y aplicación de calor.

Pulverización o ducha

Es un método práctico para piezas de envergadura y fácil de aplicar en esculturas de cierto tamaño. Se preparan varios pulverizadores con los productos químicos que se van a aplicar y otro pulverizador con agua destilada. El producto se pulveriza en forma de fina película, lo que provoca la oxidación de la pieza una vez seca. La alternancia con el agua suaviza el efecto del producto químico y se controla mejor el color.

Inmersión en baño

La pieza se suspende dentro de un recipiente de cristal o de hierro enlozado apto para el fuego y se calienta durante cierto tiempo. Los períodos de ebullición e inmersión son muy importantes para obtener el color deseado.

Atmósfera contaminante

En el interior de un frasco, preferiblemente de cristal y que tenga una tapa completamente hermética, se suspende la pieza junto con un algodón empapado en producto químico, el cual generará una atmósfera capaz de atacar al metal alterándole el color. El uso de esta técnica es interesante en pequeñas piezas que combinan cobre o bronce con metales como la plata o el oro, ya que la pátina no afectará a este último, evitando así posibles manchas. El frasco debe estar bien cerrado, el algodón impregnado se colocará de forma que no gotee sobre la pieza; no debe haber contacto entre el líquido y el metal. Se puede aprisionar el algodón con la tapa del frasco o bien realizar un soporte interior con el mismo fin.

Impregnación de serrín

Este método consiste en impregnar serrín con el producto químico y colocar la pieza en su interior para que se oxide por contacto. Esta oxidación produce unas manchas características provocadas por el punto de contacto del serrín con la superficie. El tamaño y el tipo de serrín pueden variarse y combinarse para obtener distintas calidades.

Con calor

Una vez la pieza se ha sumergido en un baño de producto químico, o se le ha aplicado éste con pincel, con el soldador se le da calor o bien se coloca la pieza en el horno. El producto también puede aplicarse empapando una muñeca confeccionada con un trapo de algodón y frotando suavemente la superficie.

◄ Según sea la calidad y el grano del serrín, el efecto sobre la superficie será completamente distinto.

► Placa patinada con serrín fino, se puede apreciar cómo el grano del serrín ha provocado un picado sobre la superficie.

Colores

Es imposible detallar la infinidad de colores que se pueden obtener sobre el cobre o el bronce debido a la gran cantidad de productos químicos y a la variedad de aleaciones de bronce que influyen en el resultado final. El criterio seguido en este apartado ha sido el de eliminar las fórmulas demasiado complejas, los productos difíciles de preparar o de adquirir y los productos peligrosos. Con esta premisa se han elegido algunos colores en los que intervienen varias de las formas de aplicación antes descritas.

Verde azulado

Es una de las coloraciones más frecuentes y existen muchas formas de realizar este tono. Una de ellas, muy útil para piezas de cierta dimensión, consiste en aplicar sal de

▼ Broche con diversas formas y colores de patinado. Obra de Carles Codina.

amoníaco, que se adquiere habitualmente en droguerías. Se diluye en agua destilada y se aplica una fina capa pulverizando sobre la superficie de la pieza; una vez seca al sol, se aplica otra pulverización, pero esta vez de agua destilada. Este proceso se repite alternativamente hasta alcanzar el tono deseado. Esta pátina puede acelerarse calentando la pieza, pero los mejores tonos se consiguen con el secado al sol y aplicando la sal de amoníaco en concentraciones suaves, ya que un exceso de ésta acaba desprendiendo la capa de pátina.

Se mejoran mucho los resultados si la superficie está algo rugosa, consecuencia de haber realizado un texturado previo de forma mecánica o bien con ácido.

Es posible obtener fondos ocres sobre la pátina verde, o bien dejar toda la pieza con esta tonalidad, aplicando una disolución bastante densa de sulfato de hierro y agua, que puede aplicarse por inmersión o mediante un pulverizador. La variación en el tono depende de la concentración del sulfato de hierro en el agua.

También son posibles tonos verdes muy parecidos mezclando 100 g de nitrato de cobre en 40 cm³ de ácido nítrico (al 70 %) y un litro de agua. Es preferible aplicar esta pátina calentándola con el soldador.

▲ Tonos verdosos.

▼ Esta pieza de bronce, obra de Francesc Guitart, se ha patinado utilizando por este orden: sulfuro de potasa, nitrato de cobre y nitrato de hierro. Se aplica cada uno de los productos en el orden descrito y se calienta con el soplete después de cada aplicación.

Violáceo

Una forma de obtener el tono violáceo es preparando una disolución de 200 g de nitrato de cobre en un litro de agua. Una vez disuelto, se mete la pieza en la disolución cuando está hirviendo. La ebullición debe mantenerse durante 20 minutos; seguidamente, se lava y se seca la pieza.

Esta pátina, como muchas otras, puede aplicarse mediante pulverizador o con caja de serrín y se fija con el calor del soldador. El resultado será muy distinto, pues se obtendrán tonos verdosos.

◄ Aplicación marrón anaranjado. Obsérvese el grabado al ácido realizado previamente.

▼ Coloración violácea.

Rojo oscuro

Este tono se consigue aplicando con pincel una disolución de 10 g de nitrato de hierro en un litro de agua. Después se fija la aplicación con el calor del soldador y se da otra capa hasta que la superficie quede igualada. Una vez terminada, será preciso encerar toda la superficie.

Un tono marrón más anaranjado se obtiene con la disolución de 25 g de sulfato de cobre, entre 3 y 5 cm³ de amoníaco y un litro de agua. La aplicación de esta pátina también es por inmersión en baño hirviendo.

Negro mate

Se diluyen 5 g de permanganato de potasio, 50 g de sulfato de cobre y 5 g de sulfato de hierro en un litro de agua. Cuando la solución está hirviendo se sumerge la pieza durante 20 minutos; seguidamente, se lava la pieza con agua y se deja secar sin manipularla.

Anaranjados oscuros

Una fórmula para obtener tonos anaranjados oscuros consiste en diluir 120 g de sulfato de cobre en un litro de agua y luego añadir 30 cm³ de amoníaco. La pátina debe prepararse el día en que se va a utilizar, porque el amoníaco es volátil y la disolución pierde su calidad. La aplicación es por inmersión en baño caliente. Se deja que la solución llegue a ebullición y se pone la pieza en su interior durante unos 20 minutos, sin dejar de hervir. Después se lava con abundante agua y se deja secar al sol; no se manipula hasta que esté completamente seca.

Rojo anaranjado

Para obtener un tono amarillento se preparan 50 g de sulfato de cobre, 5 g de sulfato de hierro, 5 g de sulfato de zinc, 25 g de permanganato potásico y un litro de agua.

Los productos deben diluirse uno a uno en el agua para aplicarse mediante inmersión en disolución caliente. Cuando la disolución esté hirviendo debe sumergirse la pieza, esperar dos minutos, sacarla y limpiarle la capa negra que se habrá formado. Repetir la operación si se vuelve a formar una capa negra y, a continuación, mantener la pieza en ebullición dentro de la solución durante unos 20 minutos. Esta pátina variará según sea la composición del bronce empleado.

◄ Esta pátina negra cambia considerablemente cuando se le aplica cera como acabado final, ya que pasa de tener un tono mate a un brillo más intenso.

▼ Tono anaranjado.

Envejecimiento del metal

Con este proceso se da apariencia de envejecido en muy poco tiempo a un objeto nuevo de bronce o a cualquier otro metal que posea un alto contenido en cobre.

Para que un objeto de bronce tenga una apariencia de desgastado, primero se empieza por aplicar un breve decapado con ácido nítrico y agua, con el fin de eliminar toda la oxidación superficial, y se cepilla con un poco de tosca hasta dejar la superficie bien limpia. A continuación, se prepara ácido nítrico en agua y se impregna en serrín. El conjunto se coloca en un recipiente amplio de cristal o madera junto con la pieza, la cual debe quedar bien cubierta. El resultado dependerá de la concentración de ácido: a mayor proporción de ácido mayor será la mordida. Acabado este paso, se prepara un nuevo serrín y se impregna con la disolución con que se desea patinar la pieza.

Una variante de este método consiste en saturar el ácido nítrico con cobre, dejando que éste sea atacado por el ácido. En vez de esperar a que el ácido quede completamente saturado, se extrae el cobre de la disolución cuando el ácido está todavía activo. A continuación, se impregna el serrín con este nitrato de cobre; como el ácido todavía está activo en el serrín dará a la pieza un acabado con apariencia de antiguo.

La experiencia es determinante para conseguir un buen acabado; el tamaño del serrín utilizado y la concentración activa del ácido determinarán el picado de la superficie. Es preferible mezclar el serrín y el ácido de forma irregular para que el ataque no sea uniforme, así quedan unos lados más redondeados que otros y el realismo es mucho mayor.

Una forma de aplicación consiste en impregnar serrín fino de modo irregular, y al cabo de unas horas girar la caja de madera o mover ligeramente la pieza para conseguir que sea atacada por otras partes de manera desigual. La pieza saldrá patinada en un tono verdoso que se potenciará cuando se seque al sol y se encere.

◀ La sucesiva oxidación de las superficies y de los fondos permite dar apariencias como la mostrada en esta pieza, *Dream whalers,* de Judith Mc Caig.

▶ Una vez seco con calor, es posible proteger el óxido con un barniz especial para metales. *Especies protegidas n° 2,* obra de Carles Codina.

Oxidación de la plata

La plata obtiene su oxidación natural en un tono gris próximo al negro cuando entra en contacto con el aire y la humedad. También se ennegrece debido a la formación de óxido superficial cuando se le aplica fuego y se deja enfriar.

Para oxidar plata existen en el mercado productos preparados, pero es fácil y más económico elaborar el óxido en el taller. El producto oxidante que se acostumbra a utilizar es el sulfuro potásico, que se obtiene disolviendo 30 g de sulfuro en un litro de agua caliente y añadiendo 8 g de amoníaco, que dan al preparado un negro más profundo. El sulfuro es muy delicado de guardar, lo más aconsejable es guardarlo en un lugar oscuro y dentro de un bote cerrado herméticamente.

Para aplicar el óxido de plata, la superficie ha de estar completamente limpia y decapada y el sulfuro debe templarse, para obtener una mejor calidad y fijación del negro. Si se utiliza un pincel, éste debe ser sintético, pues uno de fibra natural se estropearía. Se consiguen mejores resultados cuando la pieza está templada.

▼ Para la aplicación del óxido el mejor sistema es suspender la pieza de un hilo de cobre o plata y sumergirla en la disolución.

Una forma de aplicar el óxido consiste en preparar agua hirviendo y sumergir primero la pieza en el agua para darle un punto de calor, luego en el sulfuro (el cual ha de estar algo caliente) y después nuevamente en el agua. Se saca inmediatamente y se sostiene suspendida sobre el agua hirviendo para que se fije con el vapor. Una vez oxidada la pieza debe enjuagarse, secarse y luego aplicar barniz especial para metales.

Si se desea obtener un fondo de plata vieja, debe oxidarse primero toda la pieza o sólo los fondos; una vez fijado el óxido, se pule o frota toda la superficie exterior hasta conseguir que aparezca la base de plata.

Broche patinado en verde

La técnica que se explica a continuación permite realizar interesantes objetos de forma sencilla. La cera, como se verá más adelante en el capítulo de microfusión, permite una copia en negativo de texturas como la que se presenta seguidamente.

Ramon Puig Cuyàs realiza un broche a partir de las texturas que proporcionan los diversos materiales que ha seleccionado, y mediante las distintas presiones ejercidas; transmite al barro todas estas calidades que, posteriormente, serán transformadas en bronce con una técnica tan antigua como la propia joyería: la cera perdida.

▶ Es importante seleccionar muy bien los materiales que se van a utilizar. Éstos deben ser lo suficientemente duros y definidos para que al presionar dejen una huella clara y concisa en el barro. Los objetos se han encontrado y algunos de ellos se han preparado especialmente en madera.

◀ Para confeccionar el modelo de cera se necesita cera rosa, de uso odontológico, y un pequeño pedazo de barro.

◀ 2. Deben realizarse unos bordes en el barro para que al verter la cera ésta no se derrame.

▲ 1. Se estira una plancha de barro a mano o con la ayuda de un rodillo de amasar; una vez alisada se van impresionando los distintos objetos y materiales sobre la superficie.

▶ 3. La cera se funde en un cazo lentamente, procurando que no hierva; luego se vierte en el interior, intentando que penetre por todos los rincones, y se deja enfriar durante unos instantes. La cera que está en contacto con el barro se enfría antes; seguidamente, por decantamiento se elimina el sobrante de cera caliente.

▲ 4. Con mucho cuidado se levanta la cera y con un bisturí se cortan los restos. Seguidamente, con un cepillo suave se eliminan los restos de barro que han quedado en la cera.

◀ 5. Terminada y limpia la cera se prepara para fundirse tal como se explica en el capítulo dedicado a la microfusión. Si no se dispone de equipo se puede llevar a fundir a una empresa especializada.

▶ 6. Una vez que se tiene la pieza en bronce, comienza el proceso de patinado. El primer paso será decapar el metal para eliminar la oxidación. Para ello se prepara una disolución de ácido nítrico y agua al 50 % y se introduce la pieza en ella breves instantes.

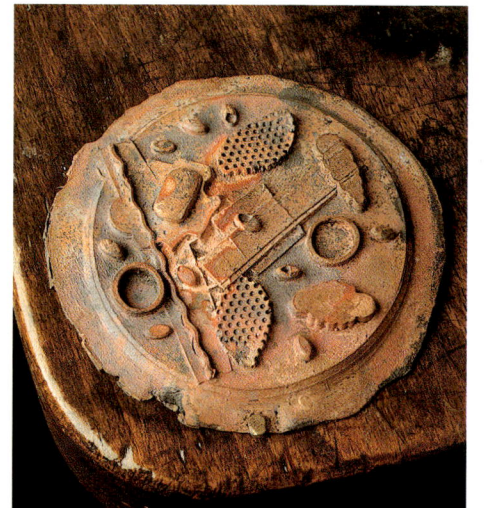

◀ **8.** Se aplica una primera capa de sal de amoníaco disuelta en agua con un pulverizador, de forma que la superficie quede humedecida, y se espera a que actúe dejando la pieza al sol.

▲ **7.** Acabado el decapado y enjuagada la pieza, ésta habrá tomado este aspecto. Una vez que está limpia y seca no debe tocarse con los dedos para evitar todo contacto con cualquier tipo de suciedad, especialmente la grasa.

▶ **9.** El resultado de esta primera aplicación es el que muestra la imagen. El proceso ha de continuarse alternando cada capa de sal de amoníaco con una de agua destilada, dejando secar entre capa y capa.

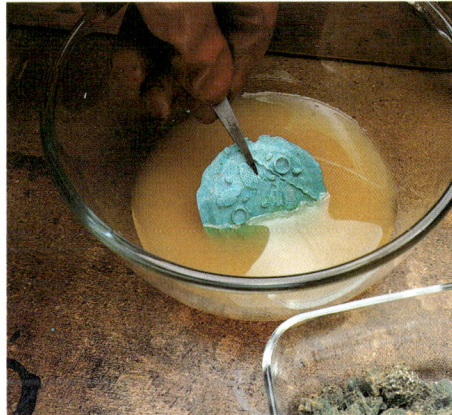

◀ **10.** La pátina irá tomando un tono cada vez más intenso hasta alcanzar el color deseado. Un exceso de producto puede hacer que la pátina se desprenda.

▲ **11.** Para alcanzar un tono más amarillo se prepara una disolución clara de sulfato de hierro y agua, luego se sumerge la pieza un instante, y seguidamente se deja secar.

▲ **12.** La pátina no puede soldarse una vez aplicada, pues con el exceso de calor provocado con el soldador se estropearía; por ello se ha preparado un soporte de plata donde irá atornillada.

▲ **13.** Las dos agujas del cierre han sido realizadas en acero y dobladas con unas tenazas.

Este tipo de cierre es muy apropiado para broches de cierta dimensión, pues queda muy prendido a la ropa, evitando así que se incline hacia delante.

▲ **14.** Acabada la pieza, éste es el resultado, pero faltará el acabado final. Para obtener un mayor realce se ha utilizado un cepillo duro en la pátina hasta alcanzar el fondo de metal; a continuación, se aplica cera con una muñeca y se deja secar.

▶ Broche realizado por Ramon Puig Cuyàs.

En este capítulo se explican algunas de las técnicas que tienen mayor afinidad con la joyería. En muchos casos se trata de verdaderos oficios, independientes de la joyería, que han sido utilizados por los joyeros de todos los tiempos y que constituyen la esencia de la joyería.

El primer tema tratado es el cincelado de metal, con el cual será posible conseguir volúmenes y decoraciones en las láminas de metal. Seguidamente se explican dos interesantes técnicas, como son la laca japonesa y el esmalte, que ofrecen la posibilidad de obtener una gran calidad cromática. Por último, se incluyen técnicas notablemente especializadas, como el engastado de piedras preciosas, el modelado en cera y la microfusión.

Actualmente, la joyería es un oficio que engloba muchas y muy variadas disciplinas. No ha sido posible representar en este volumen todas las técnicas ni tratar los temas expuestos con la debida profundidad, pero sí sentar una base sólida para que el lector pueda iniciarse y avanzar en su utilización. Este sentimiento acompaña al autor desde el inicio de la obra y queda perfectamente reflejado en estas palabras de Benvenuto Cellini extraídas de su interesante *Tratado de joyería:*

"No se extrañe el lector de que haya hablado de tantas cosas en este libro. Sepa que no he dicho ni la mitad de lo que convendría explicar sobre un arte capaz de absorber todas las energías de un hombre y que requiere toda una vida dedicada íntegramente a su cultivo."

Cincelado

▼Pectoral precolombino realizado en oro procedente de la región de Sinú (900 d. de C.).

E l cincelado es una técnica muy importante en joyería y ha sido utilizado desde hace siglos. Por su magnitud puede considerarse una técnica propia. El concepto de cincelado incluye términos como el repujado, aunque éste es propiamente el arte de conseguir volumen en el metal y el cincelado consiste en decorar el metal sin elevaciones.

Con el cincelado se le da volumen a una plancha de metal con el fin de que ésta consiga una forma determinada. Para ello se necesita un material sobre el que trabajar, que debe ser duro y pegajoso, pero con el punto justo de elasticidad para que ceda con los golpes del cincel y del martillo; esta sustancia que prepararemos más adelante es la pez.

La pez

Es la pasta donde se fija la placa para poderla trabajar. Debe tener un tacto al cincel que permita el modelado del metal mediante sucesivos golpes, facilitando que el metal ceda de forma paulatina.

Existen numerosas fórmulas que permiten gran variedad de usos, pero esencialmente se compone de un elemento pegajoso y al mismo tiempo elástico (la colofonia o pez griega), un elemento que compacta (la tierra), y un elemento graso que da elasticidad, como el sebo o el aceite.

▲ Bola y pez para cincelar dispuestas en el soporte.

Preparación de la pez

La manera de preparar la pez es esencial para lograr un buen resultado final. Este proceso consiste en romper la colofonia o pez griega en pequeños trozos, fundirla lentamente en un cazo, y después echar la almagra (tierra) poco a poco hasta que se mezcle con la colofonia. El conjunto debe mezclarse cuidadosamente, evitando la formación de grumos y al mismo tiempo no dejando que la pez se queme. Acabada la mezcla, se echa el aceite o el sebo, y se remueve hasta conseguir una pasta homogénea, que deberá verterse en la esfera de hierro o en una caja de madera, según convenga.

Es importante saber modificar las características de la pez, ya que ésta se altera con la temperatura ambiente. La pez puede ser más o menos dura en función de la climatología de cada país, y en función del trabajo que se tenga previsto realizar. Si se desea ablandar, se añadirá más aceite, y si por el contrario, se desea endurecer, se añade más almagra. Aconsejamos utilizar una pez blanda para dar volumen, y para modelar, una más dura.

Fórmula de dureza media:

1 kg de colofonia + 2 kg de almagra + 100 cm^3 de aceite de oliva

Otra fórmula que también es útil para la mayoría de trabajos de cincelado es la siguiente:

2 kg de pez griega + 2 kg de almagra (tierra) + 100 g de sebo + 50 g de trementina de Venecia

Asimismo, puede ablandarse la pez añadiéndole más cantidad de sebo y trementina.

▼ Broche realizado en oro, plata y alpaca por Carmen Amador.

► Ingredientes para la fabricación de la pez.

Las herramientas

Son básicamente tres: el martillo de cincelar reconocible por su característica cabeza y por su mango de forma ovalada, la bola o cajón de cincelar y los cinceles.

▲ ▼ El soporte de trabajo está formado por media esfera de hierro a la cual se suelda una barra transversal, con el fin de que al verter plomo fundido en su interior, éste no pueda soltarse con los golpes que deberá soportar.

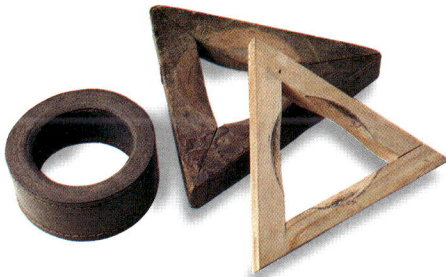

▲ La bola con la pez se coloca sobre un perfil de madera triangular o un cinturón de cuero grueso, ya que durante el trabajo es preciso mover, inclinar y levantar la bola para calentar la pez.

▼ Los cinceles pueden tener muchas y variadas formas. Existen los recercadores, que pueden ser curvos o rectos y que se usan para marcar el dibujo y hundir la línea ; (b) los embutidores, de formas abovedadas y usados para embutir el volumen; (c) finalmente los modeladores, que son planos y se utilizan para modelar la superficie (a). Existen más tipos de cincel, como los texturados con distintas formas o texturas y que se utilizan para realizar diferentes acabados o fondos (d).

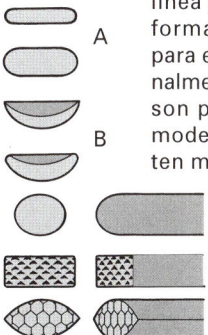

Temple y preparación de un cincel

Los cinceles, como muchas herramientas empleadas en joyería, pueden fabricarse a partir de varillas de acero con un contenido apropiado de carbón. Este acero, una vez cortado y preparado debe templarse, es decir, endurecerse modificando su dureza. De este modo se obtendrá un acero más resistente. A este proceso se le llama temple y resulta esencial no sólo para fabricar cinceles sino también para construir plegadores o herramientas especiales en el taller.

Se calienta la herramienta hasta lograr un color rojo cereza sin llegar al anaranjado; acto seguido se sumerge en agua, agua con sal o en aceite, con el fin de templarla. El aceite tiene un templado más suave que el agua, lo cual es importante, si tenemos un acero muy duro, de tipo f-9 (a mayor numeración, mayor dureza), que precisará un templado más suave o viceversa.

Una vez templado el cincel suele quedar demasiado encristalado y, para lograr el tacto preciso, se debe proceder al "revenido", y eliminar así las tensiones producidas por el temple.

El cincel debe estar previamente pulido para poder observar claramente el color que tomará con el fuego. A continuación, se aplicará calor a unos 3 cm de la punta hasta que la parte pulida adquiera un tono azulado; después lo sumergiremos en agua. El proceso de trabajo viene ampliamente descrito en el ejercicio paso a paso "Colgante cincelado", donde se realiza todo el proceso desde el dibujo inicial a la consecución de la pieza.

▶ 5. El resultado es un cincel con unas características de dureza determinadas para el trabajo de cincelado.

▲ 1. Debe cortarse un trozo de unos 11 cm de acero de tipo f-5 (o f-114; según el fabricante puede variar). Antes del templado el acero es blando y, por lo tanto, se puede trabajar.

▲ 2. El cincel se calienta al rojo cereza y acto seguido, todavía caliente, se forja con el martillo. En este caso se aplana un poco la punta para lograr un cincel trazador.

◀ 3. El acero ahora es accesible. Con la lima o con la muela y después con distintos esmeriles se consigue el perfil deseado.

◀ 4. Se lima y esmerila también el otro extremo del cincel, tal y como indica la imagen, para que el golpe se reparta bien por todo el cincel. Esta foto muestra un cincel preparado para ser templado.

Urushi (laca japonesa)

Durante siglos, fue imposible conocer los secretos de la técnica del urushi; ésta se transmitía de padres a hijos en pequeños talleres artesanales. La técnica es originaria de China. Aparece como arte durante la dinastía Han (206 a.C.-221 d.C.) y evoluciona durante la dinastía Tang; de aquí fue introducida en Japón, donde la técnica fue depurada y perfeccionada. Los primeros objetos japoneses lacados datan del período Nara (710-790 d.C.); se desarrolló notablemente durante el período Heian y alcanzó su esplendor a finales del siglo XVI y principios del XVII durante el período Momoyama.

▶ Pieza lacada con aplicación de cáscara de huevo. Obra de Joaquim Capdevila.

◀ La laca en estado puro presenta este aspecto.

▼ La laca se aplica a pincel con capas finas que, una vez secas, se esmerilan. El pincel puede ser sintético, aunque los pinceles originales para esta técnica son muy característicos, ya que están confeccionados con cabello humano. La limpieza puede realizarse con gasolina o con alcohol.

Las lacas

La técnica del urushi consiste en la aplicación de varias capas de laca sobre distintas superficies, por lo general, madera o metal. Las lacas se obtienen a partir de una resina natural de un árbol denominado urushi, también ailanto o zumaque; ésta posee unas determinadas características: impermeabiliza contra la humedad, resiste las inclemencias del tiempo y el ataque de los insectos de la madera; además tiene una notable dureza y una relativa elasticidad; asimismo, puede mezclarse con pigmentos y obtener así colores variados.

Tipos de laca

Las lacas pueden aplicarse en estado puro o bien disueltas. Cada una de ellas tiene una aplicación específica que se irán abordando a medida que avance el capítulo.

Como laca base se utiliza la llamada kiurushi, pero también pueden utilizarse sesime, nama-urushi, sukinaka nuri, e isebaya; esta última también puede emplearse como brillo.

Para dorados y pan de oro se utiliza la laca togidashi nashiji, y para pigmentos la aka roiro o bien la suai, que tiene un tono más oscuro.

Como laca negra se utiliza la hon kuro, más brillante y transparente, y la kuro roiro, que es opaca y debe mezclarse con pigmento negro.

Para la técnica de la cáscara de huevo se utilizará sukinaka nuri y para el brillo, la laca isebaya.

Preparación de los colores

La laca se aplica pura cuando se prepara una superficie como base, cuando se aplica como brillo o cuando se desean obtener arrugados. En la obtención de color, la laca debe disolverse previamente y aplicar luego el pigmento del modo que se describe en las tres siguientes imágenes.

◄ **1**. Se disuelve alcanfor en alcohol hasta que éste se evapora y queda un polvo fino de alcanfor blanco, que se irá mezclando con la laca hasta obtener una consistencia más clara que la miel, pudiendo llegar hasta un 50 % de concentración.

▼ **2**. Para conseguir el color, se irá añadiendo a la mezcla pigmento vegetal en forma de polvo, hasta alcanzar el color deseado; en este caso se ha utilizado pigmento rojo.

▲ **3**. La laca sólo tendrá su color al final del proceso, es decir, cuando esté seca; motivo por el que la experiencia en la preparación del color resulta primordial.

▼ Dos posiciones de un collar realizado por Estela Guitart.

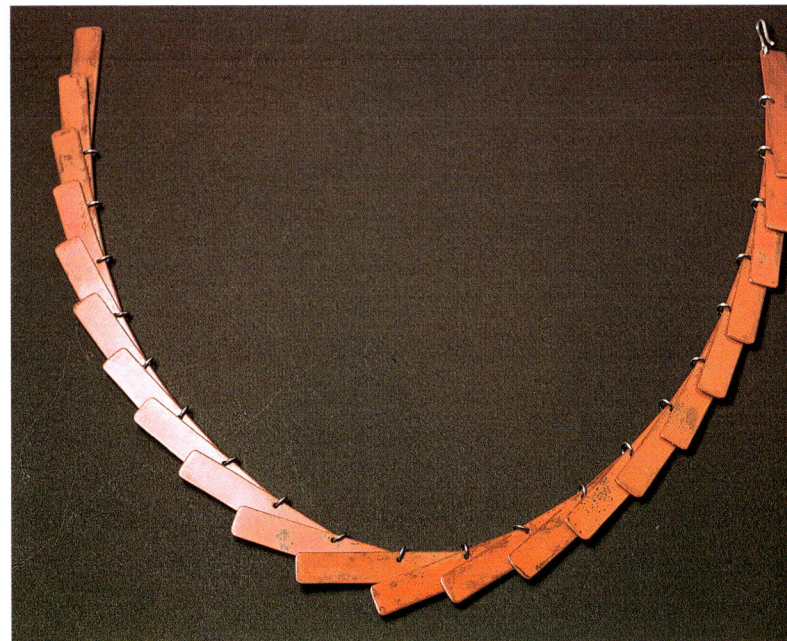

◄ Pulsera realizada con aplicaciones de pan de oro. Obra de Estela Guitart.

como mínimo un día. Otra forma de secado mucho más rápida consiste en introducir la pieza en un horno eléctrico durante unas tres horas entre los 100 y los 150 °C.

Cada vez que se aplica una capa y una vez que está seca, debe esmerilarse con esmeril de agua para igualar toda la superficie, eliminar los pequeños residuos y evitar que rechace la siguiente capa de aplicación. Los números más frecuentes de papel de esmeril son: 800, 1.000, 1.200 y el 2.000, que se utiliza en la última capa para conseguir que la superficie sea lo más lisa posible. El número 800 sólo se emplea para rebajar grabados o arrugados muy marcados.

Una vez terminado este proceso, se da una capa de brillo con la laca isebaya; ésta se aplica a muñeca y se deja secar al aire libre durante veinte minutos para que se absorba. A continuación, se elimina el exceso de laca con un retal de seda y se pone a secar en un horno eléctrico durante tres horas a unos 100 o 150 °C. Algunas lacas como suai, nashiji o hon kuro cuando se dan como última capa no precisan brillo.

Después del brillo se da el acabado final. Primero con un algodón se aplica el pulimento kagayaki, hasta hacerlo desaparecer impregnado en la pieza; se efectúa el mismo proceso con el abrillantador migaki 5.000.

Proceso de aplicación

La laca puede aplicarse sobre varias superficies: madera (exceptuando la de olivo), cuero, cerámica y metal, la única condición es que la superficie esté bien limpia; para ello se esmerila con un esmeril del número 500 y se desengrasa con tricloroetileno.

El lacado consta de cuatro fases: primero se aplica la laca base sobre la superficie elegida; una vez seca, se esmerila y se observa que la laca haya cubierto toda la superficie; si no es así, se procede a dar una segunda capa hasta lograr que la superficie quede bien cubierta.

Cuando la base está preparada, se aplica la laca con el color deseado utilizando alguna de las técnicas presentadas en este capítulo. El lacado se realiza a partir de sucesivas capas aplicadas con pincel que deben secarse en un ambiente con una humedad mínima de un 60 %; esto se consigue metiendo la pieza en un pequeño armario de humedad

Posibilidades de aplicación

A continuación, se muestra una serie de aplicaciones de la laca japonesa. En todas ellas, excepto en la técnica de la cáscara de huevo, donde como base se ha aplicado sukinaka nuri, se ha utilizado como laca base ki-urushi. Después de dar la primera capa de base, cuando está seca se debe esmerilar con papel de agua del número 2.000 y, a continuación, empezar la aplicación de las sucesivas lacas.

► Placa de aluminio en la que se han aplicado dos capas de ki-urushi; ésta se ha preparado como base para iniciar el posterior lacado. Esta preparación de base es la que se utiliza como soporte previo a la aplicación de las lacas que aparecen en este capítulo. Se debe tener presente que si se aplicara una laca que no fuera de base, ésta se volvería de un color negro intenso.

Aplicación número 1

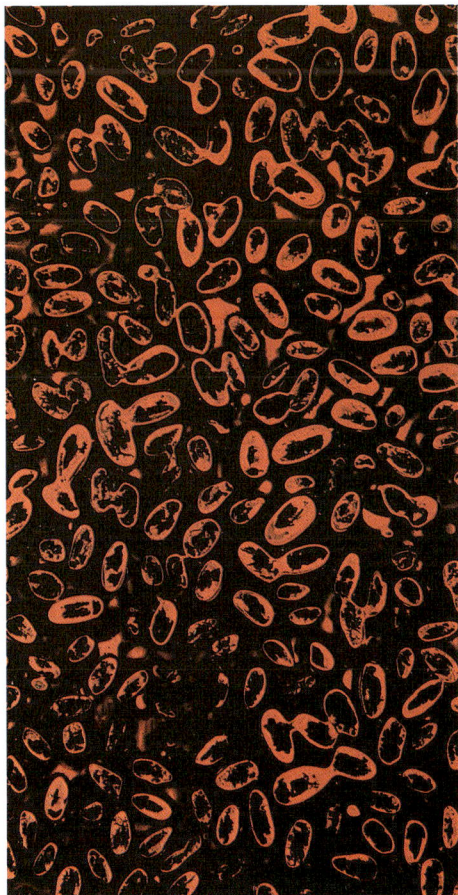

Para lograr resultados como los que se muestran a continuación, primero se aplica una capa de aka roiro con pigmento rojo sobre la base; a continuación, se colocan algunos granos de arroz y se deja secar unos veinte minutos en el horno; se retira del horno y se van quitando los granos de arroz con mucho cuidado, pues la laca no está del todo seca; una vez eliminados, se devuelve la pieza al horno para que se acabe de secar. No debe esmerilarse, pues se rebajarían los relieves de los granos de arroz. A continuación, se aplican varias capas de kuro roiro con pigmento negro. La primera capa de kuro roiro deberá esmerilarse suavemente, procurando no rebajar en exceso el relieve; se dan sucesivas capas de esta misma laca, cada una de las cuales deberá esmerilarse hasta nivelar el relieve dejado en la laca roja por el arroz y obtener una superficie bien lisa. Luego se aplica una capa de hon kuro disuelto en alcanfor; ésta es una laca brillante que, utilizada como última capa, sirve de brillo, pero debe esmerilarse con esmeril del número 2.000 para eliminar impurezas. Finalmente, se dan el pulimento y el abrillantador; con ellos se obtendrá el brillo definitivo.

▼ Aplicación número 1.

Aplicación número 2

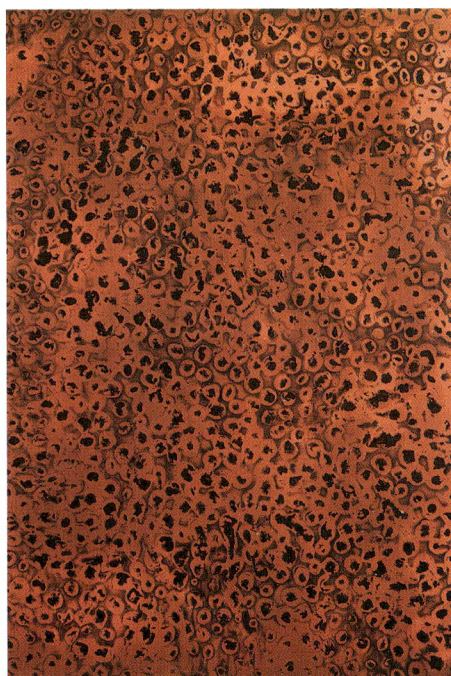

Se aplica hon kuro disuelto; seguidamente, se colocan los granos de arroz del tamaño que se desee, se deja secar durante veinte minutos en el horno y se retiran los granos de arroz; se vuelve a hornear para acabar el secado y no se esmerila. A continuación, se da aka roiro con pigmento verde, se deja secar y se esmerila; luego se aplica otra capa de la misma laca, pero con más cantidad de pigmento que la capa anterior, y se esmerila la superficie totalmente. Se aplica brillo isebaya y se acaba con pulimento y abrillantador.

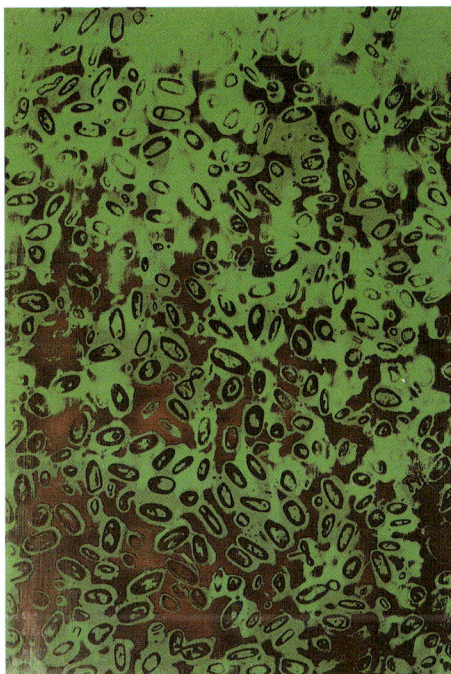

▲ Aplicación número 2.

Aplicación número 3

Primero se prepara aka roiro con pigmento azul; como en casos anteriores, se ponen los granos de arroz sobre la superficie de laca aún tierna, se hornea y se retira el arroz, y se devuelve la placa al horno para que concluya el secado; no se esmerila. Seguidamente, se aplican sucesivas capas de aka roiro con distintos pigmentos: azul y verde, por este orden, hasta igualar el relieve dejado por el grano de arroz y hasta que la última capa quede bien lisa; como en los casos anteriores, debe esmerilarse cada una de las capas antes de proceder a una segunda aplicación. Se da brillo isebaya, y una vez seco se procede al acabado final con pulimento y abrillantador.

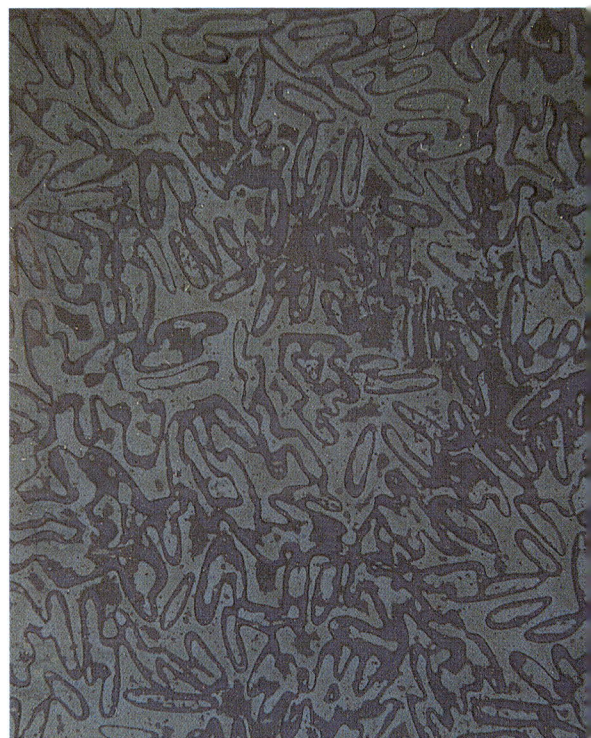

▲ Aplicación número 3.

Aplicación número 4

La primera capa es de aka roiro con pigmento rojo. Se coloca pasta de sopa sobre la superficie y se deja secar veinte minutos en el horno; se retira la pasta y la pieza se devuelve al horno para terminar el secado; no se esmerila.

A continuación, se aplican varias capas de suai esmerilando entre capa y capa con esmeril del número 2.000, después se dan el pulimento y el abrillantador.

◄ Aplicación número 4.

Aplicación número 5

En este proceso se dará aka roiro con pigmento verde oscuro, luego se sitúa la pasta de sopa y se seca en el horno; a continuación, se retira la pasta de la pieza y ésta se devuelve al horno para acabar de secarse; no necesita esmerilado. Después se aplican varias capas de aka roiro con distintos pigmentos verdes hasta conseguir una superficie lisa; se esmerila cada una de las capas. Se da brillo isebaya y se acaba con pulimento y abrillantador.

Aplicación número 6

Para esta aplicación se prepara laca aka roiro con terracota y se da una capa con ella; luego se coloca la pasta de sopa variada en el horno y se deja secar durante veinte minutos; a continuación, se retira la pasta y se devuelve la pieza al horno para acabar su secado; no se esmerila. Se aplican varias capas de aka roiro con pigmento blanco variando las cantidades de pigmento en cada una de las capas, hasta conseguir, tras sucesivos esmerilados, una última capa lisa. Se procede a dar el brillo isebaya y luego pulimento y abrillantador.

▼ Aplicación número 6.

▼ Aplicación número 5.

Aplicación número 7

Como laca de trabajo se utiliza hon kuro puro; encima se colocan algunos fideos, luego se deja secar veinte minutos en el horno, se retiran los fideos y se acaba de hornear; el resultado obtenido no debe esmerilarse. En este caso, en media plancha se han aplicado sucesivas capas de aka roiro con pigmentos verdes; en la otra media plancha se ha utilizado también aka roiro, pero con pigmento azul, hasta lograr una capa lisa. Como brillo debe emplearse isebaya. Para concluir aplicar pulimento y abrillantador.

Aplicación número 8

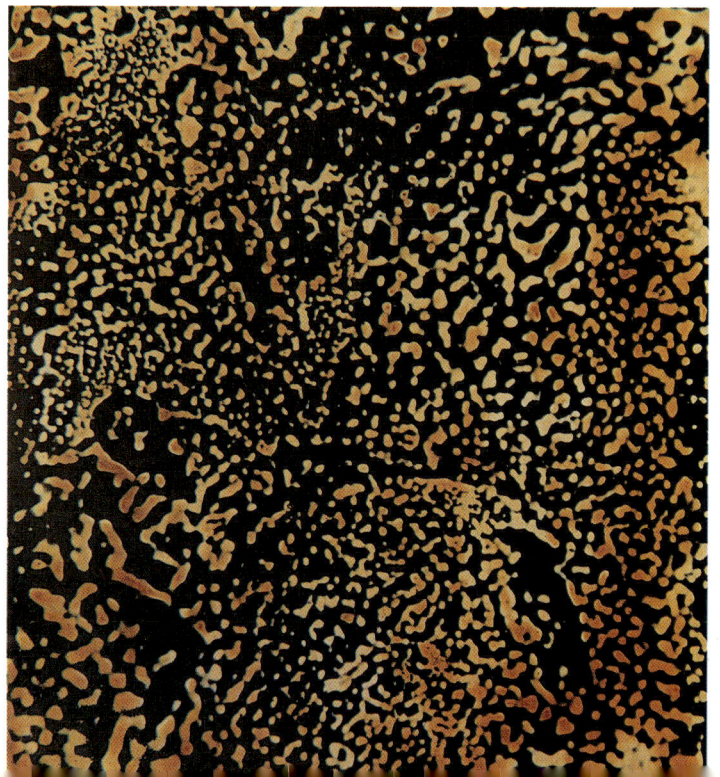

Se aplica kuro roiro con pigmento negro repartiéndolo de forma muy irregular para conseguir relieves; se deja secar y no se esmerila. Luego se usa aka roiro con pigmento blanco, y una vez seca la capa, se esmerila. Se darán varias capas de suai disuelto hasta conseguir una capa lisa. El acabado se efectúa con esmeril del número 2.000, pulimento y abrillantador.

▼ Aplicación número 7.

▼ Aplicación número 8.

Aplicación número 9

Aquí se utiliza una capa de ki-urushi puro en cantidad abundante para que se contraiga y se arrugue formando multitud de crestas y valles; se deja secar en el horno y no se esmerila.

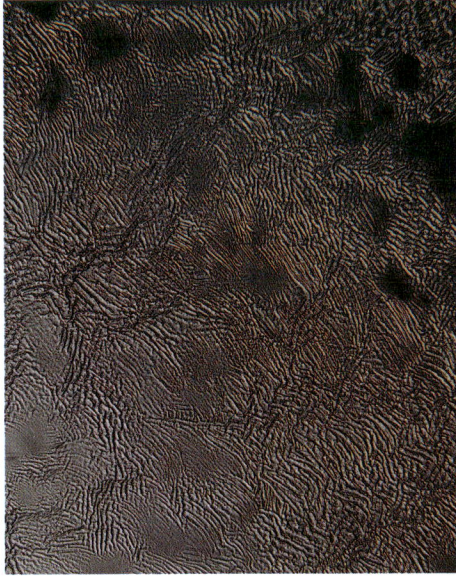

▲ Aplicación número 9.

Aplicación número 12

En una capa de togidashi nashiji se coloca una hoja de pan de oro y se deja secar en el horno durante más de tres horas; no se esmerila. Se da una capa de togidashi nashiji y, una vez seca, se esmerila con esmeril del número 2.000, pasando a aplicar el pulimento y el abrillantador.

▼ Aplicación número 12.

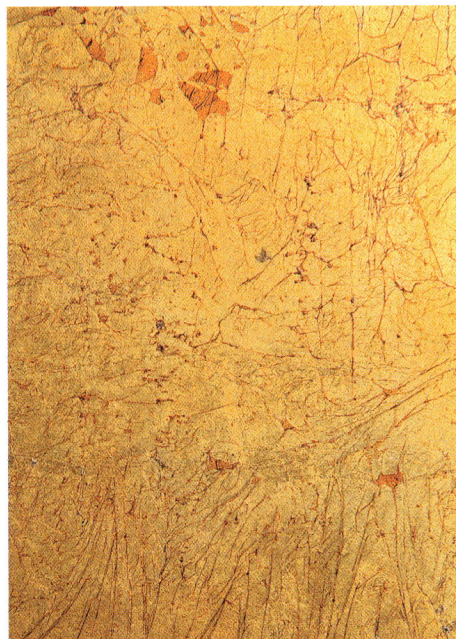

Aplicación número 10

Primero se da una capa de hon kuro puro en mucha cantidad para que se arrugue, se seca en el horno y no se esmerila. Se van aplicando sucesivas capas de aka roiro con pigmento rojo hasta lograr una superficie lisa; se esmerila entre capas. Seguidamente, se pone Suai disuelto y se acaba con esmeril del número 2.000, pulimento y abrillantador.

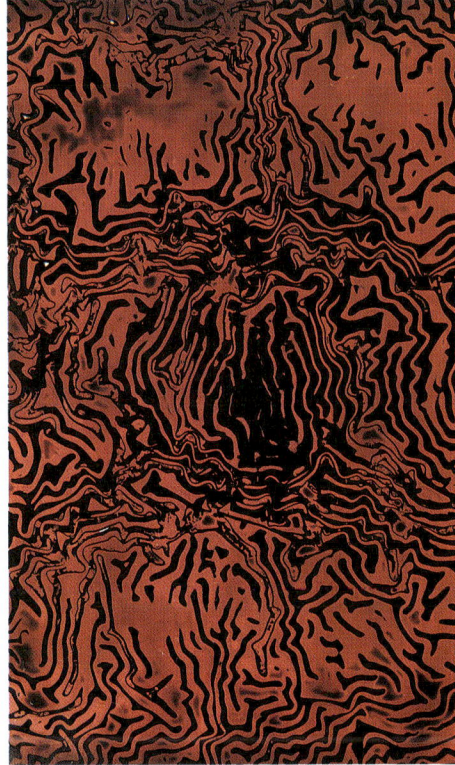

▲ Aplicación número 10.

Aplicación número 13

La base utilizada es sukinaka nuri esmerilada. Encima se aplica una capa de sukinaka nuri pura; ésta, aún tierna, se va colocando con mucho cuidado procurando encajar entre sí pequeños trozos de cáscara de huevo, a la cual previamente se le ha quitado la membrana interior. La cáscara de huevo se va colocando de forma que la parte cóncava quede hacia fuera. Puede utilizarse un poco de cola epoxídica de dos componentes, pero en tal caso éste no debe verse entre las cáscaras. Seguidamente, se dan varias capas de sukinaka nuri puro hasta rellenar todos los espacios existentes entre las cáscaras y lograr así una última capa lisa. Como en este caso la laca se utiliza para rellenar, no será preciso esmerilar entre capas; sólo la última. El color de la cáscara se tiñe con la primera mano de sukinaka nuri, si se desea obtener una cáscara completamente blanca se seguirá esmerilando la placa para eliminar los restos de laca.

Aplicación número 11

En esta aplicación se da una capa de togidashi nashiji disuelto; seguidamente, se espolvorea polvo de aluminio muy fino de modo que quede recogido en la plancha de laca todavía tierna; se seca en el horno y no se esmerila. Luego se aplica una capa de togidashi nashiji disuelto y se esmerila; se repite el proceso intercalando varias capas de este material con polvo de aluminio, con otras capas sin aluminio, procurando que la última de ellas no lo contenga; a continuación, se esmerila y se aplica pulimento y abrillantador.

▲ Aplicación número 11.

▼ Aplicación número 13.

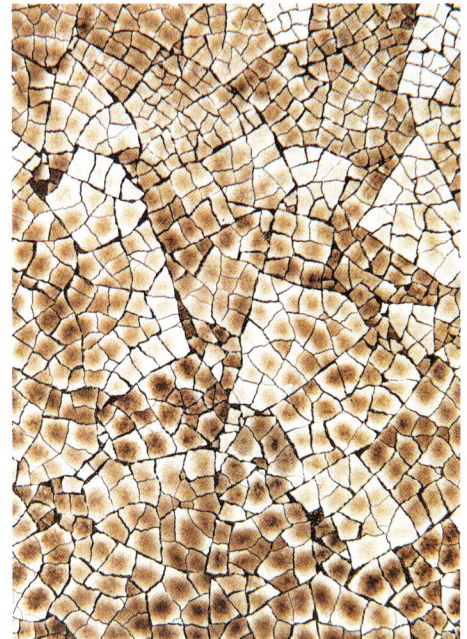

Realización de una pulsera

La siguiente propuesta la realiza Estela Guitart y se trata de una pulsera articulada de láminas ligeramente cóncavas. Como se verá, se describe todo el proceso desde la aplicación de la base al pulimento.

► **1.** Previamente, las piezas deben lijarse y limpiarse con tricloroetileno, evitándose al máximo el contacto con el polvo y la grasa de los dedos.

▼ **2.** Con mucho cuidado se aplica una primera capa fina y uniforme de laca base, en este caso ki-urushi.

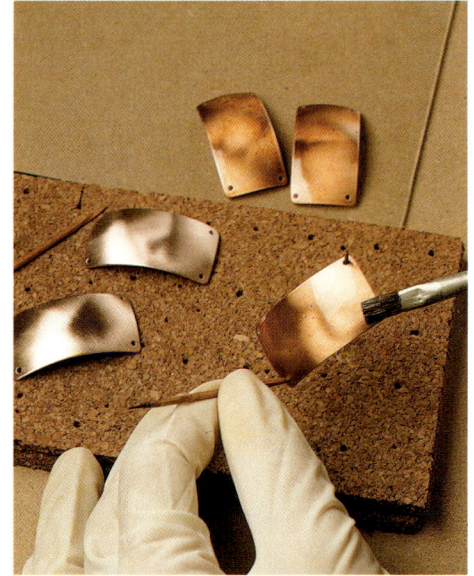

◄ **3.** Seguidamente, se procede al secado, si no se dispone de un armario de humedad o de un horno apropiado, puede utilizarse, como en este caso, un horno de cocina.

► **4.** Cuando las placas están secas deben esmerilarse con un papel fino y verificar que la capa base recubre completamente toda la superficie.

▲ **5.** Se aplica una capa de kuro roiro mezclado con pigmento negro, y una vez seca se procede a esmerilar la superficie perfectamente.

◄ **6.** A continuación, se aplica otra capa de kuro roiro con pigmento negro; ésta será la capa en que se aplicará la pasta de sopa.

► **7.** Con unas pinzas se coloca la pasta de sopa, en este caso fideos, poniendo el debido cuidado y orden en la composición.

▲ **8.** Las piezas se han metido en el horno durante veinte minutos; pasado este tiempo, pueden retirarse los fideos con unas pinzas y proceder a hornear de nuevo para que finalice el secado.

▲ **9.** Sin esmerilar el grabado, se da una capa de aka roiro con pigmento rojo; luego se hornea para secarla y conseguir el efecto que ilustra la imagen.

▲ **10.** El resultado debe esmerilarse hasta conseguir que aparezca el grabado de la laca inferior.

▲ **11.** Una vez esmeriladas y limpias las placas, primero se aplica el pulimento y seguidamente el abrillantador isebaya, con lo cual se obtiene una considerable mejora en el brillo.

▲ **12.** En la parte interior de las placas se ha puesto pan de oro encima de la laca.

▶ **13.** El interior toma el aspecto que se muestra en la imagen. Obsérvese el detalle del cierre.

▲ **14.** La pulsera se arma uniendo cada placa con dos anillas de plata.

▶ Pulsera obra de Estela Guitart.

Esmalte

El esmalte, con su amplia gama cromática, ofrece la posibilidad de dar color y brillo a las piezas. Partiendo de dos elementos como el vidrio y el fuego, y de su estrecha interrelación, se puede obtener una gran variedad de colores. Es sorprendente el poder que tiene el fuego sobre el color del esmalte y cómo la experiencia continúa siendo un factor determinante en el resultado final.

Para esmaltar de la forma que se plantea en el presente capítulo, no es preciso un equipo muy complejo, basta con un pequeño horno capaz de alcanzar los 900 °C, diversos pinceles de calidad y un pequeño mortero para refinar el esmalte.

Los esmaltes

Los esmaltes son una composición vítrea formada principalmente por: silicatos, boratos, aluminatos y diferentes óxidos de cobre, manganeso o hierro que aportan el color al esmalte. El esmalte puede aplicarse en diferentes consistencias: en forma de polvo humedecido, en seco y como pasta oleosa; esta última es muy adecuada para trabajos más cercanos a la pintura al óleo. Existen diversos tipos de esmalte: opaco, transparente y opalescente, así como el fundente para esmalte, que en ningún caso debe confundirse con el fundente utilizado en joyería.

◄ Esmalte realizado por Miquel Soldevila. Retrato de su amigo Francesc Cambó. Cuentan que Francesc Cambó rechazó dicho esmalte alegando que Miquel Soldevila le había reflejado el alma.

▼ Esta imagen muestra el esmalte opaco en su forma original y después del molido. Una vez aplicado, este esmalte no permite el paso de la luz, tiene brillo y color propios.

◄ Pieza con aplicación de esmalte opalescente de la colección Lluís Masriera. Este tipo de esmalte tiene una calidad lechosa, que permite el paso de la luz; su color varía en función del tono sobre el cual es aplicado.

▼ El esmalte transparente permite el paso de la luz, con lo que el brillo de la superficie influye en el brillo final.

Refinado previo del esmalte

Normalmente el esmalte se adquiere ya molido, en un suministrador especializado, pero es conveniente refinar el grano un poco más en el mortero antes de aplicarlo. El esmalte se muele con un poco de agua en un mortero y utilizando preferiblemente una mano de ágata del modo descrito a continuación.

► **1.** Se coloca el polvo de esmalte en el mortero, se añade un poco de agua y se muele realizando movimientos circulares con el fin de dejar el esmalte más fino. El resultado del molido será un concentrado espeso y turbio que se ha de aclarar con agua. No deben molerse grandes cantidades de esmalte.

▲ **2.** Se deposita el contenido del mortero en un vaso alto, se añade agua y se agita, se deja reposar y se decanta el agua; se repite esta operación seis veces. Concluidas estas seis aguas, deben añadirse cinco gotas de ácido nítrico, que se dejan actuar durante un minuto. Seguidamente, se añade más agua y se agita el contenido con una varilla de cristal limpia. El proceso se repite seis veces.

◄ **3.** El esmalte se deposita en la base del vaso, pues es más pesado; este efecto permitirá eliminar el agua decantando el vaso. El paso de añadir agua, agitar y dejar reposar para después decantar se realiza doce veces: las últimas aguas se hacen con agua destilada.

◄ **4.** Terminadas las últimas seis aguas, el esmalte ha de quedar como muestra la imagen. Una vez acabado todo el proceso, se elimina el agua y se conserva el esmalte húmedo dentro de un frasco transparente cerrado.

Aplicación

La superficie del metal sobre la que se da el esmalte influye sobre la apariencia definitiva de un determinado color, bien sea transparente u opalescente; no obtendrá el mismo resultado si se aplica esmalte sobre oro y plata que si se utiliza sobre cobre; de igual forma, si se da el esmalte sobre un color base previo no se obtendrá el mismo tono, pues éste se verá influenciado por el primero.

En general, el esmalte se aplica sobre oro, plata y cobre, pero nunca sobre latón; el metal deberá estar recocido y libre de óxido y grasa antes de empezar la aplicación. El esmalte transparente puede aplicarse sobre pan de oro o un pallón de plata, potenciando así el color y produciendo unos determinados efectos.

Es mejor dar capas finas y muy uniformes de esmalte que capas gruesas, pues se controla mejor el color y se evita que se agriete.

El esmalte es un material delicado y debe trabajarse con cuidado, lejos del polvo y la suciedad del taller, especialmente de la pulidora, ya que cualquier mota de polvo puede reflejarse en el resultado final.

▼ Antes de empezar es muy aconsejable hacerse una paleta de color, como la que muestra la imagen, ya que el esmalte sólo obtiene su color definitivo después de horneado, y el tono varía en función de la cantidad de capas de color que se aplican y del tono de fondo sobre el que es aplicado.

El contraesmalte y el fundente

Para evitar tensiones y curvaturas, todas las planchas, exceptuando las muy gruesas, se deben compensar dando previamente un contraesmalte en su reverso. Especialmente cuando se pretende utilizar esmaltes transparentes, se dará una capa previa de fundente en el anverso, encima de la cual, y una vez cocida, se aplicarán sucesivas capas de esmalte de color que se irán horneando alternativamente.

► **1.** El esmalte puede aplicarse sobre planchas planas o algo curvadas. Para conseguir esta forma, se presiona la plancha con un embutidor de madera sobre una superficie blanda como un listín telefónico.

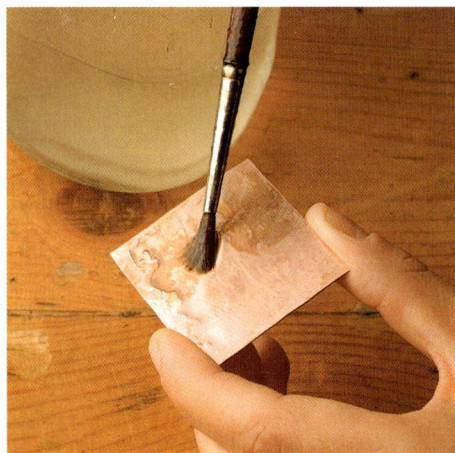

▼ **2.** Seguidamente, se perfilan los costados con un bruñidor.

◄ **3.** Antes de aplicar el contraesmalte, se impregna esta superficie con goma arábiga diluida para lograr una mejor adhesión del contraesmalte.

► **4.** El contraesmalte se espolvorea uniformemente sobre la superficie con un tamiz.

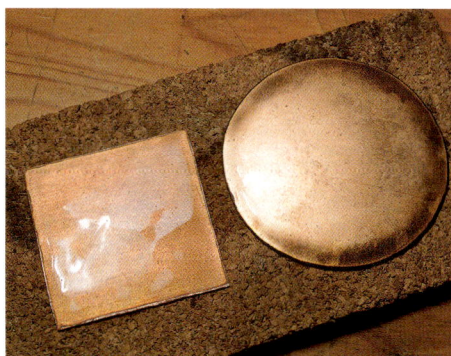

▲ **5.** El fundente para esmalte es un esmalte transparente e incoloro que se da directamente sobre el metal limpio. Una vez cargado y con un grueso, como el que muestra la imagen, se introduce en el horno para ser cocido.

▲ **6.** Esta imagen muestra diversas planchas preparadas con fundente y contraesmalte por la parte posterior, listas para empezar un trabajo de esmaltado. El contraesmalte siempre se aplica primero, y luego el fundente.

► **7.** Se carga el esmalte en el pincel de forma que se deposite verticalmente sobre la plancha. A excepción del esmalte vítreo, nunca se darán pinceladas como si se tratara de pintura.

Horneado

Después de aplicar el esmalte, éste deberá cocerse en el horno para conseguir su color definitivo; el horneado es esencial para el esmaltado. Hay esmaltes duros que se cuecen a una temperatura muy elevada, 950 °C, y otros más blandos que necesitan entre 750 y 825 °C, según el fabricante del esmalte. Para la mayoría de cocciones, se programa la temperatura del horno a 900 ºC, disminuyendo o aumentando el tiempo de permanencia del esmalte en su interior, en función del tipo y color del esmalte. Otros factores que influyen en el tiempo de cocción son: la dureza del esmalte, el grosor de la pieza, su tamaño y la temperatura del horno. Una vez cocido el esmalte, se retira del horno y se deja enfriar antes de manipularlo.

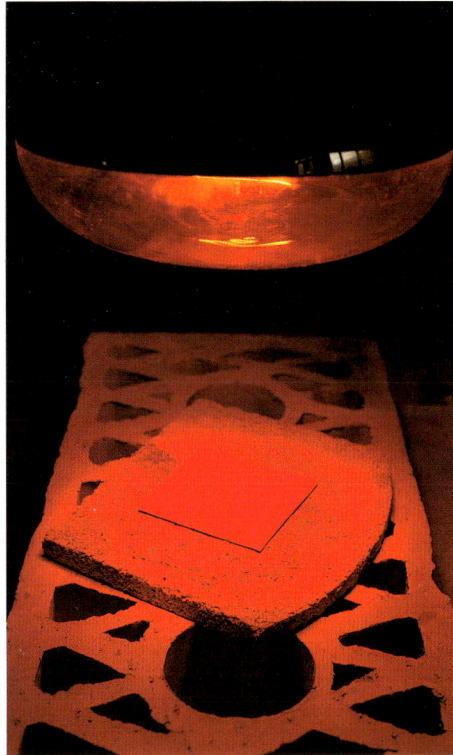

◀ 1. Antes de introducir el esmalte en el horno, éste ha de estar seco; para secarlo se coloca bajo una lámpara de infrarrojos, tal como se aprecia en la imagen, o abriendo la puerta del horno y aproximando y retirando la placa con el fin de evitar que se desplace el esmalte por efecto de la ebullición del agua que aún contiene.

▼ 2. El esmalte se introduce en el horno utilizando como soporte una rejilla de acero o un trozo pequeño de placa refractaria.

Esmalte vítreo

El esmalte en forma de pasta se prepara colocando un poco de éste encima de un cristal y añadiéndole aceite de lavanda o bien vaselina líquida. Con una espátula se mezcla hasta lograr una consistencia parecida a la de la pintura al óleo. El tiempo de horneado suele ser algo menor que el del esmalte en polvo y se aplica sobre una base de esmalte blanco opaco.

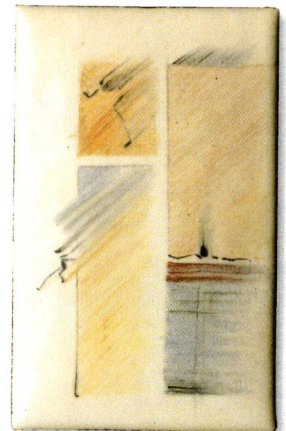

▲ Broche obra de Ramon Puig, con esmalte vítreo realizado por Francesca Ribes.

◀ Paleta con distintos colores de esmalte vítreo, en la cual se aprecia la consistencia de los mismos.

▶ Los esmaltes más blandos con una temperatura de cocido inferior deben aplicarse al final; así se evitará que pierdan fuerza en el conjunto de la aplicación.

Cloisonné

Esta técnica ya se practicaba en el antiguo Egipto y en Mesopotamia como sustituto de las gemas; sin embargo, fueron los bizantinos quienes la dominaron con gran maestría. El proceso consiste en dividir la pieza en espacios pequeños o celdas realizados a partir de hilo de oro, plata fina o cobre y rellenarlos posteriormente con esmalte.

Aunque pueden dejarse los hilos de las celdas soldados, lo más frecuente y práctico es aplicar previamente una capa de fundente en la superficie y una vez cocido efectuar el dibujo con el hilo rectangular. Con unos alicates se da forma al hilo y se coloca sobre una plancha o bien dentro de un rebajado realizado con ácido o con cualquier otra técnica. Para sostener los hilos encima del fundente se puede aplicar un poco de cola de tragacanto.

Una vez situados todos los hilos, se cuece; luego pueden empezar a rellenarse todas las celdas con el color haciendo varias cocidas. Terminado esto, se lapidará con una piedra de lapidar para seguidamente dar un último cocido que igualará la aplicación y dejará el esmalte brillante.

▲ En muchas ocasiones se aplican el cloisonné y el champlevé en la misma pieza. En esta imagen y especialmente en el detalle del trabajo más preciso se puede observar la labor realizada con cloisonné. Master Eilbertus, cubierta que representa la ascensión de Cristo, 1150-1160. Kunstgewerbe Museum, Berlín.

▶ La grisaille es un esmalte pintado que se utiliza generalmente para representar figuras humanas o motivos ornamentales.

Grisaille

La grisaille suele trabajarse sobre un fondo oscuro previamente cocido sobre el que se aplican diferentes capas de blanco de limoges o bien un opalescente muy refinado. Al hornear, el blanco se hunde en el negro fusionándose y creando sombras y realces de tonos grisáceos. Se van dando sucesivas capas y horneando entre ellas hasta lograr el dibujo deseado. El dibujo va apareciendo con las sucesivas capas de esmalte blanco; cuanto mayor sea el grueso de limoges más fuerza tiene el blanco.

Vitral

El esmalte en este caso se sostiene por las paredes de metal. Una vez cocido sucesivas veces, éste acaba por rellenar los espacios calados o soldados, de modo que se logra un efecto parecido al de una vidriera de catedral, ya que permite el paso de la luz a través del esmalte.

▼ **1.** Para la técnica del vitral se aplica el esmalte con un pincel o una espátula dentro del perfil previamente calado. Anteriormente se ha impregnado con goma arábiga el interior del calado. Tras un primer horneado, el calado no se habrá completado aún, por lo que serán necesarias varias aplicaciones hasta llenar el calado.

◄ Pieza realizada con la técnica del vitral. Colección Lluís Masriera.

► **2.** Una vez relleno el calado, se lapida el conjunto con una piedra de lapidar; seguidamente se elimina todo el sobrante para efectuar un último horneado que iguale y aporte el brillo definitivo al esmalte.

Champlevé

Se trata de una técnica utilizada por los persas, griegos y romanos, y por pueblos nómadas de las estepas asiáticas que transmitieron este oficio a los celtas y a otros pueblos europeos. Fue durante el período románico cuando se produjo una gran cantidad de obra religiosa con este tipo de técnica.

El proceso consiste en rellenar los espacios poco profundos realizados sobre el soporte de metal con técnicas como el grabado al ácido, grabado a buril o con un cincel. El esmalte se aplica llenando el rebajado y una vez cocido se lapida con la piedra de carborundo hasta igualarlo. Cuando se ha igualado se puede proceder a un último cocido, para dar el brillo final a la superficie del esmalte.

El esmalte, después de cocerse en el horno, cede, y queda algo cóncavo, por lo cual debe rellenarse con otra carga y así sucesivamente hasta que al final la última carga de esmalte supera la altura del metal. Acto seguido, se lapida con una piedra de lapidar y se limpia para dar una última cocida y conseguir el brillo final.

▲ Pulsera de Champlevé realizada por Aureli Bisbe.

► Una variación del champlevé, que se conoce como basse-taille; consiste en aplicar esmalte traslúcido sobre la superficie de oro o plata previamente martilleada o grabada con el fin de conseguir volumen.

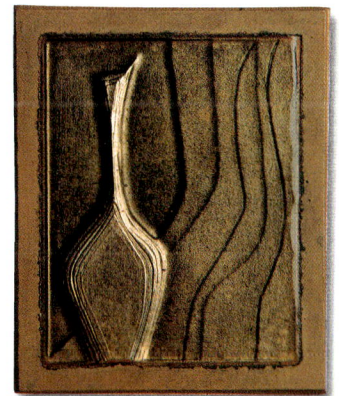

► Esmalte aplicado sobre relieve. Pieza de la colección Lluís Masriera.

Broche esmaltado

No siempre es fácil dar color a una pieza; una vez tomada la decisión, la elección del tono y la composición de la forma acaban provocando que el objeto sea realmente sugerente.

A continuación, Aureli Bisbe presenta unos broches de extraordinaria simpleza realizados con la técnica del champlevé.

▲ **1.** La superficie se prepara rayando con un buril en el interior del espacio donde irá aplicado el esmalte.

▶ **2.** Con un pincel se carga el esmalte, teniendo la precaución de limpiar el pincel cada vez que se cambia de color.

◀ **3.** Una vez cocido el esmalte en el horno a 900 °C se lima la superficie con una lima de diamante.

▶ Broches realizados por Aureli Bisbe con la técnica del champlevé.

Niello

El niello o niel no es propiamente un esmalte, pero por su forma de aplicación y efecto sobre la superficie se halla históricamente ligado a esta técnica. Ya fue utilizado por las culturas minoica y micénica y en numerosas piezas renacentistas en Europa; concretamente, se aplicaba en patenas de comulgar entre el 300 y el 700 d.C.

El niello fue y continúa siendo utilizado en la India y en los países islámicos. Actualmente muchos joyeros vuelven a aplicar niello en sus piezas. Como material, posee la ventaja de ser fácil de preparar y aplicar; además, no se requiere un horno ni productos específicos para realizar una pieza con esta interesante técnica.

Proporciones del niello			
Plata	Cobre	Plomo	Azufre
1	2	3	6
1	1	2	8
1	2	4	5

▲ Detalle del cáliz de Tassilo con aplicaciones de niello. Tesoro del monasterio de Kremsmünster.

Composición del niello

El niello es una aleación compuesta de plata, cobre, plomo y azufre que una vez aplicado sobre plata u oro proporciona un gran contraste. Posee, además, la ventaja de fundir a baja temperatura, con lo que su aplicación no resulta excesivamente complicada.

Preparación

El niello se basa en la reacción que provoca el azufre fundido sobre los otros tres metales de la aleación. Primero se funde la plata, el cobre y el plomo junto con bórax en un crisol que sólo se utilizará para preparar el niello; una vez fundidos estos metales se pondrá abundante azufre; se puede añadir también un poco de cloruro de amonio. El preparado se mezcla con ayuda de un palo pequeño de madera, utilizando una mascarilla y en un lugar ventilado. Al cesar el humo se vierte la pasta en una lingotera hasta que se enfríe. Para obtener un buen preparado es preferible moler el lingote, volverlo a mezclar con un poco de azufre y fundirlo de nuevo.

Luego debe molerse el niello en un mortero viejo, preferiblemente de hierro, hasta convertirlo en un polvo muy fino, que se aplica ligeramente humedecido mezclado con un poco de goma arábiga muy disuelta en agua.

El niello es idóneo cuando se aplica en superficies previamente horadadas o grabadas con ácido, buril o cualquier técnica con la que se puedan realizar profundidades no superiores a un milímetro.

◀ Aspecto que presenta el niello una vez molido.

Aplicación

La superficie de aplicación ha de estar limpia y desengrasada. Se moja un poco la superficie con líquido de soldar y se aplica el niello con un pincel; se ha de dejar secar hasta que el agua desaparezca. Una vez seco se coloca encima de una malla de acero o una plancha de hierro fino y se funde en el horno o con el soldador, procurando que la llama no toque directamente al niello y evitando los excesos de temperatura, que podrían provocar porosidad en el niello.

Cuando esté frío, se elimina todo el sobrante con una lima y diversos papeles de esmeril hasta nivelar la superficie y descubrir el fondo de la pieza de soporte.

▲ 1. Para este ejercicio se ha preparado un grabado profundo para aplicar el niello. Aunque puede aplicarse con pincel, en este caso se utiliza una espátula metálica. El niello debe cargarse igual que el esmalte, de forma que rebose por encima de la superficie.

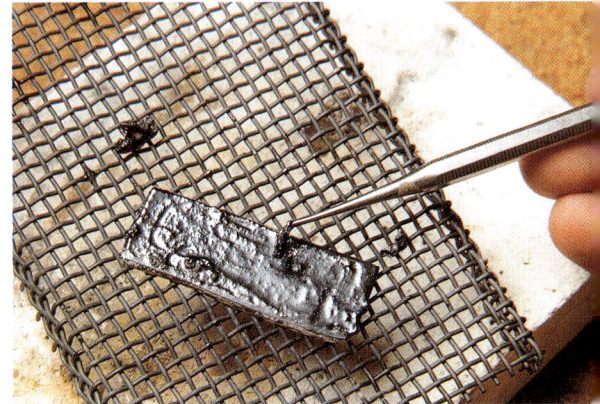

▲ 2. El fuego se aplica por la base de modo indirecto, y con la espátula se ayuda a que el niello se extienda y penetre en toda la superficie.

◀ 3. Una vez que esté frío se limará con una lima vieja y se esmerilará hasta dejar la superficie bien lisa.

Precauciones

El niello contiene plomo, por ello hay que ser muy precavido con los restos de niello que se puedan mezclar con metal limpio para fundir; es aconsejable limar el niello fuera de la mesa de trabajo y desechar los crisoles y papeles de esmeril que hayan estado en contacto con él. Asimismo, el proceso de fundición se hará en un lugar ventilado, para evitar respirar los humos.

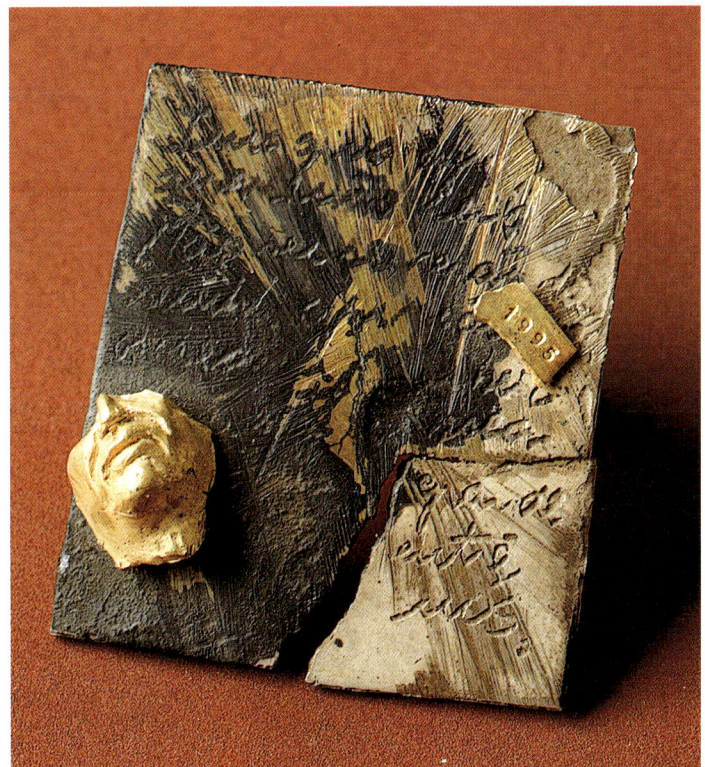

▶ Niello aplicado de forma desigual sobre una superficie lisa. Obra de Carles Codina.

ENGASTADO

*E*l montaje de las piedras con el fin de ser lucidas ha sido, en muchas ocasiones, el único objetivo de la construcción de una joya. Las piedras han constituido desde siempre la esencia de la joyería y con su fin de ser mostradas surgió la técnica del engastado, como una especialización consistente en el montaje de las mismas sobre sus monturas. Tradicionalmente, el engastado ha sido parte integrante de la propia técnica del oficio. Sin embargo, en la actualidad es un trabajo tan especializado que prácticamente constituye un oficio independiente, con el inconveniente que supone el hecho de estar desligado de la construcción de la joya, ya que en muchos casos se preparan monturas para ser engastadas de forma ortodoxa, lo que determina el concepto inicial del proyecto. Saber realizar las monturas y poderlas engastar confiere mayor libertad de creación en las piezas, y proporciona una mayor integración conceptual a todo el conjunto.

Herramientas

*E*l equipo para engastar es relativamente económico y fácil de preparar. Se precisan: diferentes buriles, confeccionados de una forma determinada; un mechero o lámpara de alcohol; unos fustes o soportes de madera, que sirven para fijar las piezas; pez o lacre específico, para fijar la pieza en el fuste; el motor de mesa y una buena iluminación.

◄ Diversas formas de engastado poco ortodoxas. *Barca con unos enamorados enjaulados.* Alemania, 1570. Museo Degli Argenti, Florencia.

▲ Broche con diversas piedras y diferentes formas de engastado, obra de Ramon Puig Cuyàs.

► Éste es el equipo básico para engastar: diferentes buriles, un empujador o apretador, con su característico mango en forma de bola, y el palillo, imprescindible para asir y trasladar las piedras.

Los buriles

Los buriles son las herramientas más utilizadas para engastar; el buril es un perfil de acero que, convenientemente preparado, se utiliza para cortar metal, realizar los ajustes en las monturas, levantar granos y decorar o recortar el metal. Los buriles deben prepararse de la forma que se muestra a continuación: para empezar será necesario un buril plano, otro terminado en media caña y un buril de uña.

► **1.** La imagen muestra el buril tal como es en su forma original, y la parte de metal que debe eliminarse con una muela. Primero se rompe la punta, para acortar el buril, y seguidamente se cortan la forma y el ángulo definitivos.

▼ **2.** Para no calentar en exceso la punta del buril cuando se corte, éste deberá mojarse repetidas veces con agua, antes de entrar en contacto con la muela; de lo contrario, la punta se recocería con el calor y el buril perdería el temple necesario para un buen corte.

▼ Este dibujo muestra el material que hay que eliminar en un buril nuevo, con el fin de que esté en óptimas condiciones para engastar.

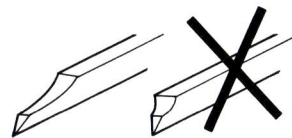

▼ **3.** Cuando se corta el ángulo, también se procura no sobrecalentar la punta del buril, por ello se va mojando de vez en cuando con agua.

▲ **4.** Una vez cortado, el buril debe afilarse en la piedra de Arcansas, a la cual se le habrá aplicado previamente un poco de aceite; el afilado se efectúa frotando en la piedra toda la cara del buril. Este proceso se realiza cada vez que el buril lo requiera.

El empujador

Esta herramienta, también llamada apretador, es de fácil realización; es un utensilio imprescindible y se utiliza para abocar el metal encima de la piedra y cerrar la montura, evitando de este modo que la piedra caiga. Se efectúa cortando el mango de una lima vieja y recociendo su punta; a continuación, con otra lima o una muela, se le da una forma como la mostrada en la fotografía de la derecha; seguidamente, por el otro extremo se inserta un mango de madera en forma de bola.

Con el fin de evitar que al abocar el metal de las monturas el empujador pueda deslizarse, se deja rugosa la punta del empujador; para ello, se golpea perpendicularmente su extremo contra una lima vieja de modo que la textura de ésta quede impresa en él.

▲ Diferentes terminaciones en la forma de los empujadores, adecuadas para hacer frente a las distintas necesidades y a los hábitos de cada profesional.

La pez y los fustes

Para poder engastar se fijan firmemente las monturas en una pasta rígida denominada pez o lacre; asimismo, para soportar y manipular convenientemente la pieza se aplica pez en unos soportes llamados fustes. Éstos pueden estar partidos longitudinalmente, para fijar anillos o realizar cualquier tipo de fuste, con el fin de inmovilizar convenientemente otras piezas más planas: como pueden ser algunos broches o determinados pendientes.

La pez es una composición de goma laca, almagre y colofonia; se pueden variar los distintos componentes en función del clima y de la costumbre de uso. La proporción más utilizada es la que consiste en mezclar a partes iguales los tres ingredientes. Aunque tiene la misma apariencia que la pez de cincelado y se prepara del mismo modo, ésta posee una mayor dureza y diferente función.

El motor y el martillo percutor

Para engastar se precisan diversas fresas; las más habituales son las terminadas en forma esférica o de bola y las que acaban en forma cóncava, con las que pueden redondearse los granos o las garras de las galerías.

Mientras que en el flexible el motor está colgado, y transmite la rotación por medio de un brazo movible a la pieza de mano intercambiable, el micromotor tiene un pequeño motor en la misma pieza de mano, que permite una mayor comodidad y versatilidad. Ambas piezas de mano pueden utilizarse para el trabajo de engastado.

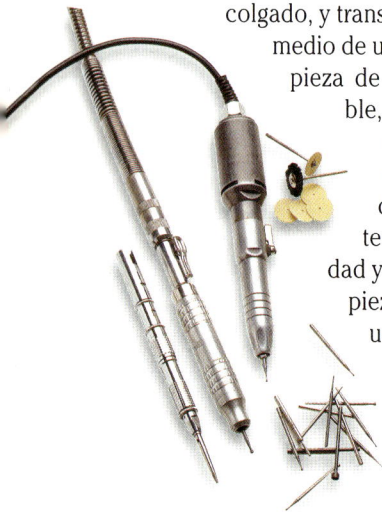

▲ El flexible tiene el motor separado de la pieza de mano, por lo que transmite la fuerza por medio de un brazo movible. Tanto el micromotor como el flexible realizan la misma función, y a ambos se les puede añadir una pieza de mano como el martillo neumático, al cual se le montan diferentes puntas que permiten cerrar las monturas. Las distintas fresas son esenciales para eliminar el metal y realizar correctos ajustados en las monturas, especialmente las fresas de bola.

▲ Los ingredientes se preparan derritiéndolos lentamente en un cazo, y evitando en todo momento que hiervan. Una vez se consigue una masa homogénea, se vierte sobre una plancha de acero previamente mojada con agua y se deja enfriar para, a continuación, romperla en pedazos pequeños con un martillo.

El palillo

Durante el engastado es preciso trasladar, mover y resituar numerosas veces las piedras; para ello los engastadores utilizan un pequeño útil denominado palillo. Éste es muy sencillo de realizar; se requiere una fresa vieja, un poco de cera blanda y un pedazo de carboncillo.

▶ **1.** En un mortero se tritura una barra de carboncillo, hasta convertirla en polvo muy fino. Paralelamente se recuecen los dos extremos de una fresa vieja, se aplanan con un martillo y se impregnan con un poco de lacre, para que al colocarse en la masa, ésta no pueda girar alrededor de la fresa.

▼ **2.** El polvo de carbón se mezcla con la cera hasta lograr una masa homogénea: luego se envuelve toda la fresa, dándole la forma de una pequeña pera terminada en punta.

▼ Para reblandecer la pez y pegar en ella la montura, se utiliza una lámpara de alcohol. Con el calor la pez se reblandece y cuando está homogéneamente blanda, se fija en ella la pieza ligeramente impregnada en aceite; de esta forma la pieza podrá despegarse con facilidad una vez terminado el trabajo. Para eliminar los restos de pez se hierve la pieza en amoníaco diluido.

▼ **3.** Al final el palillo debe tener la adherencia suficiente para que se pegue una piedra en su tabla, tal como muestra la imagen.

Diferentes tipos de montura y su forma de engaste

La piedra debe ajustar dentro de la montura; ésta no es más que el soporte de metal preparado convenientemente para sostener las diversas piedras. La preparación de una buena montura está ligada a su engaste posterior, ya que un buen engastado parte siempre de un correcto ajuste de la piedra en la montura.

Es imposible describir todas las formas de engastar, así como los diferentes tipos de monturas; por lo tanto, en este capítulo sólo se abordarán unas cuantas posibilidades y los conceptos básicos de engastado; éstos serán una buena base para el desarrollo de las posibilidades posteriores.

Antes de empezar la montura, es indispensable observar primero la piedra, estudiar sus propiedades físicas y su talla; a continuación, se tomarán las medidas con un pie de rey o un micrómetro, prestando especial atención al proceso.

▲ Engastado tabla contra tabla. Obra de Joan Aviñó.

▲ Con el fin de conseguir el máximo color y brillo de cada piedra, éstas se tallan: se les practican caras planas, denominadas facetas; el resultado final es lo que conocemos como la talla, siendo posible encontrar muchísimas formas de tallado. La fotografía nos muestra las diferentes formas en que se puede tallar el diamante.

▶ El concepto básico de cualquier engastado es bloquear su movimiento horizontal y vertical. El movimiento horizontal y hacia abajo se limita realizando lo que se denomina un asiento; el movimiento vertical hacia arriba se limita con el metal que es abocado encima de la piedra.

◀ Montura para una piedra realizada por Carles Codina. Se ha preparado una plancha en forma de medio tubo, y se ha pulido interiormente para realzar el brillo de la piedra, así como diversas patas o garras, en este caso un pie del ángel.

Monturas a partir de un tubo

Las monturas más sencillas son aquellas que se obtienen cortando un tubo de metal. El grueso mínimo de pared para engastar con comodidad es de unas 6 décimas, para piedras pequeñas en talla brillante; hay que procurar siempre que queden unas décimas entre el diámetro de la piedra y el diámetro del tubo, para abocar estas décimas de metal sobrantes encima de la piedra y cerrar la boca.

Siempre se debe observar previamente la piedra y sus propiedades físicas. Una piedra con una gran culata requiere normalmente un grueso y una altura superiores; una piedra delicada como la esmeralda puede precisar la preparación de una boca en una aleación más blanda como oro de 22 quilates, y por el contrario, un diamante o un zafiro, debido a su extraordinaria dureza, podrán engastarse prácticamente en cualquier tipo de montura.

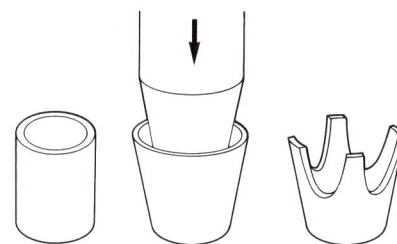

▲ Esta herramienta resulta muy útil para abrir distintas bocas o tubos. Se trata de un abocardador y es posible encontrarlos en prácticamente todos los perfiles que se desee, tan sólo es preciso introducir el metal recocido en el interior y golpear cuidadosamente con el punzón para abrir y abocardar la boca.

▶ Otra posibilidad, efectuada también a partir de un tubo redondo, al cual, una vez limado y conseguida la forma, se le ha soldado una anilla redonda en su base.

▲ A partir de un tubo, y con la ayuda de un abocardador, se golpea y se abre la montura; en este momento se puede engastar, pero es mejor continuar y eliminar material con la lima, para seguidamente con una fresa dejar tan sólo cuatro o seis patas.

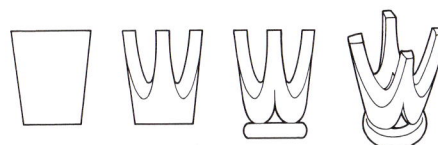

Proceso

El engastado parte de dejar unas décimas de metal sobrante en la parte superior de la montura, con el fin de apretarlo y cerrarlo encima de la piedra, y evitar así que ésta pueda caerse; por ello es imprescindible que la piedra ajuste en la boca y que la cantidad de metal sea la suficiente, pues ello permitirá realizar los ajustes con comodidad.

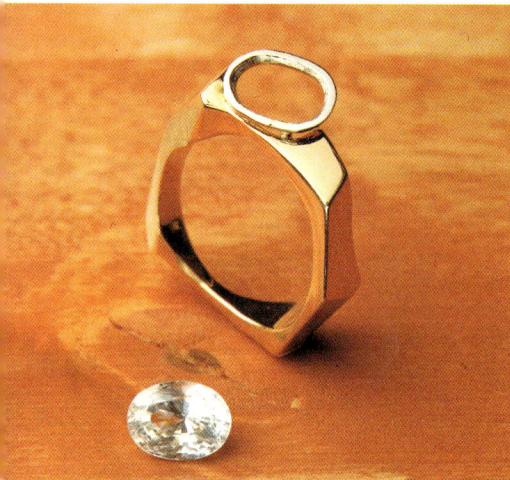

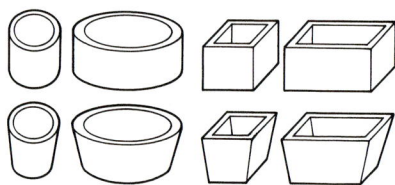

◀ ▼ **1 y 2.** Partiendo de la mitad del grueso de la pared del tubo, se elimina material del interior del mismo, con la ayuda de los buriles plano y media caña, efectuando el ajustado correcto de la piedra en el interior.

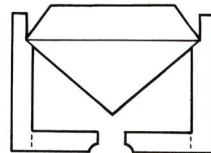

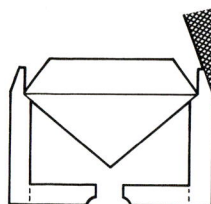

▲ Cualquier tipo de boca puede ser abocardada si se dispone del útil apropiado.

◀ La montura no siempre se obtiene cortando un tubo. En este caso, un hilo rectangular de oro blanco, paladiado con la dureza apropiada, y firmemente unido al cuerpo del anillo, puede constituir por sí solo una montura.

◀ **3.** Una vez asentada la piedra, con una lima se elimina un poco de material de todo el exterior del tubo.

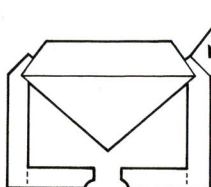

◀ **4.** Seguidamente, se cierra la boca con el empujador, y a continuación se golpea con el martillo percutor, que acaba de cerrar el metal dándole mayor dureza.

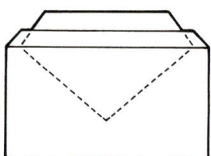

◀ **5.** Con un buril plano se perfila interiormente el metal que está más en contacto con la piedra, con el fin de eliminar posibles imperfecciones; luego se pasa un bruñidor para darle el brillo final al interior de la boca.

◀ El proceso de engastado es el mismo que se utiliza con un tubo de metal. Anillo realizado por Carles Codina.

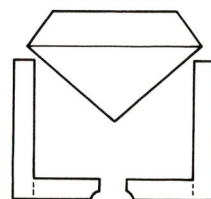

Monturas de hilo

Este tipo de montura, también llamado engaste de garras, se utiliza con mucha frecuencia, y es una de las monturas que cubren menos la piedra una vez engastada. En su construcción debe procurarse que la disposición de los hilos impida a la piedra desprenderse por ningún lado; también habrá que asegurarse de que la dureza del hilo es la adecuada.

◀ Anillo realizado por Daniel Kruger.

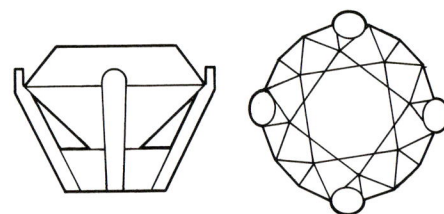

Proceso

El proceso es parecido al anterior: con una fresa de bola se elimina metal del interior de la garra, y con otra fresa también de bola, pero de menor tamaño, se realiza el ajustado interior: se coloca la piedra con el palillo y con el empujador se presiona el restante de hilo, hasta situar el metal encima de la piedra; luego se perfila el hilo con una lima pequeña y se redondea con una fresa cóncava.

▲ Montaje clásico de garras. En estos montajes se debe procurar que existan como mínimo tres patas y que la piedra pueda moverse; también se intentará que los cortes practicados en las patas estén todos a la misma altura, para evitar que la piedra quede inclinada.

◀ Para la estructura de la montura no existen normas fijas, puede realizarse como se quiera, pero la forma de efectuar el ajustado siempre es la misma. Pendientes realizados por Carles Codina.

Engaste de carril

Este tipo de engaste se efectúa cuando hay que colocar muchas piedras del mismo tamaño en posiciones lineales o de batería; es el caso de muchas alianzas. Puede utilizarse con piedras en talla brillante o con cualquier otro tipo de talla en forma cuadrada o rectangular, procurando que las piedras estén bien calibradas, pues la montura es la misma para todas ellas.

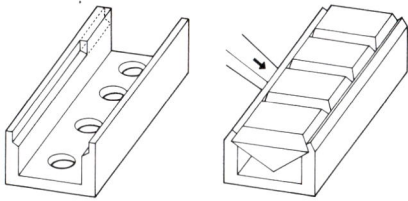

Proceso

La forma de realizar el engastado consiste en rebajar, primero con una fresa de bola, y seguidamente con los buriles, toda la pared interna del carril. Se acaba de ajustar el asiento con el buril adecuado y se lima un poco el exterior de la montura, para eliminar algo de metal. Seguidamente, se coloca una primera piedra y se cierra el metal con el empujador, hasta fijarla; este proceso se repite en las sucesivas piedras, procurando que la distancia entre ellas y la altura sean las mismas. Una vez que están todas las piezas colocadas, se golpea con el martillo percutor y se liman, esmerilan y pulen las paredes de la montura, intentando obtener un brillo uniforme.

◀ Esquema de un engaste de carril.

▲ Diamante en talla brillante colocado en un carril; el proceso es el mismo, pero el ajustado debe adaptarse al tipo de talla que se está engastando.

Piedras en forma de cabujón

Este tipo de talla es plana por su parte inferior y abovedada exteriormente, por lo tanto requiere un montaje y un engastado específicos. Se utiliza para realzar colores y efectos ópticos, especialmente en piedras opacas y traslúcidas. Como forma de talla, en su tiempo fue toda una innovación por parte de los artistas del movimiento Art Nouveau, ya que representaba romper con la clásica talla facetada y reflejaba la modernidad de la época.

Proceso

Las siguientes imágenes muestran el proceso que debe seguirse para engastar una piedra tallada en cabujón, cómo se elimina el metal de la pared y cómo se cierra la montura.

▲ Anillos con piedras talladas en cabujón. Obra de Pilar Garrigosa.

▶ **1.** Para este ejemplo se han realizado un hilo rectangular de algo más de un milímetro, el cual ha sido ligeramente abocardado; una vez terminado, se ha soldado en una plancha por su parte inferior y se ha limado todo el sobrante.

▲ **2.** Primero, con una fresa de bola, se elimina un poco de material del interior de la pared, hasta lograr una profundidad que permita asentar la parte plana de la piedra; a continuación, con diferentes buriles se ajusta el borde para colocar correctamente la piedra, la cual deberá quedar bien ajustada y hundirse no más de un milímetro respecto al borde de la montura.

▲ **3.** Con el empujador se cerrará toda la boca, del modo descrito en los dibujos de la derecha. Seguidamente, se lima el exterior y se le da el acabado final. También deberá pasarse un pequeño buril plano por el borde de contacto de la montura con la piedra, y después un bruñidor para lograr un igualado correcto y un poco más de brillo en esta pequeña franja de metal que está en contacto con la piedra.

▶ El metal debe quedar encima del cabujón, así pues, se presiona con el empujador todo el metal en el orden dispuesto; se acaba de perfilar el exterior con una lima y el interior con un buril.

▶ Orden correcto en el cual debe apretarse una montura para cabujón. Se presiona y se cierra el metal en un punto y, a continuación, se vuelve a presionar justo por el lado contrario; y así sucesivamente hasta dejar el cabujón perfectamente apretado.

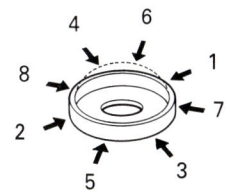

111

Montura para cabujón

Para este tipo de talla se pueden preparar monturas de diversas maneras; en este caso se ha dispuesto un perfil realizado a partir del soldado de dos hilos rectangulares a diferentes alturas, con lo cual una vez conformado se tiene el asiento preparado.

► **1.** Una de las formas de montar una piedra con talla tipo cabujón consiste en realizar dos hilos rectangulares; en este caso los dos tienen el mismo grosor, pero en función de la forma de la montura y de la piedra, puede efectuarse el interior algo más grueso. Ambos hilos se sueldan con soldadura fuerte y se conforman a la medida de la piedra.

▲ **2.** Una vez lograda la forma, puede abocardarse y, seguidamente, soldarse el perfil sobre una plancha plana.

◄ **3.** A continuación, se lima el sobrante y se esmerila convenientemente todo el contorno exterior.

► **4.** La montura se soldará a una estructura rectangular, cuyo diseño permite utilizarla como soporte, para pasar una cadena y poder colgarla.

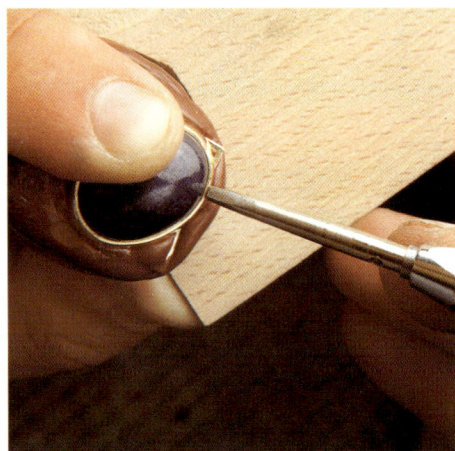

◄ **5.** La piedra entra por sí sola en el asiento de la montura, pero es conveniente repasar el asiento con un buril antes de empezar a apretar la montura. El engaste primero se realiza con el empujador y, a continuación, con el martillo percutor.

► **6.** Éste es el resultado una vez terminado el engaste.

► He aquí una variante de montura para cabujón. Puede efectuarse limando la montura con una lima pequeña.

Otra montura para cabujón

En este caso, la montura se ha preparado realizando pequeñas bolas como las utilizadas en el capítulo de granulación, que han sido soldadas después en la punta de un hilo de oro; todas las patas están unidas a un hilo rectangular más grueso, que sirve de asiento al cabujón.

► ► Una vez terminadas la pieza y la montura, sólo resta presionar las patas con un empujador liso, para no marcarlas. Broche realizado por Carles Codina.

Piedras rectangulares y cuadradas

Siempre que se desee realizar una montura, deberán observarse la talla de la piedra, sus características y sus dimensiones. Este tipo de talla tiene muchas variaciones, que requieren de diferentes monturas.

Es frecuente encontrar la talla recta, en forma de tabla: cuadrada o *baguette* y la talla octogonal, especialmente en las esmeraldas y en las piedras más frágiles. Cada talla requiere ciertas variaciones en el tipo de montura.

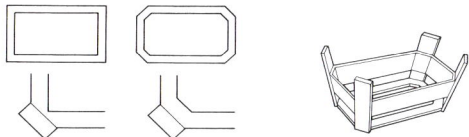

◄ Las piedras con talla octogonal requieren monturas especiales, que se puedan engastar por las pequeñas facetas de cada extremo.

◄ En esta imagen se ha engarzado un topacio irregular en los brazos y el pecho de un angelito de fundición, por lo que ha sido preciso un buen ajustado de la piedra a la montura. Anillo y soporte. Obra de Carles Codina.

► Secuencia de la preparación y el montaje de una montura para una piedra rectangular, que puede terminarse como en la figura 4 o bien soldando hilos rectangulares en cada extremo, como muestra la figura 5.

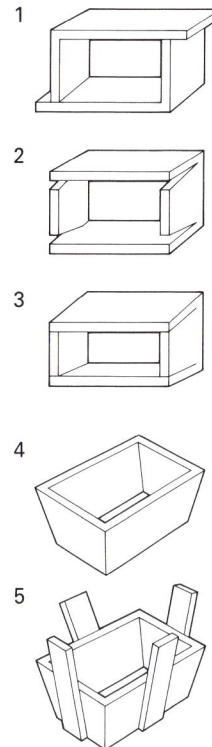

▼ **1.** Para esta piedra bicolor se prepara una plancha de 6 décimas, en la cual se cala el perfil de la culata de la piedra; se le da forma con una lima por la parte interna del calado, hasta que la piedra se asiente correctamente en el interior. Paralelamente, se prepara un hilo cuadrado de un milímetro, y se realizan dos ángulos rectos que se sueldan entre sí, tal como se aprecia en la imagen; luego, se eliminan los dos extremos sobrantes.

▼ **2.** Se prepara un pequeño tubo, y se suelda en toda la longitud del rectángulo de hilo; una vez soldado, se cortan el interior y el exterior del tubo. Obsérvese en la imagen cómo se asienta la culata de la piedra en la plancha de metal.

▲ **3.** Los dos elementos se sueldan entre sí de forma centrada, y se procede a limar y a encajar los hilos rectangulares, que serán las patas que engastarán la piedra.

◄ **4.** Las patas se han realizado con un hilo rectangular de 0,8 décimas, y se han soldado después de calibrar correctamente las dimensiones de la piedra.

► **5.** Una vez terminados de soldar todos los elementos, se pega en la pez, y con una fresa se realiza el ajuste en cada una de las patas; a continuación, con un empujador se aboca el metal sobre la piedra. Finalmente, se perfila la pata con una lima y se procede al acabado final.

▲ Éste es el resultado una vez se ha montado la piedra.

Levantar grano

Esta forma de engastado se utiliza con mucha frecuencia, tanto para el engaste de una sola piedra como en la realización de pavés y superficies llenas de pedrería. El movimiento básico consiste en levantar una uña de metal de la superficie, con un buril apropiado, y situarlo sobre la piedra para darle forma de grano con una graneteadora, dejando la piedra completamente fijada.

▼ Levantar grano es una técnica muy utilizada para enriquecer piezas de joyería. Obsérvense los detalles de esta joya de la colección de Lluís Masriera.

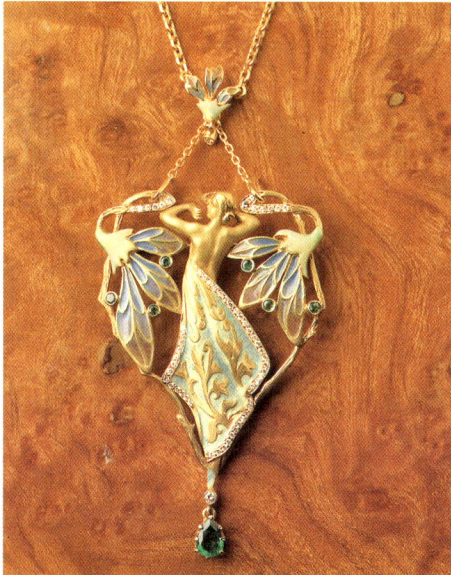

◄ La superficie no siempre debe ser plana; la técnica de levantar grano puede aplicarse a otros espacios, como demuestran estos tres anillos realizados por Alexandra Siege.

▲ 1. Se realiza un pequeño agujero con una broca; seguidamente, con una fresa de bola del mismo diámetro que la piedra que se desea engastar, se ensancha el agujero, de forma que la piedra ajuste perfectamente en el interior del mismo.

▲ 2. Con un buril en forma de uña se levanta un grano en cada extremo, en el orden que se muestra en el dibujo. El buril se clava en el metal presionando hacia la piedra; se debe levantar una uña de metal mediante un movimiento de abajo hacia arriba, hasta depositar el metal levantado encima de la piedra.

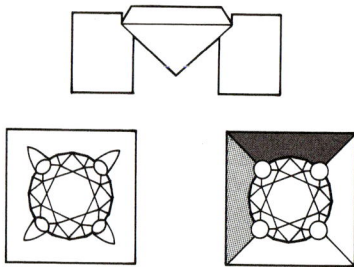

▲ 3. Una vez levantado el grano y abocado en la piedra, mediante un buril plano se elimina la línea de corte. El resultado es una forma cuadrada con la piedra en el centro de la misma.

► 4. Después de perfilar con un buril plano y conseguir la forma cuadrada, con una graneteadora, de una medida equivalente al grano levantado, se redondea levemente el grano haciendo movimientos giratorios con la muñeca.

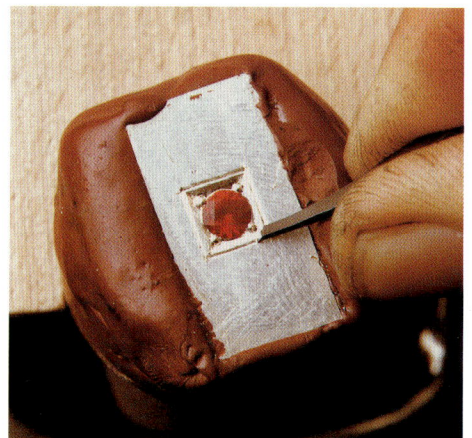

▲ 5. Finalmente, con un buril de uña muy fino se acaba de perfilar el exterior del cuadrado.

Pavé

El pavé realizado en oro, especialmente si se trata de brillantes sobre oro blanco, proporciona la apariencia de que toda la superficie está repleta de brillantes. La forma presentada es quizá la que se realiza de modo más usual, pero también existen otras.

▶ **1.** Tras perforar cada agujero, se toma una fresa de bola, del mismo tamaño que la piedra, y se realiza el asiento de igual modo que se hizo anteriormente. La piedra debe encajar perfectamente en el interior (véase dibujo, pasos 1 y 2).

▶ **3.** Situados los granos encima de cada piedra, se realizan granos decorativos intermedios; con una graneteadora se redondea cada uno de ellos (véase dibujo, paso 5).

▲ **2.** Una vez asentada y con un buril de uña fino, se realizan cuatro granos de forma cruzada en cada piedra. Se clava el buril con fuerza en un extremo y se levanta el grano para llevarlo encima de la piedra con un movimiento de abajo hacia arriba (véase dibujo, pasos 3 y 4).

▼ Consecución de un trabajo de pavé.

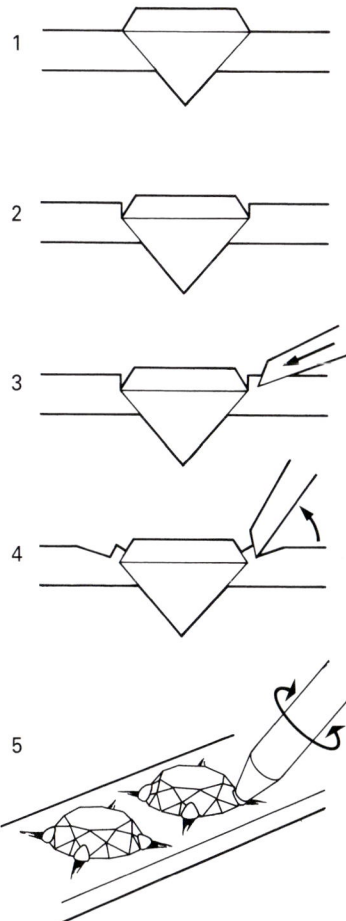

▶ Éste ha sido el resultado final del pavé.

MODELADO Y MICROFUSIÓN

C omo se ha visto en capítulos anteriores, los metales nobles tienen unas características físicas comunes, como son la maleabilidad y la oxidación; asimismo, una vez fundidos pasan a estado líquido y, a continuación, se solidifican de nuevo con otra forma. Estos conocimientos sobre el metal, unidos a su contenido simbólico, dieron pie para que la manipulación y el trabajo con metales como el oro surgieran de forma autóctona en prácticamente todas las culturas. Los metales nobles primero se trabajaron en frío y sin alear; gracias a los conocimientos adquiridos principalmente de la cerámica se logró controlar mejor la temperatura y, en consecuencia, desarrollar la técnica de fundición. La invención del horno cerrado (4000-3500 a.C.), con el que se consiguió una temperatura más elevada, fue fundamental. Al progresar la fundición se descubrieron las aleaciones (alrededor del 3000 a.C.). Así, el metal dejó de trabajarse en estado puro, lo cual dio paso al desarrollo de las distintas técnicas.

Modelado de cera

H asta ahora se ha visto cómo realizar piezas de joyería directamente en metal, pero existen otros medios para obtener piezas u objetos, por ejemplo, las distintas ceras de modelar y su posterior fundición en metal.

El modelado de cera permite la realización de joyas y objetos con relativa facilidad e inmediatez. Para trabajar la técnica de la cera perdida o microfusión, no se requieren conocimientos específicos sobre joyería para obtener resultados satisfactorios; además, esta técnica permite una producción de pequeñas series a bajo coste. Si no se dispone de un equipo de fundición propio, se puede llevar la pieza a un fundidor especializado; éste entregará el resultado en el metal que previamente se haya acordado.

▲ Anillos realizados en cera blanda. Obra de Jimena Bello.

▼ Las ceras blandas no tienen la dureza de las ceras de corte; su función está más próxima a la de la pasta de modelar. Se pueden encontrar en hilos y planchas de todas las medidas y en bloques. Esta cera se funde con mayor facilidad, lo cual la hace idónea para realizar múltiples trabajos.

Ceras de modelar

De entre la multitud de ceras que se utilizan en fundición, las empleadas para modelar poseen unas características específicas que las distinguen de otras ceras. Tienen un punto de fusión más elevado, alrededor de los 115 °C, una viscosidad superior a las ceras para inyectar y una característica común con las demás ceras: una vez quemadas dentro del cilindro, no dejan ningún tipo de residuo, factor decisivo para el buen resultado de una fundición.

Cada fabricante da a sus ceras unas propiedades y un color determinados; encontrar la cera con la cual trabajar cómodamente requiere de cierta experiencia con este material.

◄ Puede encontrarse una gran variedad de prefabricados de cera: planchas, hilos, anillos con distintos perfiles, además de ceras con características específicas que permiten realizar todo tipo de trabajo.

► Las ceras de goteo se aplican calentando una espátula de aguja y aplicando la cera caliente encima de otra cera más resistente. Este tipo de cera, de uso más preciso, se utiliza para retoques y trabajos delicados; es la cera adecuada para trabajar con espátulas muy finas.

Herramientas básicas

Para trabajar, aparte de las ceras se precisan varias herramientas. Si bien es cierto que en una tienda especializada pueden encontrarse herramientas concretas para modelar, resulta más económico y efectivo confeccionarse las propias para adecuarlas a cada tipo de trabajo, especialmente las espátulas, que deberán tener diferentes terminaciones.

Para limar la cera se pueden adquirir limas específicas o bien utilizar limas viejas que ya no se usen, ya que la cera las obtura con facilidad y las estropea.

Puede emplearse papel de lija para el lijado inicial e ir reduciendo el picado del mismo hasta obtener una superficie bien lisa. Para vaciar y fresar será necesario proveerse de un surtido de fresas de corte, principalmente fresas de bola de distinto tamaño.

Para cortar es muy útil una sierra de marquetería en forma de espiral; asimismo, resulta bastante práctico un bisturí de cirujano que tenga la hoja triangular y que se utilizará para cortar.

Existen productos específicos para pulir, pero en trabajos sencillos puede frotarse la superficie con un trapo de algodón o un algodón impregnado en un poco de gasolina de encendedor, procurando no redondear excesivamente la cera y cuidando el acabado.

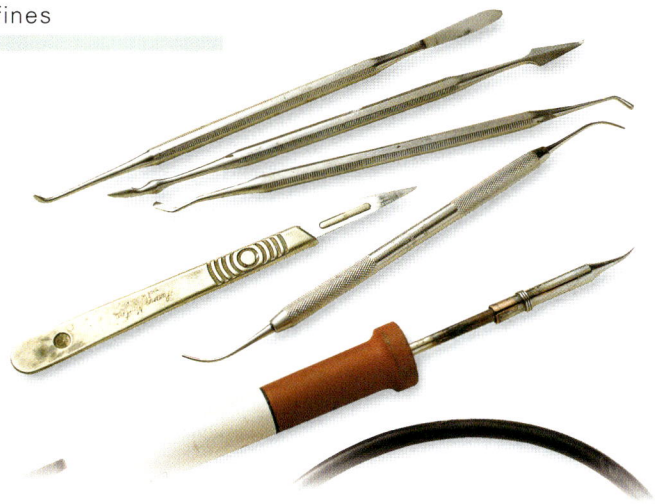

▲ El soldador de cera es una herramienta imprescindible; puede fabricarse reduciendo la potencia de un soldador de electricista, que se logra separando y forjando la punta del mismo. Al acercar el soldador a la cera ésta se debe fundir suavemente sin llegar al punto de ebullición.

◀ Las espátulas dentales pueden dejarse para trabajos más bastos y confeccionar unas espátulas con puntas más finas para trabajos más precisos y delicados, como las que se muestran en la imagen. Estas espátulas están hechas con limas viejas a las que se les ha recocido la punta y se les ha dado la forma deseada.

Cera de corte

Ésta es una cera dura que se trabaja vaciando un bloque compacto; para ello se precisa una sierra y diferentes limas. Por sus características específicas, esta cera puede soldarse con facilidad y permite trabajarse con fresas y espátulas; también da muy buen resultado cuando se pule.

▲ Las ceras de corte se pueden limar, esmerilar y fresar; se trabajan eliminando material por medios mecánicos. Según el fabricante tienen varias durezas; normalmente, suelen ser de tres tipos y conviene conocerlas todas para elegir la más adecuada para cada trabajo.

◀ También puede retirarse la pintura plástica y seguidamente pintar la raya que ha quedado marcada en la cera con corrector líquido.

▶ Para hacer un anillo a partir de una barra de cera, primero será necesario ajustar el interior con la ayuda de una lastra para ceras; esta herramienta tiene una cuchilla que corta concéntricamente el interior del anillo.

▲ Para marcar la cera se pinta con pintura plástica la superficie; una vez seca, se dibuja o se calca encima el dibujo; a continuación, ésta se perfila con un punzón, de modo que la raya quede marcada profundamente en la cera.

Anillos con torno manual

El torno de cera es una herramienta que facilita el trabajo previo a la realización de un modelo en cera; también permite realizar modelos directamente de forma rápida y precisa. En el mercado se encuentran dos tipos de torno manual; en este capítulo se tratarán de forma muy general dos de las operaciones básicas que se hacen con el torno de corte para barras de anillo.

▶ **1.** Para hacer un anillo en el torno, primero es preciso poner el interior a la medida que se precise; para ello se coloca la cuchilla dentro del mango y se gira la mano en el sentido de las agujas del reloj. El interior quedará recto y a medida; esto no se consigue con la lastra para anillos, pues al ser de forma cónica transmite esta forma al interior del tubo de cera.

◀ **2.** Colocando la pieza en forma de L en el mango y montando la misma cuchilla en el lado exterior, se rebaja todo el diámetro exterior.

▼ **3.** Este equipo se vende con varios perfiles exteriores en forma de media caña; las piezas son de latón y se pueden fabricar con facilidad.

◀ **4.** Para cortar se fija un buril o cualquier herramienta de corte que admita el soporte y se gira el torno al mismo tiempo que se presiona.

◀ **5.** Éste es el resultado obtenido en el torno; a partir de aquí puede trabajarse con otros accesorios, con otros tipos de torno o a mano.

▶ Anillo octogonal en cera y en oro.

Cera blanda

Esta cera se suministra en láminas finas de diferentes grosores y distintas características; también se encuentra en forma de bloque, el cual, una vez reblandecido, permite un trabajo parecido al de la pasta de modelar. Asimismo, se encuentran cajas con diversos perfiles de hilo de cera blanda ya preparados, para que puedan modelarse, soldarse, etcétera.

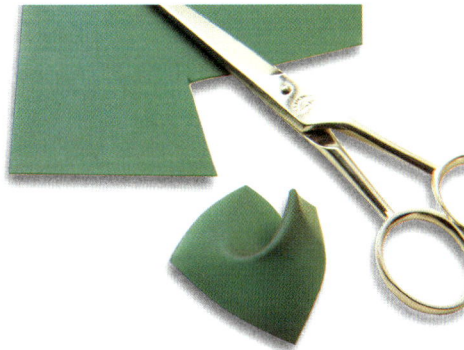

Objetos en cera blanda

En la siguiente propuesta Jimena Bello presenta una colección de piezas realizadas con cera de modelar de uso escolar. A temperatura ambiente esta cera se manipula fácilmente y calentándola bajo el calor de una bombilla encendida se reblandece aún más.

▲ Esta cera puede cortarse fácilmente con tijeras o con un bisturí; colocándola bajo el calor de una bombilla encendida se vuelve mucho más moldeable, permitiendo realizar trabajos más gestuales, como el mostrado en la imagen. Asimismo, esta cera se puede soldar pero es difícil de limar.

▲ Al tratarse de planchas que posteriormente se fundirán, se debe elegir el grueso de la lámina en función del modelo que se desea obtener. En el caso del modelo de la imagen, se ha utilizado un grueso de 0,9 mm; si se hubiese utilizado un grueso de 0,5 mm, probablemente no se hubiera fundido.

▲ 1. Se fabrica cera especial para este trabajo, pero en este caso se ha elegido una cera de uso escolar, que es más económica y más fácil de manipular, y además no deja ningún tipo de residuo en la fundición.

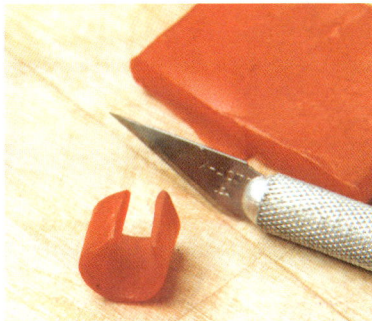

▲ 2. El primer paso consiste en cortar un trozo de cera y formar un hilo amasando, para luego aplanarlo y conseguir la forma que muestra la imagen. Para cortar se ha utilizado una cuchilla de maquetista.

▼ 3. A continuación, se modela el cuerpo del objeto con las manos y con la ayuda de una espátula se abre el extremo superior para ensancharlo.

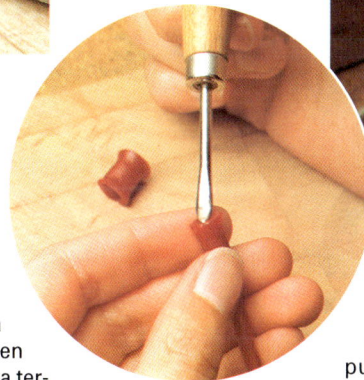

▲ 4. Para soldar los dos cuerpos basta con calentar una aguja o una espátula acabada en punta en el mechero de alcohol y tocar ligeramente el borde de ambos cuerpos.

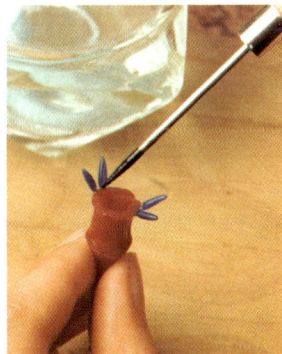

◄ 5. Con una espátula acabada en bola se ensancha la terminación posterior y con las manos se le da la forma definitiva.

◄ 6. Se hacen las cuatro hojas superiores y se sueldan del mismo modo que en el paso 4, en el extremo superior.

◄ 7. Terminada la cera, será preciso llevarla a un fundidor especializado, que por un precio asequible devolverá la pieza fundida en plata.

► Éste es uno de los posibles resultados. Obra de Jimena Bello.

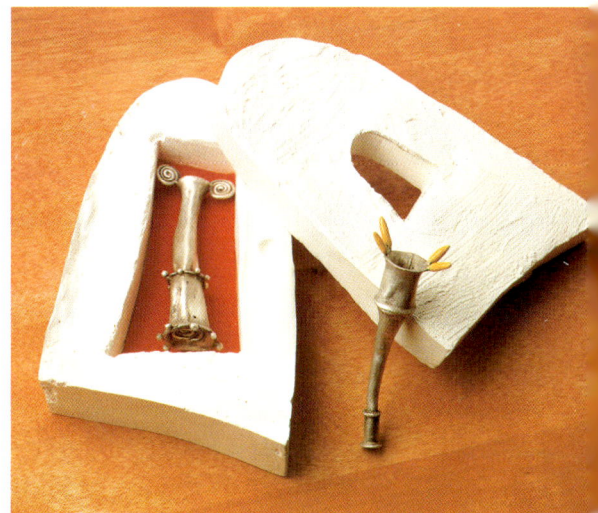

Modelos de cera huecos

Este tipo de trabajo se ejecuta con dos clases de cera. Primero se fabrica un alma interior con una cera que pueda disolverse en agua; una vez terminada ésta se recubre con otra cera en función del trabajo que se pretenda realizar; posteriormente, tras eliminar el alma interior en agua, sólo restará la cera del exterior.

◄ **1.** Este tipo de cera se puede cortar, serrar y esmerilar. Una vez terminado el modelo, se sujeta en el extremo de una espátula para manipularla.

▼ **2.** Se puede forrar con hilos, láminas de cera blanda o cualquier otro proceso. En esta ocasión, se ha elegido forrar el alma con un baño de cera líquida.

▲ **3.** Sumergiendo la espátula con el alma en la cera líquida y girando el conjunto cuando aún la cera no se ha solidificado, ésta se reparte uniformemente por todo el cuerpo del modelo.

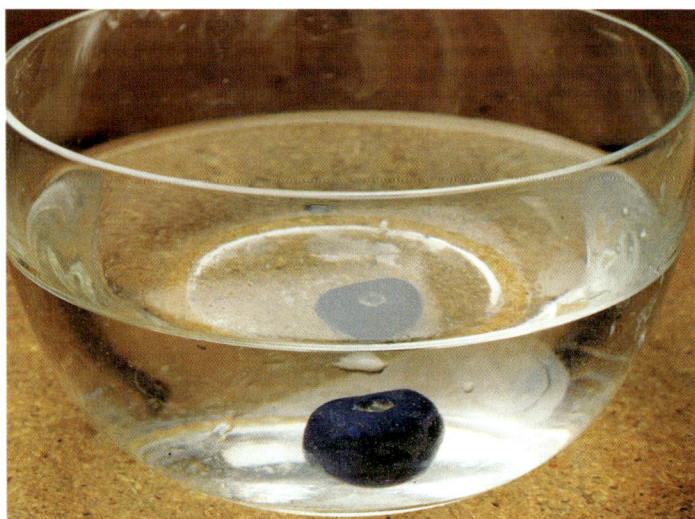

▲ **4.** Cuando el conjunto se ha enfriado, se realiza un orificio en el mismo punto donde está anclada la espátula, así el agua entra en contacto con la cera del interior y la diluye.

► **5.** El agua ha eliminado la cera interior respetando el exterior; una vez fundido éste, se procede al patinado.

Cómo conseguir texturas en frío

Existen muchos materiales con los que no se pueden hacer moldes, porque no admiten silicona líquida o porque no pueden vulcanizarse. Éste es el caso de una hoja de árbol, o un trozo de pared de un edificio antiguo, o, como se verá a continuación, la textura de la piel humana. Debe emplearse un tipo de silicona que vulcaniza en frío y permite obtener directamente un positivo de forma inmediata. Esta silicona es la que utilizan los dentistas para hacer los moldes dentales.

Realización de un broche

Del mismo modo que hacen los dentistas, se utilizarán dos tipos de silicona: la primera de color verde, que tiene más definición, y la segunda de color rosado, que dará masa al conjunto. Esta silicona resulta totalmente inocua al contacto con la piel o las mucosas; puede adquirirse en empresas de suministro para dentistas y protésicos dentales.

▶ **3.** La primera aplicación se realiza con silicona de alta definición, compuesta por dos productos que al mezclarse vulcanizan; por este motivo se utiliza este aplicador, que permite que ambos componentes se mezclen entre sí de forma homogénea y rápida justo en el momento de aplicarse.

▶ **4.** A continuación, y sin demora, se ha de mezclar la otra silicona de menor definición, compuesta también por dos productos que se han de mezclar con la mano hasta lograr un color rosáceo y uniforme en toda la masa. Se aplica encima de la silicona verde para dar mayor volumen y consistencia al molde; a continuación, se presiona el conjunto con los dedos.

▲ **7.** Los moldes estarán listos para verter cera en su interior cuantas veces se desee y lograr cientos de posibilidades y modelos completamente diferentes.

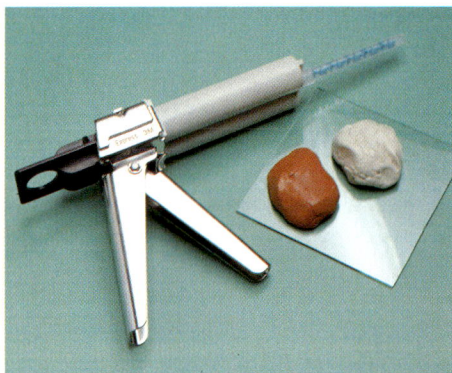

▲ **1.** Las siliconas empiezan a vulcanizar cuando se mezclan entre sí. Por lo tanto, se deberán mezclar justo en el momento de aplicarlas.

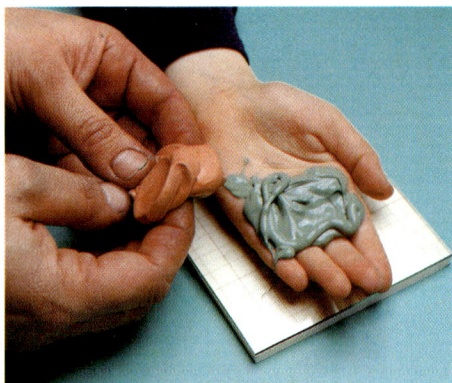

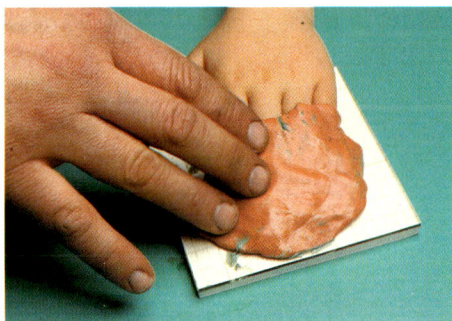

▶ **8.** Si se tiene una inyectora puede tomarse un poco de cera caliente del interior y vaciarlo dentro del molde; también puede derretirse un poco de cera de inyectar en un cazo, procurando que la temperatura no exceda de 70 °C, y evitando que se produzcan burbujas de aire que podrían estropear el modelo que se desea fundir.

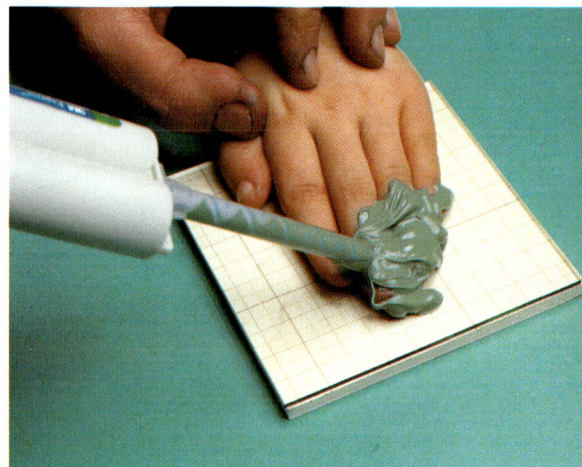

▲ **2.** El modelo empleado ha sido una mano; se ha buscado la intersección de los dedos por el dorso y la parte central de la palma. Ésta se coloca sobre una superficie lisa como un cristal.

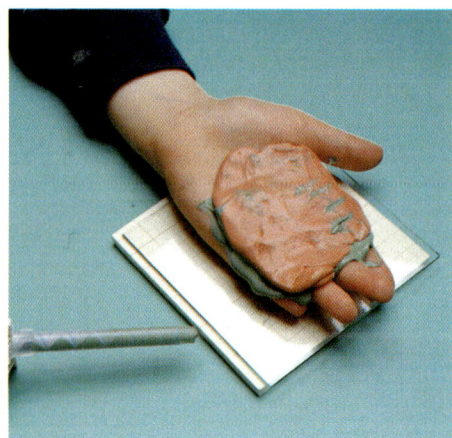

▲ **5.** El tiempo de vulcanizado en frío es de aproximadamente unos cinco minutos; durante este período no debe moverse la mano.

◀ **6.** Transcurrido el tiempo, se levanta el molde de silicona con cuidado.

▲ **9.** Cuando la cera caliente entra en contacto con la superficie fría del molde se solidifica al instante; para lograr una superficie uniforme e igualada, se debe verter la cera y, a continuación, mover el molde para que ésta fluya por toda la superficie.

▲ **10.** Una vez que la cera ha alcanzado todos los rincones del molde, éste se decanta vertiendo la cera caliente que sobra.

▲ **11.** Seguidamente y una vez desprendida la cera del molde, cuando ésta aún está atemperada, se corta con mucho cuidado y se seleccionan los trozos convenientes para hacer la pieza.

◀ **13.** A las piezas seleccionadas se les suelda un bebedero, luego se disponen para montarlas en el correspondiente árbol de microfusión, donde serán fundidas en metal. Debe recordarse que para saber cuánto pesará la cera en metal se multiplica el peso de ésta por 15,5 en el caso del oro, y por 10,5 para la plata.

▼ **14.** Éstos son algunos de los posibles resultados de la fundición de varias ceras. Las posibilidades de este tipo de siliconas son múltiples.

▲ **12.** Cuando se han cortado los pedazos definitivos, la superficie es muy gruesa e irregular; esto supone que una vez fundida la cera en oro o en plata su peso sería excesivo; ha de vaciarse la parte posterior de la cera con una espátula tal como muestra la imagen.

◀ **15.** Se ha elegido la pieza de la palma para fundirla en oro. Como puede apreciarse, la definición de la huella es perfecta.

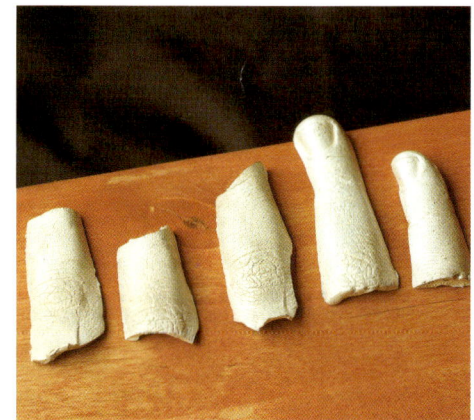

▲ **16.** Obtenida la pieza, se prepara la estructura del broche con un hilo rectangular y un marco interior calado.

▼ **17.** Finalmente, se suelda una plancha a modo de tapa posterior y se remacha la textura a través del conjunto, para no estropear la fotografía que el broche contendrá en su interior.

▶ Broche realizado por Carles Codina.

El proceso de fundición abarca desde el modelo en cera hasta su consecución definitiva en metal. Éste incluye la construcción del modelo en metal, la obtención de moldes y las reproducciones. Todo el proceso que seguidamente se muestra ha sido realizado con un equipo de microfusión de los más sencillos y económicos del mercado, con él y con un poco de experiencia se pueden conseguir resultados excelentes. Actualmente, pueden adquirirse equipos con un coste no muy elevado, pero si no se dispone de uno apropiado, puede llevarse el modelo a un fundidor especializado, el cual devolverá las reproducciones ya finalizadas en el metal que previamente se le indique.

El modelo
para ser reproducido

Siempre debe partirse de un modelo inicial, que no tiene que ser necesariamente metálico, en muchos casos pueden usarse elementos naturales, como hojas o ramas, o cualquier material del cual sea posible obtener un molde. El tema de los modelos para reproducir es tan extenso que sólo se verá el modelo metálico, que es el más utilizado. También se abordará cómo realizar los moldes y cuál es el proceso de microfusión para conseguir diversas reproducciones en metal a partir del original. El modelo puede ser una pieza realizada con anterioridad o bien una pieza preparada especialmente para este fin. Este modelo es la base para poder seriar desde un pequeño número de piezas a una gran cantidad de las mismas con la mayor fidelidad posible. Por ello deberá prepararse con el máximo rigor y perfección, ya que cualquier defecto quedará fielmente reproducido en las copias.

Características del modelo metálico

El modelo se realiza de forma que conserve un espesor lo más regular posible, deberá dejarse completamente limpio de lacas, esmaltes o materiales que no sean vulcanizables, además, la superficie estará libre de óxido y en perfecto estado.

Cuando se hace un modelo, uno de los condicionantes más importantes es la reducción de sus dimensiones; ésta se produce una vez realizado el molde en caucho o silicona y después de inyectar y fundir la pieza. Para calcular la reducción no existe una regla fija; ésta puede abarcar de un 3 a un 11 % de la medida original, en ella influyen mu-

chos factores como el material utilizado para el molde y, especialmente, las dimensiones de la pieza que se desea reproducir. Proporcionalmente, reducirá más una pieza estrecha y larga como un broche que una de reducidas dimensiones como un anillo ligero; también reduce más el uso de caucho vulcanizable que el de determinadas siliconas.

Otro factor importante consiste en extraer el modelo con facilidad una vez vulcanizado; por lo que se evitarán modelos huecos o extremadamente finos, especialmente las planchas inferiores a las 6 décimas.

Bebederos

También los bebederos deben respetar unas determinadas dimensiones que permitan el paso de la cera cuando se inyecte el molde. Un bebedero estrecho será insuficiente para la correcta alimentación del modelo. Del mismo modo, un ángulo de entrada pequeño también es un grave inconveniente.

Pulido de un modelo metálico

Los modelos metálicos no se acostumbran a pulir en sus partes planas y aristas, ya que el pulido tiende a redondearlas. Es habitual acabar las partes planas con un esmeril muy fino, un 1.200 suele ser correcto; cuando se trata de gallones o partes romas, se pule la pieza y se le da un baño de níquel o rodio antes de realizar el molde.

► Para hacer moldes, es necesaria una pequeña máquina llamada vulcanizadora; ésta, por medio del calor y de la presión, hace que la silicona y el caucho se vulcanicen y se adapten perfectamente al modelo colocado en su interior.

◄ La orfebrería precolombina es una de las aportaciones más impresionantes realizadas en este oficio. Se trata en muchos casos de figuras antropomórficas realizadas con criterios artísticos que sorprenden por su actualidad, tal como se aprecia en este pendiente de oro perteneciente a la cultura Tairona, de Colombia.

▼ Diferentes modelos con distintos tipos de bebedor.

Cómo obtener
un molde vulcanizado

Una vez que está listo el modelo original, existen diversos modos para obtener moldes, entre ellos las siliconas en frío; éstas se utilizan mezclando la silicona con un catalizador apropiado, que, al no vulcanizar por medio del calor, permiten obtener moldes de objetos como las maderas o elementos imposibles de vulcanizar en caliente. También existen siliconas transparentes que dejan ver el modelo a través del material y siliconas que vulcanizan a temperatura ambiente.

En este apartado se tratarán dos de los tipos más usuales de molde vulcanizable, los efectuados con silicona y los realizados con caucho vulcanizable.

Molde de caucho

Para realizar un molde de caucho se corta y se retira el plástico protector de varias láminas; seguidamente, se colocan en el mismo sentido en el marco de aluminio hasta la mitad de su altura, procurando no tocarlas demasiado. A continuación, se coloca el modelo de forma que el bebedero encaje en el agujero que el marco tiene en un extremo; luego se pone el resto de las láminas en sentido contrario a las anteriores, evitando que el caucho sobresalga del marco. Una vez preparado el molde y con el caucho todavía crudo, se colocan dos láminas finas de acero en cada lado del molde para que el caucho, al calentarse, no se adhiera a las placas de la vulcanizadora.

Antes de introducir el marco, la vulcanizadora debe programarse a 100 °C; se mete el marco en el interior y se cierra la vulcanizadora, luego se sube la temperatura a 150 °C y se vuelve a cerrar un poco más para comprimir el molde; deberá cerrarse un par de veces más durante los primeros cinco o diez minutos para que al aumentar el calor y la presión el caucho penetre por completo y defina perfectamente el modelo interior. El tiempo de vulcanización dependerá de la dimensión del marco; se suelen calcular unos siete minutos por cada 3 mm, que es lo que suele medir una tira de caucho, lo que significa una hora aproximadamente. Una vez transcurrido este tiempo, se esperará a que la vulcanizadora descienda otra vez a 100 °C antes de sacar el molde.

▲ **1.** El caucho debe cortarse con la máxima precisión posible, procurando no dejar ningún espacio libre alrededor de la pieza, ya que este material no tiene tanta penetración como la silicona.

▶ **2.** Las dos láminas que entran en contacto con el modelo se suelen colocar unos minutos encima de la vulcanizadora, a unos 100 °C, para que se reblandezcan y se adapten mucho mejor al modelo.

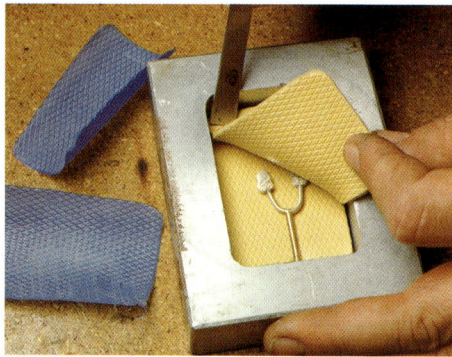

◀ **3.** A continuación, se retiran los plásticos protectores; tras colocar la mitad de las capas en el interior del marco, se sitúa el modelo en el medio, lo más centrado posible, luego se pone encima el resto de las capas.

◀ **4.** Siempre debe sobresalir, como mínimo, una capa por encima del nivel del marco de aluminio, para que la presión ejercida en la vulcanizadora apriete toda la masa de caucho y conseguir así la correcta definición del modelo.

▲ **5.** Se coloca el marco entre dos planchas de acero y se pone en el interior de la vulcanizadora, programada a 150 °C.

◀ **7.** Para poder extraer el modelo del interior, el molde debe cortarse por la mitad, siguiendo la entrada del bebedero, hasta alcanzar el centro del modelo; debe procurarse que la línea de separación del molde no afecte a las partes importantes de la pieza.

▶ **8.** Con el fin de que las dos mitades del molde no se desplacen cuando se inyecte, se ha cortado todo el lateral en forma de dientes.

▲ **6.** A continuación, se cierra la prensa de modo que la masa de caucho quede aprisionada dentro del marco de aluminio.

Molde de silicona

El caucho es más económico que la silicona, pero debe adaptarse con mayor exactitud al modelo cuando se prepara el molde. El uso de siliconas vulcanizables permite mayor rapidez y facilidad tanto en la preparación del molde como en su abertura posterior; las siliconas tienen una mayor penetración y, en consecuencia, se adaptan mejor al modelo metálico.

◄ **1.** La silicona es más rápida en su aplicación, tiene mayor penetración y también una temperatura de vulcanización más elevada.

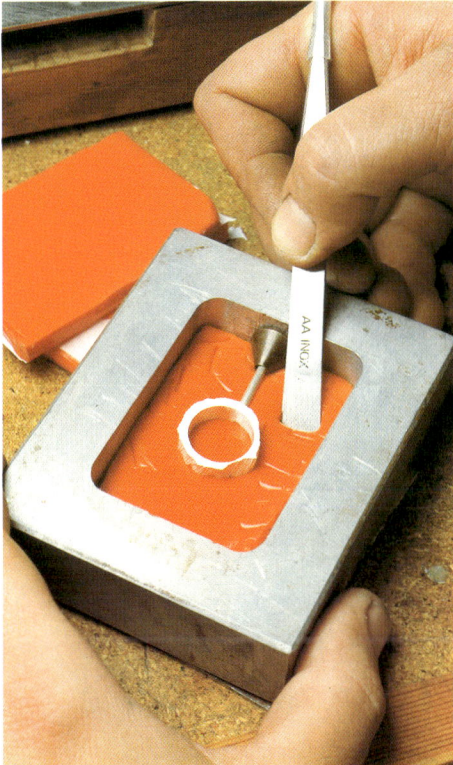

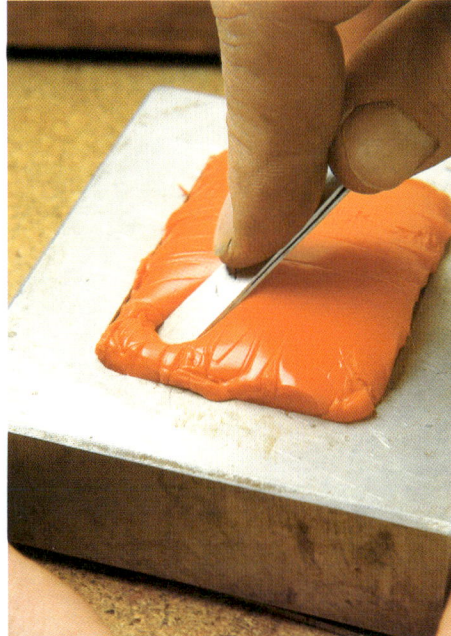

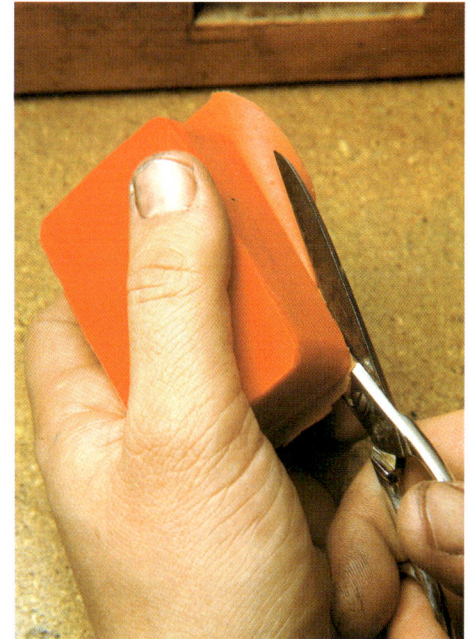

◄ **3.** Al igual que con el caucho, debe dejarse un sobrante para que la silicona sea presionada en la vulcanizadora en el interior del marco.

▲ **4.** Una vez vulcanizado el molde de silicona a 160 °C, se deja enfriar, luego se corta el sobrante de material.

◄ **2.** Se colocan las láminas y con el mango del bisturí se va aplicando la silicona de modo que rellene todo el molde y las inmediaciones del modelo.

▼ **7.** Al llegar al modelo se procurará que la línea de división o "partage" quede a un lado del anillo y no afecte a las piezas cuando se inyecten las ceras.

▲ **5.** Seguidamente, si se ha utilizado un bebedero extraíble, éste se retira.

▲ **6.** El corte de la silicona es mucho más fácil y rápido que el del caucho.

Inyección de ceras

Una vez se ha abierto el molde y retirado el modelo de su interior, se inyectará cera en el molde, para hacer reproducciones de este material idénticas al modelo original; se inyectarán tantas ceras como reproducciones se precisen.

Las ceras de inyectar son específicas para esta función y suelen fundirse a una temperatura de entre 65 y 75 °C. Hay ceras para cada tipo de trabajo, pero como en un taller artesanal se acostumbra a inyectar todo tipo de piezas, es aconsejable una cera de elasticidad media.

Se regula el termostato de la inyectora a la temperatura indicada anteriormente, procurando que la cera no hierva en ningún momento, pues se formarían burbujas de aire en el interior de la misma y se producirían poros en la fundición.

Otro elemento imprescindible para la inyección de ceras es el aire a presión; éste entra en el calderín con un compresor o una bomba manual y aporta la presión necesaria para inyectar la cera en el molde.

▲ **1.** La cera de inyectar suele presentarse en forma de pastilla o en escamas de diversos colores, por lo que habrá que consultar la hoja técnica de cada fabricante.

▶ **2.** La inyectora calienta la cera a la temperatura programada en el termostato; después, con la presión proporcionada por el aire de una mancha o de un compresor, la cera caliente se inyectará dentro del molde.

▼ **3.** La válvula de la inyectora es la que permite el paso de la cera al interior del molde cuando se presiona éste contra la misma.

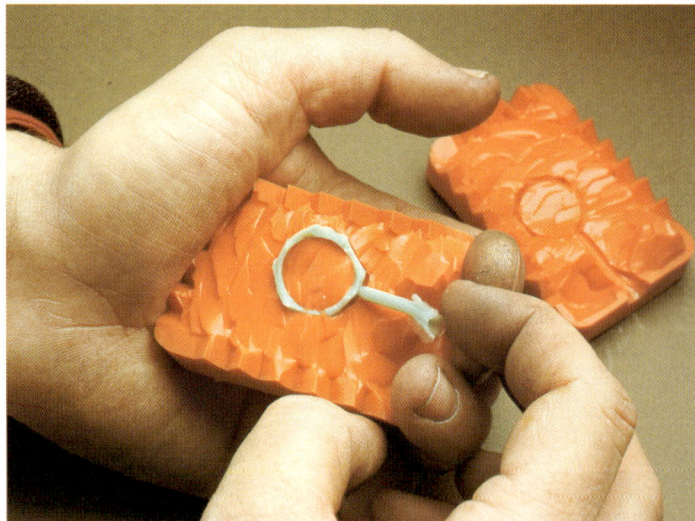

◀ **4.** Seguidamente, se espera unos instantes y, una vez la cera está fría, se desmolda con mucho cuidado.

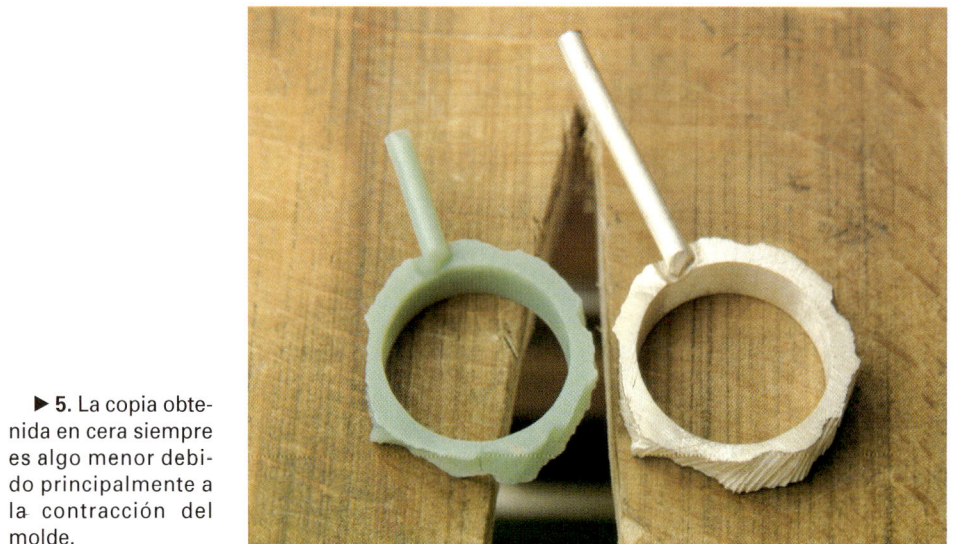

▶ **5.** La copia obtenida en cera siempre es algo menor debido principalmente a la contracción del molde.

Montaje de árboles

Finalizada la inyección de la cera se prepara lo que por su forma se denomina el árbol. Para ello se colocan todas las ceras en él, y luego se embute en una masa de revestimiento; posteriormente, cuando la cera se funda, dejará el espacio necesario para que el metal fundido ocupe su lugar. Las ceras no deben tocarse entre sí bajo ningún concepto; su colocación se empieza por la parte superior, con las piezas de menor tamaño, y se va descendiendo, respetando siempre un ángulo que no puede ser superior a los 45º. Las ceras más gruesas se ponen en la base del árbol, procurando guardar una distancia entre ellas y entre los extremos de éstas y las paredes del cilindro.

▲ **1.** Cuando se tienen todas las ceras inyectadas, es preciso revisarlas y repasarlas una a una; luego se monta el árbol empezando por arriba y con las piezas más finas.

▶ **2.** El tronco del árbol puede realizarse inyectando cera en un tubo de gas, al cual previamente se le ha practicado un corte para extraerlo con comodidad.

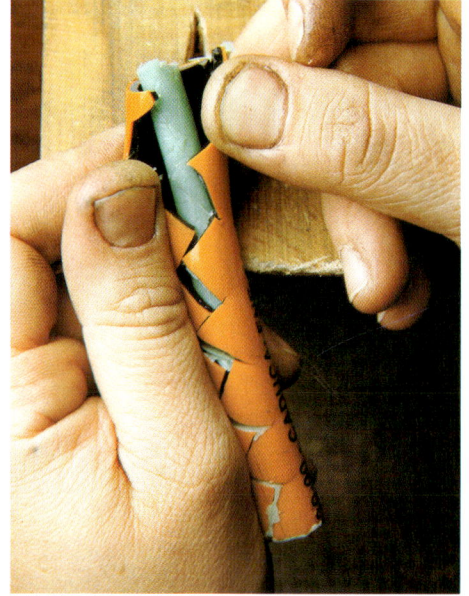

▲ **3.** Con un soldador se corta la altura necesaria para montar el árbol y se encaja en el centro de la base de goma.

◀ **4.** Con el mismo soldador se cortan los bebederos antes de unirlos al árbol; éstos no deben ser muy largos.

▶ **5.** Con un soldador se van uniendo al tronco en un ángulo mínimo de 45º colocando las piezas más finas en la parte superior y las más gruesas en la inferior; se debe procurar una buena unión de cera entre el tronco y el bebedero de la pieza.

Cálculo del peso de metal necesario

Antes de proceder a la preparación del revestimiento debe conocerse el peso del metal que se precisa para fundir el cilindro. Primero hay que saber cuánto pesa la cera y, a continuación, multiplicar este peso por la densidad del metal con que se va a fundir; para ello se pesa el árbol de cera con su base y al total se le resta el peso de la base de goma, la cual debe haberse pesado con anterioridad.

Las ceras utilizadas tienen un peso específico muy cercano a 1, por lo tanto, a efectos prácticos, puede tomarse directamente el peso del árbol de cera y multiplicarlo por la densidad del metal con que se fundirá; al resultado obtenido se le tendrán que añadir 15 o 20 g más correspondientes a la macerota del cilindro. Para la plata de ley puede multiplicarse el peso de la cera por 10,5 y en el caso del oro de 18 quilates por 15,5. Por ejemplo, en caso de tener un cilindro con un árbol de cera para fundir en oro que pese 8 g se multiplica el peso por 15,5; tenemos así un total de 124 g a los cuales se añaden 15 g más, obteniendo un total de 139 g de oro de 18 quilates, que serán los necesarios para fundir el cilindro.

▶ Por ejemplo, si el peso de la cera es 5,4 g, deberá multiplicarse este valor por 15,5, pues se tiene la intención de fundir en oro; al resultado se le añadirán 15 g de oro más, obteniéndose un total de 98,7 g de oro de 18 quilates, que deberán prepararse y colocarse en el crisol de la inyectora para fundirse.

Preparación del revestimiento de los cilindros

El revestimiento es un preparado de yeso, sílice y modificadores químicos, en menor proporción. El sílice es el elemento clave, pues facilita la eliminación de los gases, controla la dilatación y evita la contracción del revestimiento.

La buena preparación del revestimiento, y sobre todo la calidad del mismo, es esencial, pues la función de éste consiste en revestir las ceras del árbol, para que una vez eliminadas en el horno, el hueco dejado en el molde sirva para la inyección de metal fundido en su interior. El revestimiento se prepara mezclado con agua, preferiblemente destilada y desionizada, en una proporción que puede variar de un 39 a un 41 % de agua respecto al polvo.

◀ **1.** Antes de verter el revestimiento, se aconseja aplicar un preembutido para tener las superficies más lisas.

▼ **2.** Se coloca el cilindro de acero a la base y con cinta o papel se realiza una pared en la parte superior para que durante el proceso de vacío no se vierta revestimiento.

▼ **3.** Primero se vierte el agua a una temperatura que oscile entre 20 y 22 °C; si excede de este valor, el tiempo de fraguado será más rápido, y si es menor el tiempo, se prolongará; es preferible no trabajar con temperaturas inferiores a los 15 °C.

◀ **4.** A continuación, se vierte el revestimiento. Desde este momento se dispone de 8 a 10 minutos para terminar el proceso, antes de que el revestimiento fragüe.

▶ **5.** El batido puede realizarse con una batidora si previamente se han rectificado las palas, para evitar que éstas corten el revestimiento en exceso. En la masa no ha de haber grumos.

▲ **6.** Se coloca la masa batida en la bomba de vacío, donde se le practicará un primer vacío con el fin de extraerle el aire. Éste se realiza con la bomba al máximo de presión.

◄ **7.** Durante este primer vacío se golpea ligeramente la campana de la bomba provocando una ligera vibración que ayude a subir el aire y a eliminarlo de la masa.

► **8.** Con mucho cuidado y sin agitar la masa, se vierte el revestimiento dentro del cilindro por la pared, procurando que no toque ninguna pieza del árbol de cera.

▼ **9.** Ahora se aplica un segundo vacío con la masa dentro de los cilindros. Obsérvese cómo sube la masa unos milímetros y provoca ligeras salpicaduras de revestimiento. Transcurrido un minuto, se mantiene otro minuto a 60 de presión, dando ligeros golpes en la campana, y se cierra la bomba dejando que la presión descienda lentamente por sí misma hasta que quede completamente compensada.

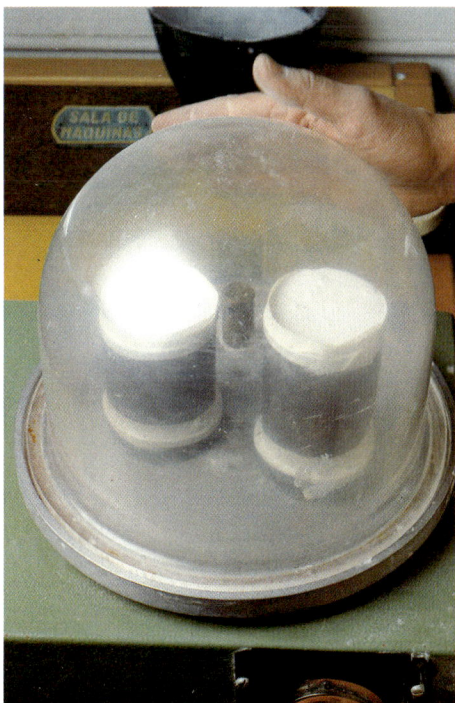

◄ **10.** Antes de que fragüe el revestimiento se verificará que no se haya desprendido ninguna cera del árbol; de ser así, ésta se sacará y se pesará para restar su peso del peso total del árbol. Los cilindros deben reposar unas dos horas antes de manipularse. Cuando hayan fraguado, se nivela el sobrante superior de revestimiento con un cuchillo y se introducen en el horno con la macerota boca abajo.

Cálculo del revestimiento necesario

Cuando se funde por primera vez, debe conocerse la proporción de agua y revestimiento que precisa cada cilindro. Una vez calculada, es aconsejable apuntarlo convenientemente o tener preparados varios recipientes con los correspondientes volúmenes previamente determinados.

Con agua se llena hasta la mitad un cilindro con su base, luego se le añade un 20 o un 25 % más de agua; es preferible que sobre masa de embutir cuando se está llenando un cilindro que no quedarse corto. El resultado se mide en una probeta y se pasa a centímetros cúbicos; seguidamente, se multiplica por 100 y se divide por la proporción de agua que aconseja el fabricante y que suele estar entre un 39 y un 42 %.

Ejemplo: tenemos un cilindro de 300 cm³ de agua ya medidos en la probeta.

$$\frac{300 \times 100}{40} = 750 \text{ g de revestimiento}$$

Se precisarán, por lo tanto, 750 g de revestimiento y 300 cm³ de agua.

La comprobación consiste únicamente en encontrar el tanto por ciento de agua sobre el revestimiento.

$$\frac{750 \times 40}{100} = 300 \text{ cm}^3 \text{ de agua}$$

Quemado de cilindros

El cilindro con el árbol en su interior se coloca en el horno programable con el fin de eliminar la cera y posteriormente introducir el metal en el espacio dejado por ésta dentro del revestimiento. El horno realiza una serie de subidas de temperatura escalonadas y unos mantenimientos de la misma para igualarla en todo el cilindro. Esta curva de calor primero elimina la humedad del cilindro y, seguidamente, licua la cera; a continuación se calcinará, endureciendo el revestimiento para que después de un descenso a la temperatura de colado, pueda introducirse el metal fundido en el interior del mismo. Al inicio de la curva de calor, los cilindros tienen mucha humedad que debe eliminarse con una buena regulación de la temperatura en las primeras horas y evitar que se agriete el revestimiento.

La curva de calor variará en función del metal con que se tiene previsto hacer la colada y por el tamaño del cilindro que se utilice; un cilindro de gran tamaño requiere más tiempo de estabilización después de cada subida, pues el calor tarda más tiempo en impregnar el interior. Así, las temperaturas de estabilización pueden variar desde 45 minutos para un cilindro pequeño, una hora para uno mediano y hasta dos horas para un cilindro grande.

Para un equipo como el descrito en este capítulo, se puede utilizar la siguiente curva de calor:

- Primera hora: subir lentamente a 100 °C.
- Segunda hora o más: mantener los 100 °C.
- Aumentar 100 °C cada hora hasta alcanzar los 400 °C en tres horas.
- 400 °C mantener media hora.
- De 400 a 750 °C subir en media hora o una hora.
- A 750 °C mantener en función del tamaño del cilindro.
- Descenso hasta alcanzar una temperatura que estará entre los 450 y los 600 °C.
- Mantenimiento de la temperatura elegida en función del tamaño del cilindro. Como mínimo una hora.

Fundición y colado del metal

Para colar el metal fundido, la temperatura del cilindro debe descender a una temperatura final de mantenimiento; según el metal que se desee fundir o lo finas que sean las piezas, se programará una temperatura determinada. Para el oro resulta aconsejable retirar los cilindros del horno después de un mantenimiento mínimo de una hora a 500 ºC, siendo posible fundir también a 600 o a 450 °C. Para la plata se pueden calcular 100 °C menos que la temperatura que se tomaría para colar el oro.

El colado del metal es uno de los procesos más delicados, pues este material debe fundirse y colarse a la temperatura más baja posible, evitando en todo caso cualquier exceso de temperatura o sobrecalentamiento del metal que puede estropear completamente el resultado final, ya que se obtendría un metal exageradamente poroso.

▲ 1. Se funde el peso del metal previamente calculado en la centrífuga hasta que quede completamente licuado.

▶ 2. Terminada la curva de calor en el horno se extrae el cilindro con unas pinzas y se deposita en la centrífuga con cuidado.

◄ **3.** El cilindro se coloca en el carro y se reduce un poco la presión del oxígeno en la llama, con el fin de que el metal reste fundido y descienda un poco la temperatura del mismo.

▲ **4.** Cuando el conjunto está correctamente encajado y los contrapesos de la centrífuga nivelados, se dispara la centrífuga; esto provocará que el metal penetre en el interior del cilindro.

► **5.** Una vez inyectado el metal, se deja reposar el cilindro unos instantes, luego se introduce en agua fría para romper el revestimiento con el choque térmico.

▼ **6.** Cuando esté limpio de revestimiento se elimina el óxido en el blanquimiento. El resultado es el mismo árbol que en un principio era de cera y que ahora es de oro o de plata.

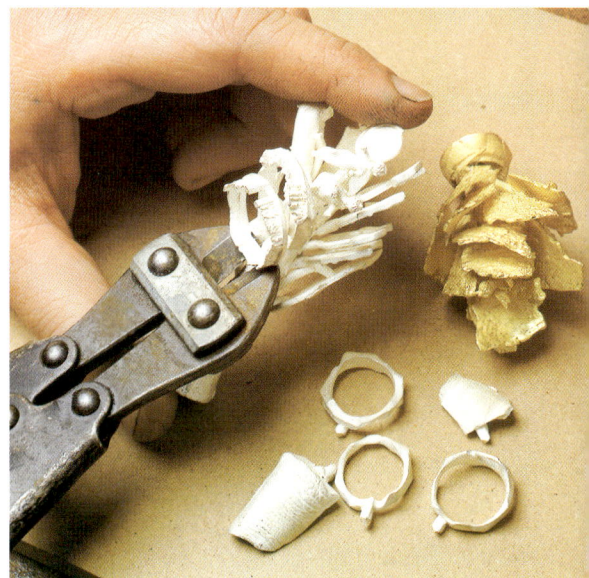

► **7.** Finalmente, se cortan las piezas con una cizalla y se les da el acabado primero con una lima para eliminar el bebedor y seguidamente con papel de esmeril.

Con anterioridad a este capítulo se han ido exponiendo los fundamentos de la joyería y algunas de sus técnicas más relevantes; pero la joyería es un oficio que abarca muchas y variadas disciplinas, de las cuales es preciso tener unos conocimientos básicos.

En el presente capítulo se abordan unas propuestas de trabajo muy estudiadas, de forma que su proceso y orden de construcción permitan reforzar las enseñanzas tratadas con anterioridad. La forma en que han sido planteadas permite observar lo amplio y variado que puede ser este oficio; asimismo, permite asimilar cuál es el modo correcto en que debe plantearse y realizarse una pieza.

Las propuestas que se exponen a continuación describen unas pautas técnicas, esenciales para cada ejercicio, que contienen el conocimiento del método y el proceso de aprendizaje que deben seguirse en cada paso.

Se ha intentado que estas propuestas dejen un margen para la aportación personal y la creación del lector; y que sirvan de ayuda a todo aquel que le interese la joyería.

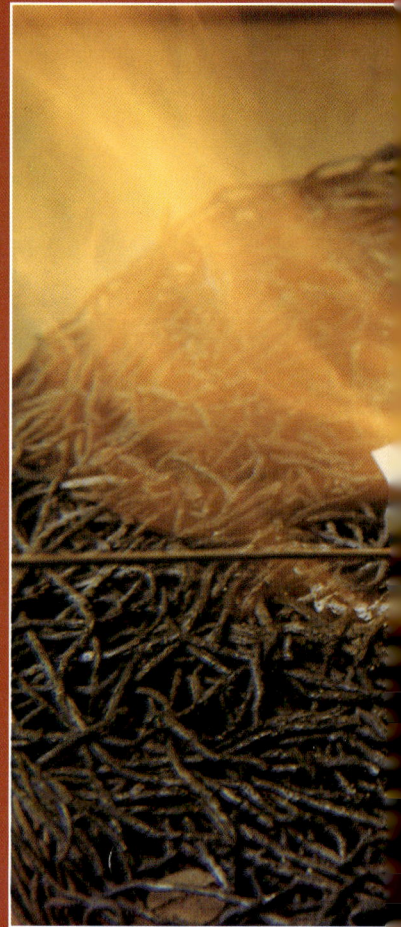

Paso a paso

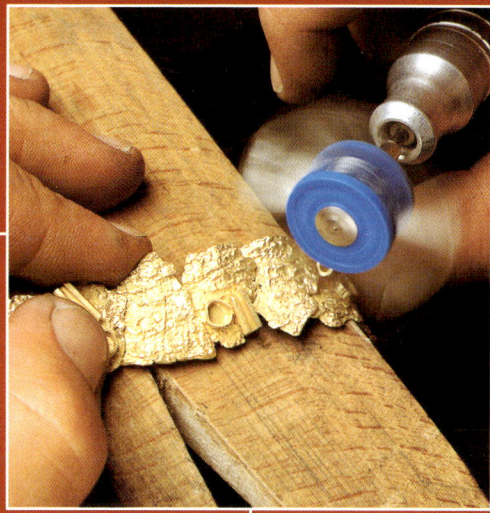
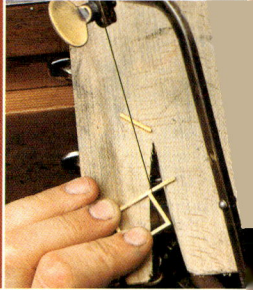

Colgante cincelado

Vamos a realizar un colgante de sección redonda a partir de dos mitades iguales. El proceso entraña la dificultad de la exactitud en el trazado del dibujo y en el cincelado, pues posteriormente estas mitades deberán ajustar entre sí y una vez soldadas formar el cuerpo del colgante.

La pieza se ha cincelado a partir de una plancha de plata de 0,7 décimas de milímetro previamente recocida. Una vez terminado el volumen se sueldan distintos elementos de oro en la parte inferior y un hilo en forma de argolla para poder pasar un cordón o cadena. La pieza ha sido realizada por Carmen Amador.

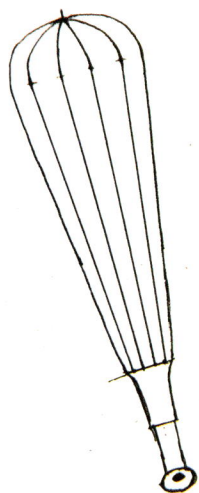

◄ **3.** Primero debe calentarse la pez con el soplete por su parte superficial; el fuego debe ser muy suave y uniforme para evitar en todo momento que se queme la pez.

▼ **4.** Se colocan las dos planchas sobre la superficie caliente de la pez, de manera que queden completamente adheridas y procurando que no haya burbujas de aire.

▲ **1.** Se necesitarán dos cuerpos simétricos exactamente iguales; por lo tanto, tendrá que hacerse un dibujo sobre papel que permita marcar las dos planchas por igual.

▲ **2.** Se preparan dos planchas de 0,7 mm de espesor, previamente recocidas y muy limpias. Con unos alicates se doblan las puntas para que la plancha se adhiera mejor sobre la pez.

◄ **5.** Una vez que se enfríen las planchas, se pega el dibujo con cinta adhesiva y con una punta de señalar se marcan pequeños puntos encima de las líneas del dibujo hasta que quede completamente punteado. Para no romper la plancha, el punteado debe ser suave. Esta foto muestra también algo muy importante, la forma de coger el cincel y el martillo.

► **6.** Para trazar el dibujo en la otra plancha tomamos el dibujo y le damos la vuelta; de este modo, después de soldar las dos caras, éstas coincidirán perfectamente. Obsérvese en la foto cómo es el mango del martillo de cincelar.

8. Se empezará a dar volumen en el interior del dibujo con un embutidor apropiado; en este caso golpeamos por el lado interior más próximo a la línea del dibujo. Los golpes han de ser más fuertes, con el fin de que el metal vaya cediendo.

9. Hay que embutir todo el interior hasta alcanzar el volumen deseado. Aunque se embuta encima de los puntos que están marcados en el interior del dibujo, éstos no desaparecerán.

▲ **7.** En la técnica del cincelado es esencial coger el martillo y el cincel de manera correcta, así como mantener una postura de trabajo adecuada. El golpe debe ser suave y acompasado, nunca hay que apoyar los codos ni la mano, porque si no se tiene poco ángulo de movilidad. Se apoyará el dedo anular, que se deslizará por la chapa; este dedo ayuda a que el cincel no rebote con los golpes del martillo.

◄ ▲ **10 y 11.** Hemos continuado embutiendo, pero hay mucha profundidad, por consiguiente, la dilatación del metal resulta excesiva y tendremos que recocer el metal las veces que se consideren necesarias para que no se rompa. Para ello se aplica calor y con unas pinzas se levantan las dos piezas.

◄ **12.** Situadas las placas en el refractario, se procederá a recocerlas para ablandar el metal.

► **13.** Terminado el embutido se sitúa la plancha sobre un tas de bronce y con la ayuda de un cincel recercador repasamos toda la línea de puntos para delimitar el perfil y remarcar la línea.

▲ **14.** Una vez repasadas todas las líneas del contorno, se volverá a pegar las placas en la bola para seguir embutiendo. Este proceso ha servido para evitar que durante el embutido se pierda el perfil del proyecto. Obsérvese el resultado.

▲ **15.** Volvemos a colocar las placas otra vez en su lugar y continuamos embutiendo.

◄ **16 y 17.** Para observar el volumen real que hemos conseguido, así como la evolución del trabajo, es muy aconsejable introducir un poco de pasta de modelar en el interior del cincelado y golpearlo con el martillo; de esta manera se puede controlar la forma que va adquiriendo el volumen.

◄ **18 y 19.** Cuando consideremos que el volumen es el adecuado, se levantan las planchas con ayuda de una escarpa para volverlas a recocer y decapar. Levantar la pieza con escarpa es otra forma de levantar una plancha.

◄ **20.** Como el siguiente paso será pegar las planchas por el lado contrario del que se estaban trabajando, deben ponerse unos trozos pequeños de pez en el interior del volumen cincelado y calentarse la placa con el mechero de alcohol. La finalidad de este paso es evitar que quede aire entre la chapa y la pez, ya que una pequeña burbuja de aire puede hacer ceder la plancha y estropear el trabajo.

▶ **21.** Se vuelven a pegar las placas, pero esta vez al revés, pues el siguiente paso será modelar toda la superficie con unos cinceles de terminación plana, llamados modeladores, y que tienen la finalidad de alisar e igualar toda la superficie. Se va alisando y dando forma a toda la superficie con este tipo de cincel hasta dejar el volumen del cincelado totalmente igualado.

▶ **22.** Se despega y se gira la posición de la plancha. Con un cincel en forma de punta fina se marcan todas las líneas de puntos realizadas anteriormente en el diseño. Esto debe llevarse a cabo por el interior de la plancha, para que queden unos pequeños pronunciamientos en el otro lado.

◀ **23.** Se vuelve a girar la placa por última vez y con un pequeño cincel planeador se van aplanando los pequeños picos con el fin de dar forma a este elemento decorativo.

◀ **24.** Una vez que se da por finalizado el cincelado se procede a serrar el contorno de la pieza con una sierra fina, y seguidamente se lima el perfil, de forma que las dos mitades encajen a la perfección.

▲ **25.** Revisado el contorno, se atan las dos mitades con hilo de acero para soldar y se procede a soldar; en este caso con hilo de soldadura y un fuego envolvente. Se ha de procurar que la soldadura corra por toda la unión pero que no provoque excesos que luego tendrían que eliminarse con la lima. Terminada la unión principal, se unen todos los demás elementos del colgante, que en este caso son de oro.

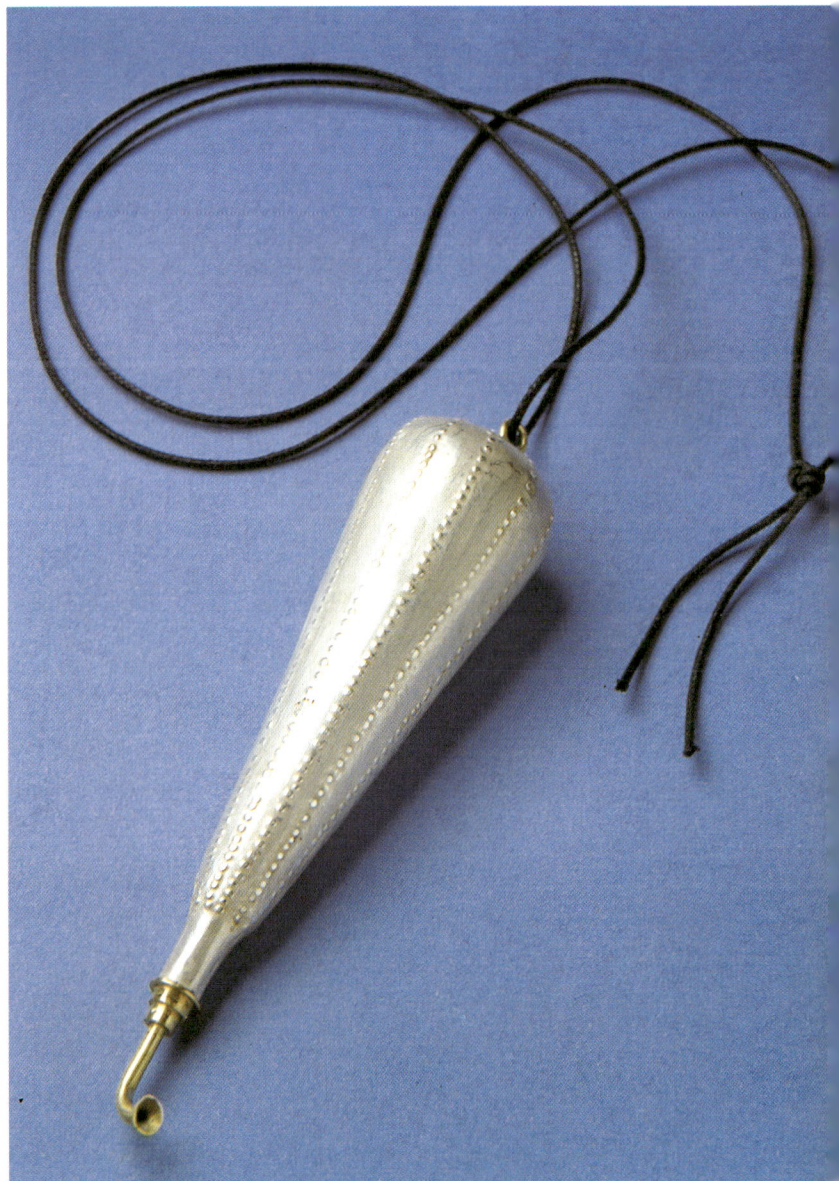

▶ **26.** *Viaje III,* obra de Carmen Amador.

Broche

A continuación, se presenta un broche que completa varios de los conceptos tratados con anterioridad. Esta propuesta requiere cierta habilidad en el uso del soldador, pues se han de soldar entre sí diversos elementos de pequeñas dimensiones, realizar varias monturas o ajustar correctamente un cierre de bayoneta. Asimismo, el engarzado de un cuarzo con rutilo del tamaño presentado precisa práctica en el dominio de esta técnica.

El broche es mera composición, es la pieza de joyería que permite una mayor libertad de creación. El broche presentado puede variarse como se desee, pero para una buena composición es preferible empezar por observar las calidades y medidas de la piedra antes de iniciar lo que será la montura. En la propuesta presentada se parte de un cuarzo rutilado, para el cual se construye una montura con un hilo rectangular de oro de 1 mm de grosor por 4 mm de alto.

◄ 1. Se marcan en el hilo de oro todas las distancias correspondientes a las aristas de la piedra. Con una pequeña lima triangular se va biselando cada una de las aristas. Esta operación permitirá que una vez doblado el hilo, la piedra logre "sentarse" sobre el borde del metal.

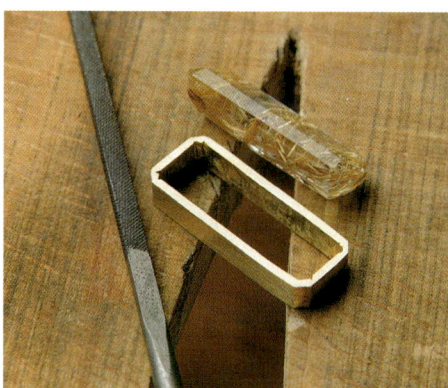

▲ 2. Se doblan todos los biseles hasta conseguir unir los extremos. Se lima todo el exterior, comprobando que el perfil de la piedra ajuste correctamente en la montura realizada, dejando 3 o 4 décimas de metal libre: éstas son imprescindibles para poder engarzar la piedra.

▲ 3. En este caso se ha realizado un tubo redondo, pero se puede confeccionar con cualquier tipo de perfil. El tubo se ata con hilo de acero y se suelda del modo que muestra la imagen.

◄ 4. Se prepara una plancha de unas seis décimas de grosor con un calado interior como el de la imagen. Una vez cortados los tubos interiores, se soldará esta plancha a modo de tapa posterior encima de los tubos.

▼ 5. Paralelamente se preparan las monturas para el resto de las piedras.

▼ 7. Para realizar este broche se han elegido pequeños trozos de caña de bambú obtenidos a partir de fundición. Cualquier motivo puede ser utilizado, desde un hilo forjado, una textura, o cualquier otro elemento de fundición.

► 6. Éste es el resultado de las dos monturas principales. A continuación, se unirán los dos conjuntos también con un pequeño hilo redondo.

► 8. Una vez decidida la composición, se monta sobre pasta "calor frío" con el fin de que no se mueva al soldarla con el soldador oxhídrico. Uno a uno se sueldan todos los elementos entre sí hasta terminar el broche. La pieza habrá quedado oxidada y convendrá decaparla en ácido antes de proceder a soldar el cierre.

▲ **9.** El cierre se llama de bayoneta y cualquier fabricante de fornituras puede suministrarlo. Se soldará con sumo cuidado tomándolo tal como muestra la imagen.

▲ **10.** El brazo de la aguja o espiga se realiza soldando un hilo redondo, sin recocer, de unas 7 décimas a una plancha cuadrada de 6 décimas. Con otra pequeña lámina se realiza una U que servirá como soporte y que será donde irá remachada la espiga.

▼ **11.** Al soldar el hilo redondo que está sin recocer a la plancha cuadrada, se recocerá también el hilo por la zona de la soldadura. Para volver a ganar tensión esta zona se sostiene con dos alicates planos y se retuerce el hilo redondo sobre sí mismo, luego se esmerila para igualar todo el hilo, esto permite recuperar el temple en la zona de la soldadura.

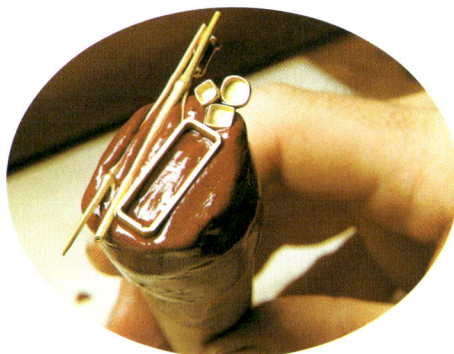

◄ **12.** Terminada la pieza se calienta el fuste con la pez de engastar utilizando el mechero de alcohol y se fija la pieza.

▲ **13.** La pez debe fijar firmemente todo el conjunto de la montura, pues durante el engarzado el metal será sometido a presión y a pequeños golpes necesarios para ajustar la piedra.

▲ **14.** Con una fresa de bola se corta todo el perfil interior de la montura hasta lograr que el filetín de la piedra entre en el interior de ella y se asiente con comodidad. Con la ayuda de un buril de media caña se acaba de asentar toda la piedra en el interior hasta conseguir que reste un poco de metal por encima de ella, éste posteriormente será abocado sobre la piedra.

◄ **17.** Con una lima se elimina el sobrante y se iguala todo el metal dejando finalmente la boca esmerilada. Con un pequeño buril plano apoyado en la piedra se termina de cortar y eliminar las irregularidades existentes entre la piedra y el metal, dejando así la boca lista para el pulido.

▼ **18.** Éste es el resultado final después de aplicar un arenado superficial y de colocar el resto de las piedras en sus monturas. *Aguja,* obra de Carles Codina.

▲ **15.** Como la piedra tenía mayor calidad en su culata se ha montado al revés; una vez ajustada y con un apretador como el de la imagen se va aprisionando todo el metal restante encima hasta dejarla completamente fijada.

▲ **16.** Se golpea toda la boca de metal con el martillo neumático con el fin de terminar de engarzar la piedra y dejar la montura lisa y endurecida.

Pulsera articulada con cierre

La siguiente propuesta consiste en la realización de una pulsera de oro con diamantes en bruto. Para su realización se parte de un elemento natural como es la corteza de un árbol, que una vez partida en diversos trozos y preparada convenientemente darán forma al cuerpo de la pulsera. Se trata de una propuesta muy completa, pues en ella se repasarán muchos de los procesos básicos de la joyería: se deberán preparar las cortezas para ser fundidas, se repasarán y acabarán los elementos de fundición, se elaborará un movimiento de articulación para pulseras, asimismo, se realizará un cierre de cajón adaptado a una de las piezas, y finalmente también se prepararán diversas monturas para engarzar piedras o acabar superficialmente el conjunto.

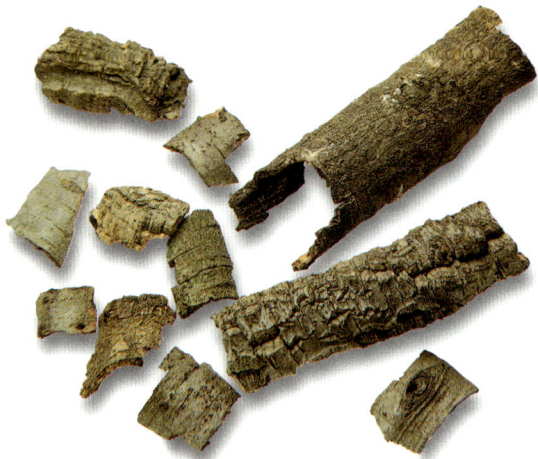

▲ **1.** El elemento de partida son diversas cortezas de tronco. Con los dedos se parte la corteza en pedazos, seguidamente se seleccionan por su tamaño y la calidad de la textura. Normalmente, se obtiene mejor resultado si la textura de la corteza es muy marcada.

▶ **2.** Cada trozo se limpia cuidadosamente y se lima por su parte interior hasta alcanzar el mínimo espesor posible, sin llegar a perforar la corteza.

▼ **3.** Una vez que se ha limado la superficie interior puede que ésta no quede lo suficientemente lisa, y que presente puntos demasiado finos a los que se les aplicará cera de goteo con una espátula, para obtener un mayor grosor y al mismo tiempo una superficie más lisa.

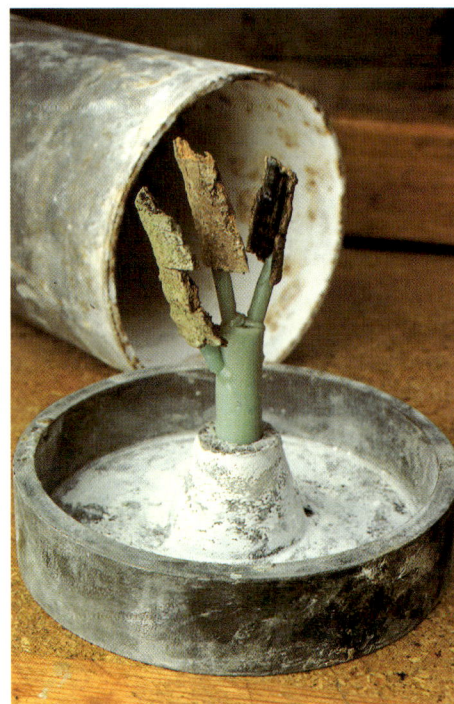

◀ **4.** Las piezas son montadas con su bebedero en el árbol de cera y preparadas para ser fundidas tal como se ha explicado en el capítulo dedicado a la microfusión. De no disponer de un equipo se puede llevar la pieza a un fundidor especializado.

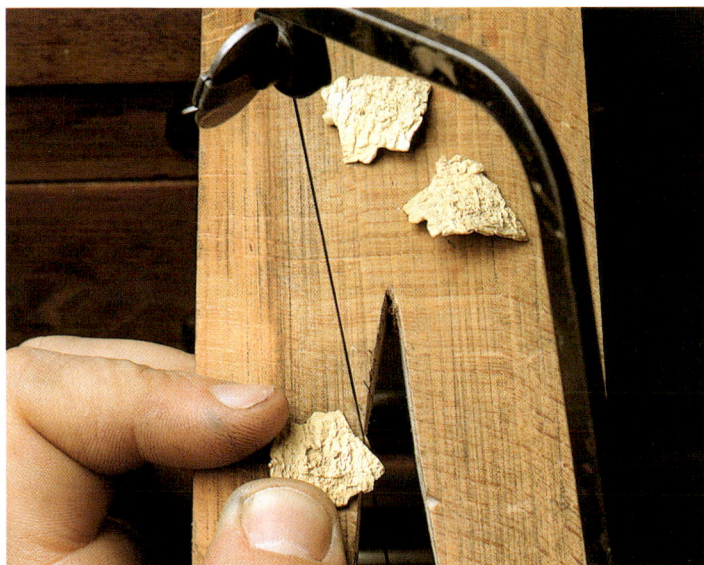

▲ 5. Cuando las piezas están fundidas se procede a cortar con la sierra el bebedero. Como la entrada de metal tiene un diámetro grueso se puede utilizar un pelo de sierra de un número elevado, el 1 o el 2.

▲ 6. Con una lima apropiada deben limarse todas las superficies hasta que el grosor quede nivelado y liso.

▶ 7. Seguidamente, se repasa cada una de las piezas con un degradado de esmeriles hasta alcanzar una numeración de papel que esté entre 1.000 o 1.200, dejando las piezas listas para empezar a trabajar.

▲ 8. La parte exterior de la pulsera se acabará con un matizado, para ello se procede a picar la superficie con un cepillo de púas de acero como el que muestra la imagen; esta herramienta deja un picado muy marcado.

▶ 9. De momento, se dejan las piezas y se empiezan a preparar las monturas para los pequeños cubos de diamante. Éstas se construyen con un hilo rectangular de 0,5 mm de espesor soldado en una plancha de 0,5 mm. Para trabajar posteriormente con mayor comodidad, es preferible utilizar una soldadura con un punto de fusión más alto. Terminada la unión deberá recortarse y limarse todo el sobrante de plancha hasta alcanzar la forma deseada.

Articulación

Para comprender perfectamente el movimiento de la articulación se muestra su funcionamiento sobre dos planchas rectangulares de plata. El funcionamiento en la pulsera es exactamente el mismo y deberá realizarse en cada una de las piezas obtenidas de fundición.

▼ Esquema del fresado.

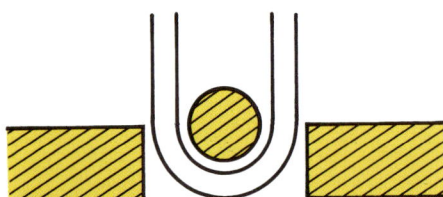

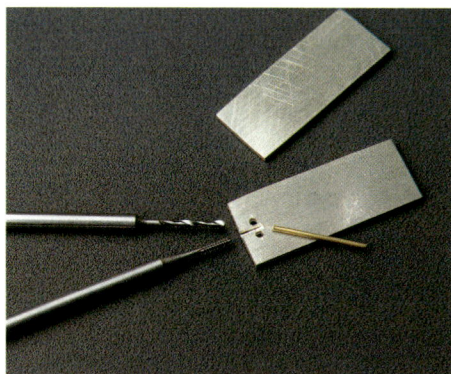

▲ **1.** Con una broca de 0,6 mm se realizan dos agujeros en uno de los extremos de cada plancha de forma que no disten más de 1 mm entre sí. A continuación, con una fresa rectangular, como la de la imagen, se realiza un fresado entre los dos agujeros de una de las planchas. En este fresado deberá encajar el hilo de 0,6 mm que se soldará dentro del fresado.

▲ **2.** Se da la vuelta a esta pieza y con una fresa rectangular de tamaño algo mayor que la anterior se rebaja el metal de la plancha hasta alcanzar el hilo, procurando que el fresado tenga forma curva para que al colocar el hilo de unión en forma de U, éste se asiente con comodidad.

▲ **3.** El fresado en el lado inferior es de un diámetro superior al agujero realizado con broca en la plancha superior; la finalidad de esta holgura es permitir el movimiento de la parte inferior y el de toda la pulsera. La unión entre las planchas se realiza por medio de este hilo en forma de U que irá soldado en la plancha superior.

◄ **4.** La U pasa a través del fresado inferior y se suelda en los dos agujeros de la placa superior donde encajan perfectamente.

▼ **6.** En el momento de la unión de la U en la placa superior se deja un espacio entre las dos planchas; de no ser así la pulsera no tendría movimiento. El pequeño espacio de separación entre las dos planchas junto con la holgura del fresado de la parte inferior permitirán el movimiento de toda la pulsera.

▼ **5.** Una vez soldado el sobrante debe limarse y esmerilarse hasta que no quede ningún rastro de la unión.

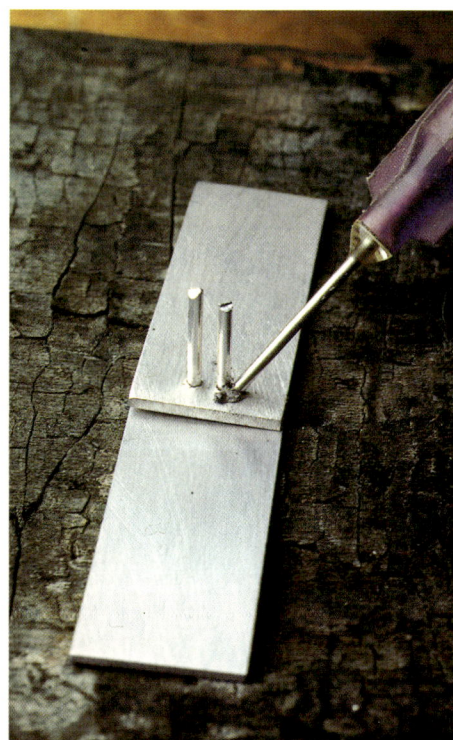

◄ 8. La pulsera se dejará montada pero sin soldar ningún hilo de unión, antes se soldarán las monturas que sostendrán las piedras. Las piezas se han montado en un orden regular, pero dan la sensación de desorden; debe procurarse que la colocación no impida pasar y soldar los hilos de unión con comodidad.

▲ 7. Este proceso se aplica a cada una de las piezas de oro. En el extremo de una de ellas se practican los dos agujeros con fresado ancho y el correspondiente hilo transversal; asimismo, en la pieza superior se harán dos agujeros para que entre un hilo de 0,7 mm en forma de U. Se debe armar la pulsera procurando que la composición de todos los elementos sea regular y continuar hasta alcanzar un largo de 18 cm.

► 9. Cuando se terminen de montar todas las bocas y se tenga la certeza de que ésa será la disposición definitiva de la pulsera, se vuelve a montar el conjunto, se pasan todos los pasadores y se tira de ellos para que las piezas queden unidas.

◄ 10. Una vez armada y dispuesta la pulsera en el ladrillo de soldar, solamente se soldará en uno de los dos extremos del pasador. El otro extremo ha de quedar libre con el fin de posteriormente forzar todo el movimiento de la pulsera y lograr que tenga una buena caída. En este caso se ha soldado con pasta de soldadura y llama oxhídrica.

► 11. Tirando del extremo libre y moviendo arriba y abajo todo el conjunto de la pulsera se consigue adecuar el movimiento y una buena caída de la misma. A continuación, se extiende otra vez en el ladrillo de soldar y se suelda el extremo de la U.

Construcción de un cierre de cajón para la pulsera

Cualquier pulsera articulada requiere de un cierre para poder utilizarse. El cierre de cajón es uno de los más empleados, especialmente en piezas anchas como la que se presenta en estas páginas. Se trata de un cierre cómodo de abrir y cerrar, seguro y que permite ser adaptado a infinidad de formas. El cierre que se describe en este ejercicio es sencillo y fácil de realizar.

▶ **1.** Se preparan varias láminas de 0,5 mm de espesor. En una de ellas se corta y aplana un trozo de 5 o 6 mm de ancho por 3 o 4 cm de largo con el fin de construir una lengüeta. A un 1 cm aproximadamente de uno de los extremos se realiza un bisel para poder doblarla.

▲ **2.** Antes de doblar la lengüeta se ha de recocer para que no se parta, seguidamente se suelda con soldadura fuerte y se esmerila. En otro trozo de plancha se realiza un puente calado que se ajuste perfectamente a la sección de la lengüeta, como se muestra en la imagen.

◀ **3.** El puente se suelda a otra lámina del mismo grosor. Por este agujero ha de pasar de forma ajustada toda la lengüeta. Estas dos planchas formarán la caja que encerrará la lengüeta.

▶ **4.** Tomando como medida la longitud de la lengüeta, se dobla el extremo de la caja y se suelda con soldadura fuerte. La caja ha de encajar en la pieza de oro, para ello se ha realizado un encaje tal como muestra la imagen.

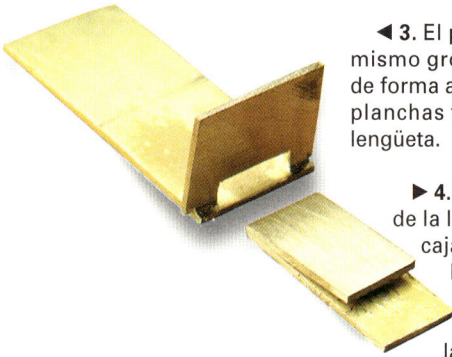

▲ **5.** Se suelda la caja a la pieza por los puntos de contacto utilizando una soldadura media. Luego se iguala el frontal de la caja con la lima.

◀ **6.** En la lengüeta se suelda un trozo de plancha o hilo de un mínimo de 1 mm de grosor. Seguidamente, con la sierra se corta el encaje de la lengüeta en la caja. La lengüeta ha de encajar en el interior de la misma.

▼ **8.** Se le da la vuelta al conjunto y con un trozo pequeño de una de las piezas de fundición, se suelda la tapa del pulsador de la lengüeta.

▶ **7.** Se realiza un pequeño puente en forma de U biselando y soldando con soldadura fuerte, con la finalidad de que sirva de soporte para la lengüeta en el otro extremo de la pieza fundida. Este puente debe quedar al nivel de la caja y guiará perfectamente la lengücta cn cl interior de la misma. A continuación, debe soldarse el puente a la lengüeta.

9. Para realizar el cierre de seguridad se suelda una bolita de oro en un fresado esférico realizado en un lado de la caja. En el otro lado se suelda un tubo pequeño a través del cual pasa un hilo fino de oro. Luego se dobla como se muestra en la imagen y se sueldan los dos extremos.

10. Con unas tenazas redondas se aprietan los dos extremos del hilo por el centro, de este modo quedará ajustado el cierre de seguridad.

12. Los diamantes en bruto tienen una talla irregular, lo que supone que se tendrá que ajustar individualmente cada una de las piedras.

Con una fresa de bola se rebaja todo el interior de punta a punta y con una fresa de bola más pequeña se realiza el encaje para asentar el borde o filetín de la piedra y lograr un buen ajustado.

11. Antes del engastado de las piedras se vuelve a satinar otra vez la superficie exterior de la pulsera con el motor hasta conseguir un buen matizado.

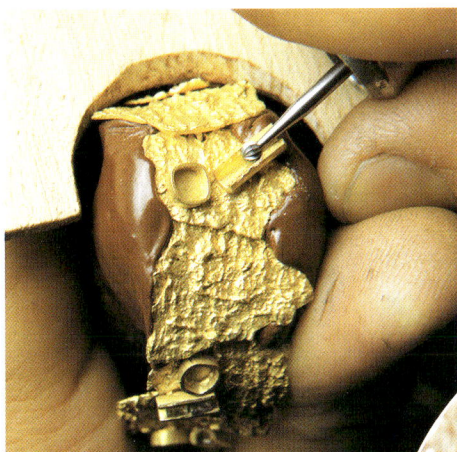

13. Con el palillo se coloca cada piedra en su asiento, de manera que encaje en su interior y reste el suficiente metal en la pared para ser engastada.

14. Aunque es posible cerrar la montura directamente con el martillo neumático, en este caso se ha engarzado con un apretador y a continuación se ha repasado con el martillo.

15. Cada montura se perfila con un buril por cada uno de los bordes interiores para eliminar las pequeñas aristas de metal dejadas al golpearlo. Una vez pulido el borde de la montura, éste es el resultado. Obra de Carles Codina.

Colgante de oro con cadena

*L*a pieza presentada a continuación es un colgante unido a una cadena de forma fija. En este paso a paso se enseñará a hacer una cadena muy sencilla a partir de un hilo cuadrado, se aprenderá a doblar un hilo en ángulo recto, a soldar diversos elementos entre sí y finalmente a preparar unas monturas, que una vez soldadas, completarán el cuerpo del colgante. Primero se hará la cadena, para ello se trefilará un hilo cuadrado de 2 x 2 mm y se confeccionarán unas anillas redondas con hilo de 1,3 mm (véase "Preparación de distintos perfiles y anillas"). El cuerpo del colgante lo formará un rectángulo realizado con el mismo hilo cuadrado para el cual hemos elegido una textura muy marcada, realizada a partir de una corteza de árbol. Finalmente, al conjunto se unirán dos tipos de montura poco usuales para dos formas de diamante en bruto.

▲ **1.** Se han de cortar trozos exactamente iguales de hilo cuadrado de aproximadamente unos 2 cm; para ello se utilizará esta pequeña herramienta con la que, una vez fijada la distancia correspondiente, se podrán cortar todos los trozos a la misma medida.

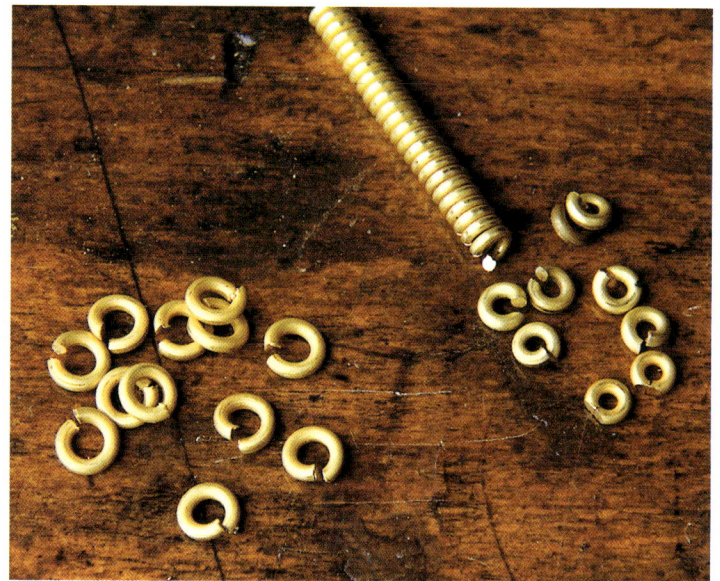

▲ **2.** Se preparan alrededor de 40 anillas redondas de un diámetro interior de 1,5 mm y otras 20 de un diámetro interior superior (unos 3 mm), que son las que enlazarán los eslabones entre sí.

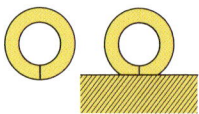

▲ Las anillas pequeñas se cierran con alicates planos y con una lima plana se liman por el lado de la soldadura del modo que se observa en el dibujo. Por el lado plano es por donde irán soldadas al extremo de cada hilo.

▶ **3.** El paso siguiente es soldar una anilla en cada extremo del hilo cuadrado, de manera que queden alineadas.

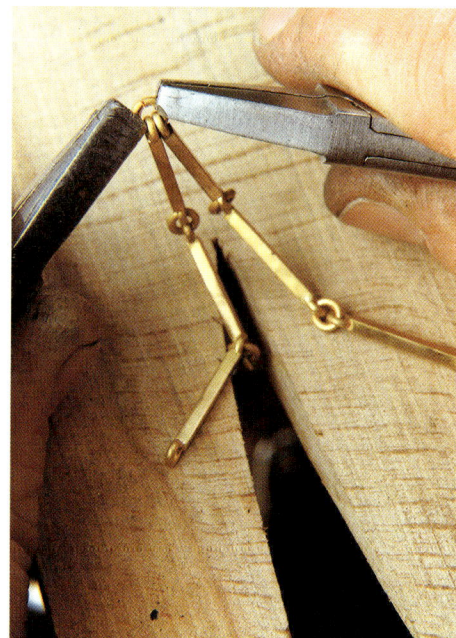

◀ **4.** Una vez terminadas de soldar todas las anillas pequeñas a los hilos cuadrados, deben unirse entre sí mediante las anillas mayores. Con la ayuda de dos alicates planos se abre la anilla grande, se ponen los dos eslabones en su interior, se cierra la anilla y se procede a soldar.

► **5.** Una buena forma de trabajar es colocar toda la cadena extendida sobre el bloque de soldar, calentar un poco cada anilla, aplicar la soldadura en pasta y acto seguido soldar todas las anillas una a continuación de otra.

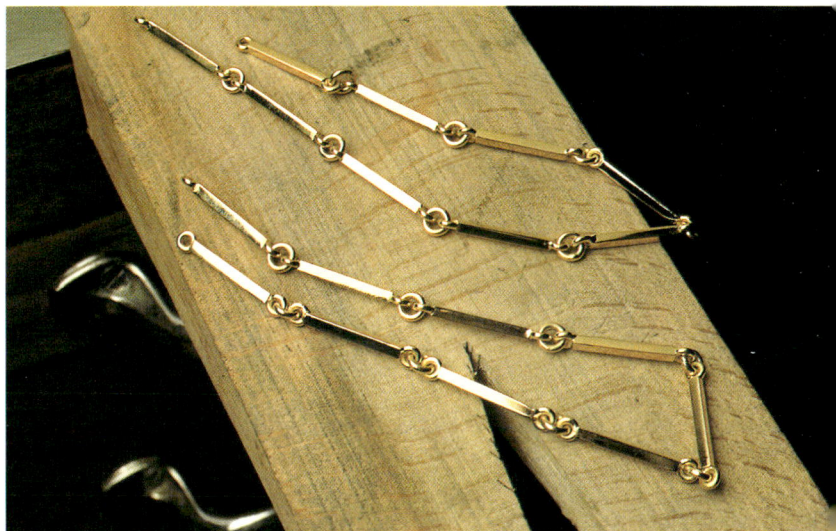

▲ **6.** Terminada la soldadura se ha de decapar y luego se deberá repasar con esmeril de grano muy fino (1.000 - 1.200) y pulir los eslabones con la ayuda de discos planos y una pequeña grata negra.

El siguiente paso será realizar el cuerpo del colgante a partir del mismo hilo cuadrado de 2 mm, para ello se han de cortar dos trozos iguales de hilo de unos 10 cm cada uno.

◄ **7.** Para la realización de un rectángulo se han de doblar en forma de "L" los dos trozos de hilo cortados previamente; para realizar este ángulo de 90° se tiene que limar con una pequeña lima cuadrada una "V" hasta llegar prácticamente a partir el hilo. Llegado al extremo que muestra la imagen, el hilo debe recocerse, ya que si no se hace se partiría al doblarlo.

◄ **8.** Una vez doblado y con el ángulo correcto de 90° se aplica un poco de líquido de soldar, un pallón de soldadura y se procede a soldar.

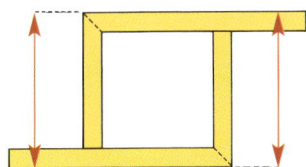

▲ Para realizar el rectángulo los lados cortos de la "L" deben ser exactamente de la misma medida.

► **9.** Antes de soldar el rectángulo, debe confirmarse que las medidas son iguales en todos los puntos y que el ángulo es el correcto. La foto muestra el pie de rey con que se miden los dos lados cortos, que han de ser exactamente iguales. Es preferible soldar primero un extremo para asegurarse de que no se ha movido; si ha habido algún movimiento todavía se podrá corregir antes de soldar el otro extremo del rectángulo.

◄ **10.** Una vez soldado el rectángulo se cortan los dos extremos sobrantes.

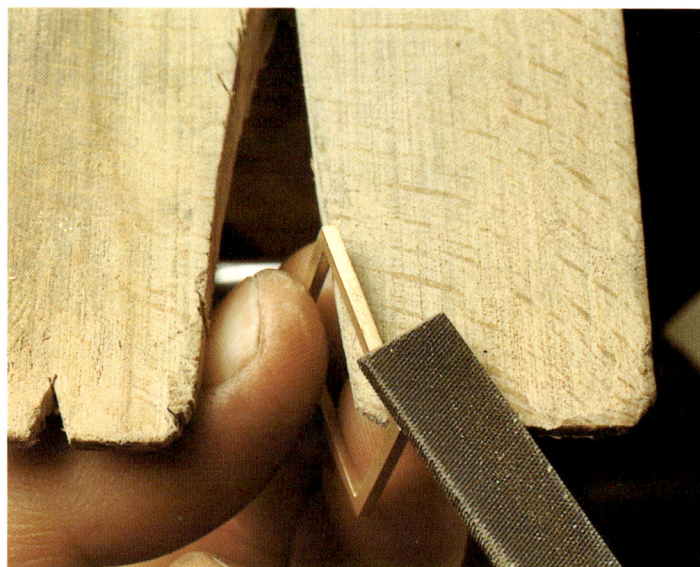

► **11.** Primero con la lima y a continuación con un degradado de diversos esmeriles envueltos en una madera o en la misma lima, se acaba de cuadrar el rectángulo procurando que las aristas queden bien vivas.

◄ **12.** En este caso el motivo elegido fueron diversas cortezas realizadas anteriormente, pero se puede hacer con cualquier forma.

► **13.** El siguiente paso consiste en unir estos elementos al rectángulo de hilo. Si no se dispone de soldador oxhídrico puede utilizarse una soldadura mediana, siempre y cuando se haya empleado una fuerte para soldar las aristas del rectángulo.

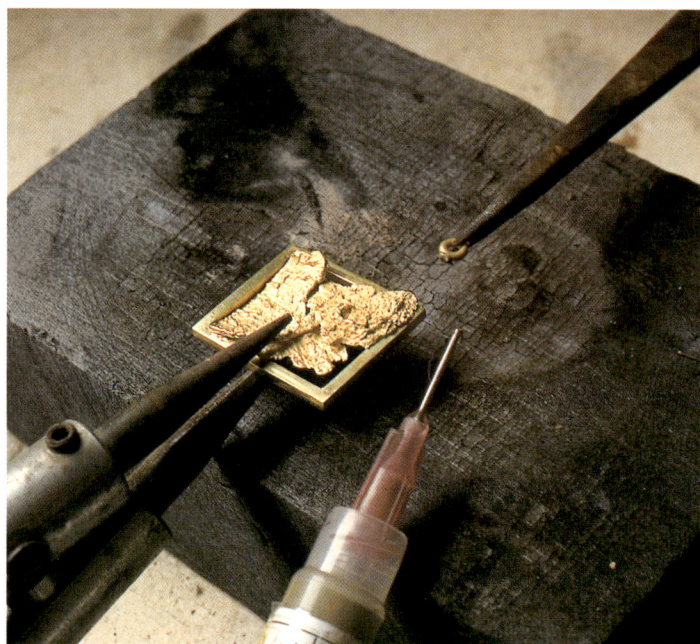

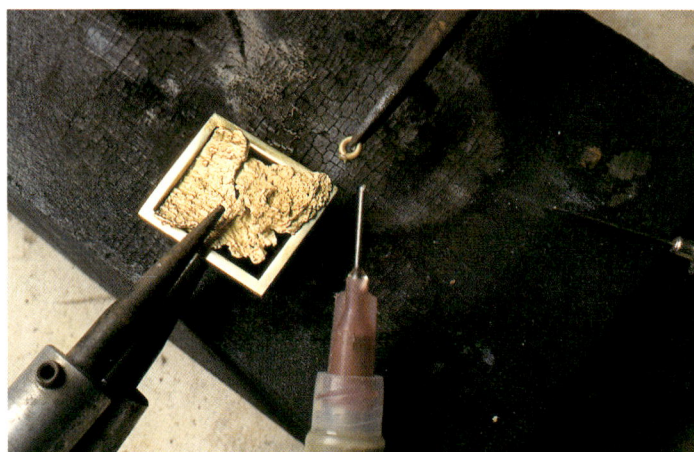

▲ **14.** Para unir el cuerpo del colgante a la cadena se han de soldar dos anillas pequeñas en los extremos superiores del rectángulo.

► **15.** El colgante se confeccionará con diamantes en bruto de dos formas. También se han preparado dos tipos de montura; para la primera basta con disponer de una pequeña plancha curvada en el dado de canales.

▲ 16. Para la segunda montura, por tratarse de un diamante cúbico de perfil irregular, se ha doblado un hilo rectangular muy fino con ayuda de unos alicates; con ellos se ha ido adaptando a la forma de la piedra. Una vez ajustado se suelda y se termina de ajustar para luego soldarlo a una plancha de 0,5 mm y finalmente cortar y limar todo el sobrante.

◀ 17. El collar tiene que contar con un cierre en su parte posterior; en este caso sólo se precisan dos anillas de un diámetro relativamente grande en cada extremo y montar dentro de la anilla un mosquetón de los que suelen encontrarse en los establecimientos de venta de fornituras. Se debe tener en cuenta que estos mosquetones contienen un muelle de acero que no debe calentarse, pues si se recuece podría perderse la tensión y, por lo tanto, el cierre no funcionaría. Por este motivo, la anilla que sujeta el mosquetón se acostumbra a dejar ajustada pero sin soldar. El hilo de esta anilla será algo más grueso y poco recocido para que tenga la suficiente resistencia y no se abra.

◀ 18. Los demás diamantes van engastados en una pequeña guía interior realizada en la media charnela y golpeados exteriormente. Este tipo de piedra, por su forma rústica y primitiva, debe ir engarzada de acuerdo con su carácter.

▼ 19. El resultado es este colgante. Se ha pulido todo el hilo cuadrado y se ha dejado mate el interior, efectuando un decapado con ácido.

Cadena de anillas

*E*sta cadena ha sido realizada a partir de anillas de plata soldadas, hechas con hilo de plata redondo de 0,9 mm de grosor. El hilo puede ser más fino o incluso algo más grueso, pero resulta más fácil de trabajar un hilo fino de buena calidad. Si se desea, también puede alternarse con anillas elaboradas en otro metal.

El primer paso consiste en preparar las anillas, efectuando una espiral con el hilo en una barra cilíndrica a modo de plegador que no debe ser inferior a 1,5 cm aproximadamente. Cortadas las anillas, se procede a soldarlas una a una.

▲1. Resultará muy cómodo y práctico para soldar disponer las anillas como se muestra en la imagen. En este caso se aplica una soldadura en pasta, que es más apropiada para este trabajo. Si se utiliza un soldador de gas y aire es más cómodo usar una soldadura en forma de hilo.

▲ 2. Una gran cantidad de anillas se sueldan alternativamente con soldadura en pasta y soldador oxhídrico. Una vez soldadas se procede a decapar, enjuagar y secar.

▶ 3. Con unas tenazas se estira cada anilla por el interior hasta lograr la forma alargada necesaria para poder realizar esta cadena.

▶ 4. Primero, se efectúa el soporte donde empezar a trabajar. Para ello se suelda un trozo de hilo redondo en el interior de dos anillas, tal como se aprecia en la imagen. Generalmente, estas cadenas se forman a partir de dos, cuatro o seis bucles iniciales.

◀5. Una vez realizados los bucles se doblan hacia el interior. Se tendrá presente al iniciar una cadena que el diámetro de la anilla debe ser mayor cuanto mayor sea el número de anillas inicial.

▼ 6. Se introduce una anilla por el primer bucle; con los dedos pulgar e índice se tira de ella verticalmente hacia arriba. La base ha de estar fuertemente fijada a un tornillo de mesa.

▼ 7. Para igualar los dos extremos del bucle, se ha de utilizar una aguja zapatera de diámetro adecuado; así, tirando paralelamente hacia arriba.

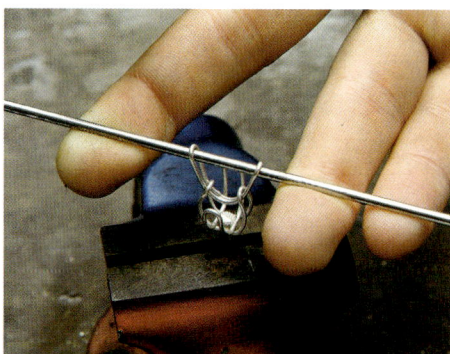

▼ 8. Se introduce la segunda anilla y se repite el mismo proceso, siempre en el sentido de las agujas del reloj.

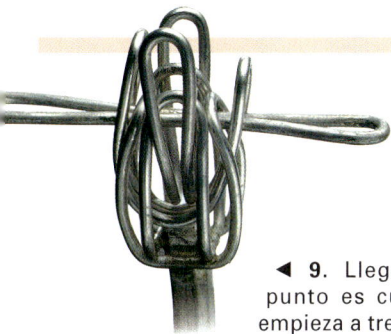

9. Llegado este punto es cuando se empieza a trenzar realmente el collar. Hay un cambio importante, en vez de introducir la anilla por el primer bucle más alto, tal como se realizaba hasta el momento, se hace por el segundo más abajo, para a continuación ir doblando hacia arriba consecutivamente cada una de las anillas. Es decir, ahora cada lazada nueva toma dos bucles.

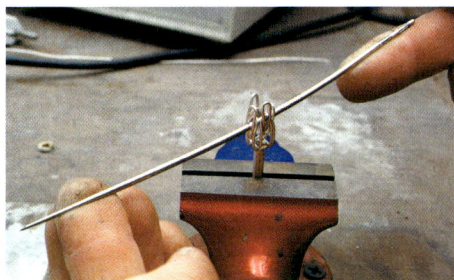

▲ **10.** Cada vez que se introduce una anilla previamente debe introducirse la aguja para ensanchar e igualar el bucle.

▲ **11.** El proceso se repite; antes de colocar una anilla se debe meter la aguja por el segundo bucle, luego poner la anilla y doblarla.

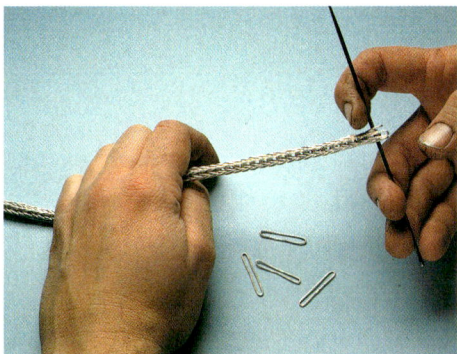

◄ **13.** Una vez concluida la labor, debe estirarse la cadena con una hilera redonda o haciendo con una broca un agujero en una madera; se introduce un extremo de la cadena y se estira de ella con mucho cuidado y con la ayuda de unas tenazas. La cadena quedará igualada, pero al salir de la hilera estará algo rígida.

▲ **12.** Cuando el collar empieza a ser largo, se debe sostener como en la imagen; puede llegarse hasta un mínimo de 40 cm. Esta cadena tipo cordón es muy sugerente cuando queda corta en el cuello, tipo gargantilla. Siempre se harán unos 2 cm de más, que son los que se precisan para el cierre.

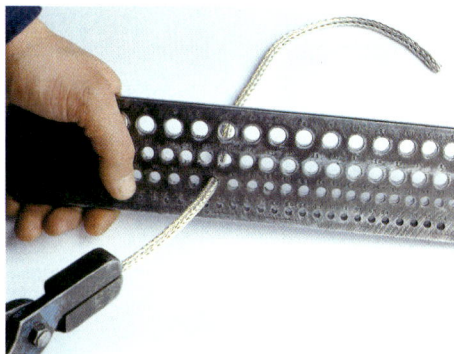

► **14.** A continuación, se debe forzar la cadena para darle flexibilidad. En una barra de madera de unos 5 o 6 cm de diámetro o bien en la lastra para pulseras, se toman los dos extremos de la cadena uno en cada mano y se estira de ella alternativamente.

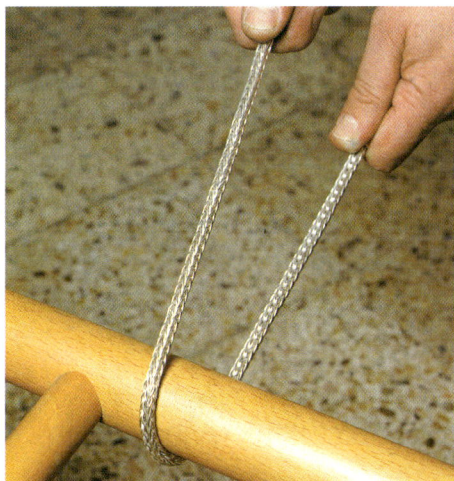

▲ Cuanto más grueso sea el hilo y menor el diámetro de la anilla más compacta quedará la cadena. Collar realizado en oro.

◄ **15.** La forma más fácil de acabar los extremos es haciendo unas medias esferas soldadas a un pequeño hilo rectangular en forma de cilindro, y soldarle al conjunto unas anillas donde colocar un cierre de los que se pueden adquirir en cualquier tienda de fornituras. El proceso para efectuar las cascarillas de esta terminación se describe en el apartado de cierres.

▼ Se puede hacer el mismo punto utilizando una, dos o tres anillas. Partiendo de tres anillas se debe tener presente que de utilizar el mismo diámetro de hilo, las anillas deberán poseer un mayor diámetro.

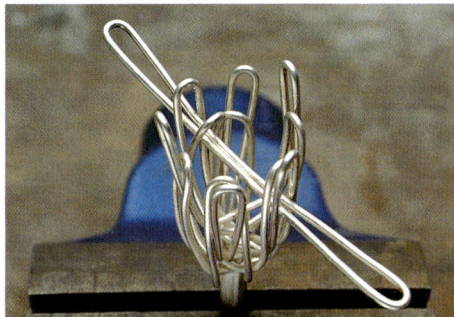

◄ El proceso es el mismo que el descrito en el ejercicio para dos anillas.

► Pero el resultado no es exactamente el mismo: el perfil del collar es ligeramente distinto.

Anillo hueco

*E*l *ejercicio que seguidamente se propone consiste en la realización de un anillo hecho en plata y oro, con una particular piedra en su parte superior. Es un buen resumen de los conceptos tratados en capítulos anteriores, pues en él se destacan diversos aspectos técnicos muy importantes como el biselado, el ajuste, la oxidación de la plata, la realización de una rosca y muy especialmente el proceso de la soldadura. Primero se prepara el cuerpo del anillo a partir de dos biseles realizados en hilo rectangular de plata, una vez esté listo se soldarán varias láminas de metal con diversos grados de soldadura para pasar a limar y esmerilar convenientemente todo el exterior. Finalmente, se procederá a oxidar y a preparar una rosca para la colocación definitiva de la piedra.*

▲ **1.** Tras preparar un riel de plata y recocerlo, se lamina en el laminador de plancha hasta conseguir un grosor de 1 mm. Se cortan dos trozos iguales que deberán recocerse, decaparse y aplanarse antes de proceder a biselar del modo descrito en el apartado dedicado a este propósito.

▲ **2.** El cuerpo del anillo se realiza a partir de los hilos rectangulares biselados y soldados con una soldadura de un punto de fusión elevado. Una vez se ha soldado, se lima el exterior para que queden lisas e igualadas ambas caras. Se prepara una plancha de oro y otra de plata de un grueso mínimo de 0,6 mm.

▲ **3.** Antes de soldar la estructura rectangular a la plancha, es aconsejable atar el conjunto con hilo de acero para soldar; no debe atarse muy fuerte, sólo lo necesario para que no se mueva al soldar, ya que un exceso de presión podría provocar una deformación en la pieza. Se puede aplicar un poco de protector para soldaduras en las uniones anteriores, procurando que este producto no invada la futura soldadura, pues impediría su unión.

▲ **4.** El conjunto se coloca sobre una plataforma de alambre para soldar; esta superficie permite el paso del calor por la parte inferior de la pieza y proporciona un fuego uniforme y envolvente que deja a la soldadura fluir con comodidad entre el perfil rectangular y la plancha. Como anteriormente se utilizó soldadura fuerte con un punto de fusión elevado, en este caso será más idóneo utilizar una soldadura mediana.

▲ **5.** Se cala un orificio tal como muestra la imagen y se prepara una plancha de oro bien plana con un grosor de 0,6 mm. Paralelamente y con el mismo grosor de plancha de oro se prepara un anillo a la medida deseada.

▶ **6.** Se repite la operación de soldar pero por el otro lado, es decir, en la plancha de oro. Para ello se vuelve a atar con acero para soldar y se protegen las soldaduras anteriores.

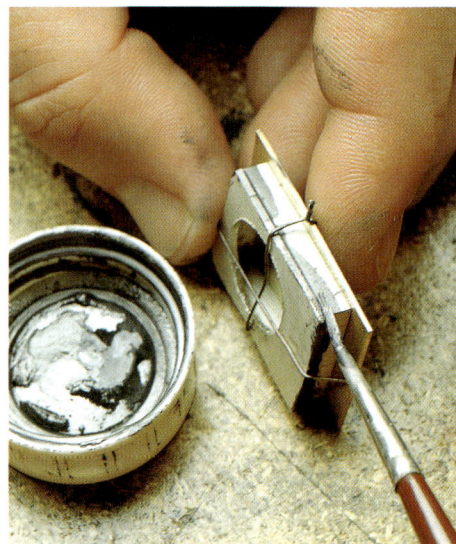

▲ 7. Para soldar con pallones es preferible calentar primero un poco todo el conjunto, y una vez se han mojado éstos en líquido de soldar se van situando uno a uno en su lugar. También se deberá utilizar una soldadura mediana.

▲ 8. En este caso se han soldado con hilo de soldadura. Para ello, una vez aplicado el líquido de soldar, se debe calentar primero toda la pieza con el soldador de gas y cuando se alcanza la temperatura oportuna se aproxima el hilo de soldadura.

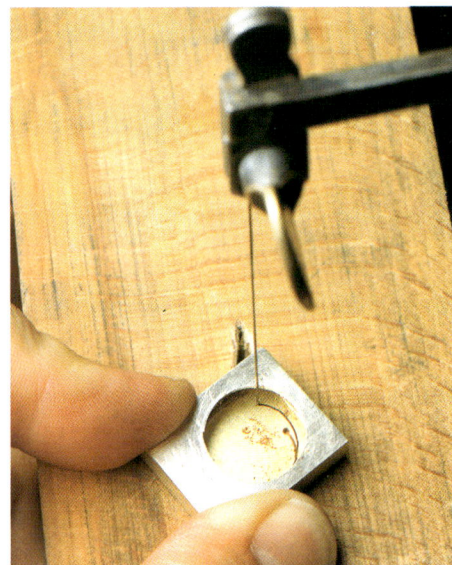

▲ 9. Una vez eliminado el óxido en el blanquimiento se ha de limar y esmerilar todo el exterior. A continuación, se corta un orificio en la plancha de oro, igual que se hizo anteriormente con la plancha de plata.

▲ 10. Con una lima de media caña se lima el interior del anillo hasta que el aro de oro preparado a la medida del dedo ajuste perfectamente en su interior.

▲ 11. Tras proteger las soldaduras anteriores, se sitúan distintos pellones de soldadura blanda y se aplica un fuego envolvente a todo el conjunto.

▶ 12. Acabada la última soldadura se debe limar el sobrante de metal; luego se procede a esmerilar utilizando una reducción progresiva de dos o tres papeles de esmeril y procurando en todo momento que las aristas queden bien vivas.

◀ 14. Se sumerge el anillo en un baño de óxido de plata. De esta forma se oxidará la plata, pero no así el oro, ya que este producto no le afecta.

▲ 13. En un costado del lado superior se practica un agujero y con un macho de roscar se realiza una rosca interior. Al mismo tiempo se ha preparado un macho de plata que se encaja en un orificio practicado en la piedra.

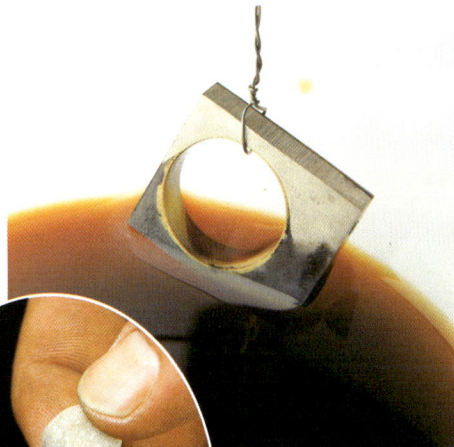

◀ 15. Finalmente, se rosca la piedra en el anillo.

▶ 16. *Anillo con piedra preciosa,* obra de Carles Codina.

Cadena de punto

*E*l trabajo con hilo fino es enormemente creativo; de hecho, con un hilo de suficiente calidad y grueso apropiado, las posibilidades son infinitas. La cadena que se presenta a continuación no es más que uno de los múltiples trabajos de trenzado textil que realizábamos de pequeños con tiras de plástico o hilos de lana. Son trabajos de muy fácil realización y en los que tan sólo se requiere un ganchillo de tejer y un hilo fino de plata o de oro. Con un hilo apropiado y de calidad se puede ir mejorando y variando el tipo de punto, siendo posible realizar prácticamente cualquier trabajo de concepción textil, incluso montar carretes de hilo en máquinas de tricotar.

Este trabajo ha sido realizado por Tanja Fontane en hilo de plata de 0,25 mm, la medida resulta también indicada si se realiza en oro.

▲ **1.** Se precisa un carrete de hilo de plata recocido y un ganchillo de labor de un número pequeño; cuanto mayor sea el ganchillo mayor quedará el bucle y, por tanto, la cadena resultará más ligera. También se necesita un carrete de hilo de cobre del mismo grosor que el de plata para iniciar y terminar el trabajo.

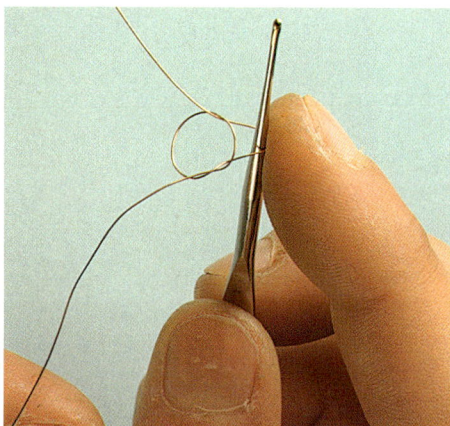

▲ **2.** El trabajo se empieza en cobre; el primer paso será formar los bucles iniciales, que en nuestro caso son doce (véase el paso 5); cuantos más bucles realicemos de partida mayor diámetro tendrá el collar.

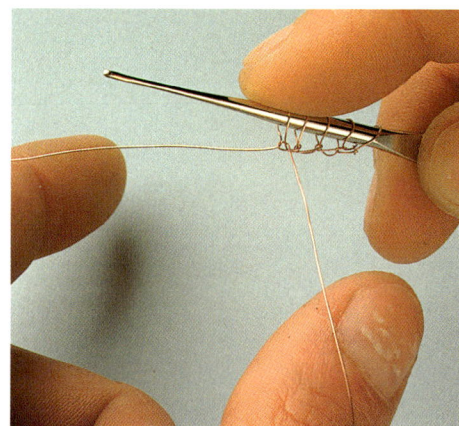

▲ **3.** Los doce bucles deben conseguirse realizando lazadas tal como muestra la imagen.

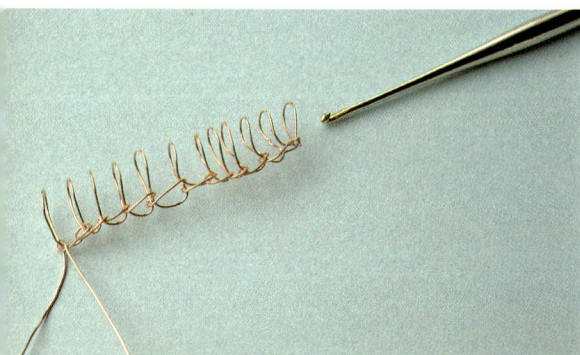

◄ **4.** Posteriormente hay que ir doblando con los dedos y con mucho cuidado todos los bucles hasta dejarlos iguales y levantados.

► **5.** Esta imagen muestra el punto de partida inicial para empezar el trabajo. Se ha cerrado la tira de bucles formando una especie de hoja, ahora se debe poner el dedo en el interior y doblar todas las hojas sobre el dedo, procurando que queden todos los bucles del mismo tamaño.

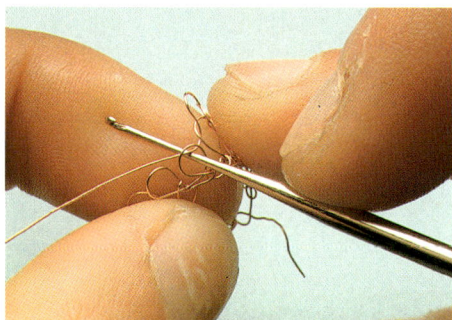

◄ **6.** Se tiene que pasar el hilo largo, el que conecta con el carrete, justo por el centro del primer bucle y siempre por su parte interior. Introduciendo el ganchillo exteriormente por debajo del hilo, se toma el hilo y se tira de él hacia el exterior, levantándolo y dejándolo sobre el mismo bucle en que se trabajaba.

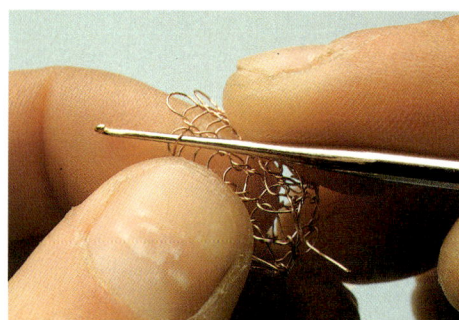

► **7.** Este proceso se realiza sobre cada uno de los bucles hasta completar varias vueltas.

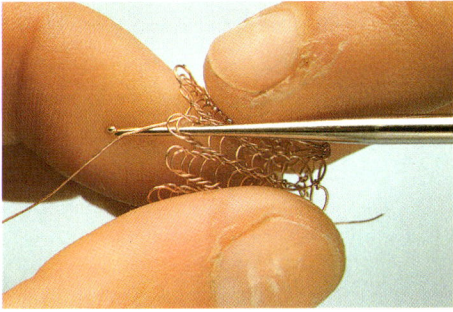

▲ **8.** Llegado este punto, se vuelve a introducir el ganchillo, pero en vez de hacerlo por el bucle superior, ahora se hace por el segundo; de esta manera queda un collar más denso y consistente, que será el resultado definitivo.

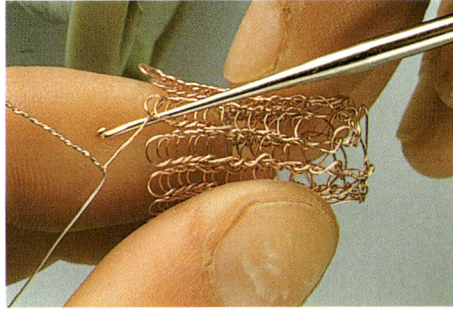

▲ **9.** Hasta este momento el trabajo ha sido realizado en cobre, si no el collar se estropearía al estirarlo por los extremos, como se verá más adelante. Ahora debe cambiarse el hilo de cobre por otro de plata, enroscando los dos hilos como muestra la imagen, y continuar el collar levantando el hilo cada dos bucles.

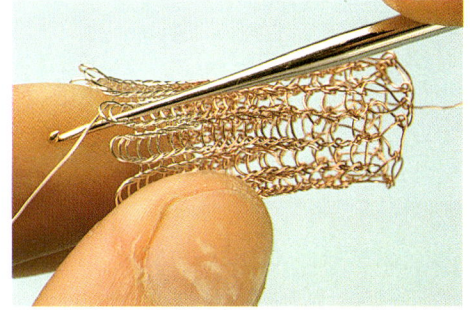

▲ **10.** Obsérvese cómo en la imagen se sigue introduciendo el ganchillo por el lado exterior en el segundo bucle, tomando el hilo de plata que discurre por su interior y tirando de él hacia el exterior para levantarlo y depositarlo sobre el bucle en que se está trabajando.

▲ **11.** El trabajo debe continuarse hasta alcanzar un mínimo de cuarenta centímetros, procurando que el punto quede recto y el diámetro lo más uniforme posible.

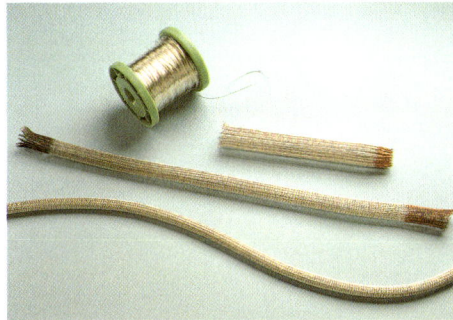

▲ **12.** Una vez alcanzada la longitud deseada, se vuelve a cambiar el hilo de plata por el de cobre del mismo modo que se ha hecho anteriormente. Los cambios de hilos se pueden realizar siempre que se desee, por ejemplo si se decide alternar el collar de plata con tramos de oro.

▲ **14.** A continuación, con una madera redonda que ajuste en el interior del collar y sobre una superficie plana, se irá peinando con movimientos largos todo el exterior con la ayuda de una madera circular como el mango de un embutidor de boj.

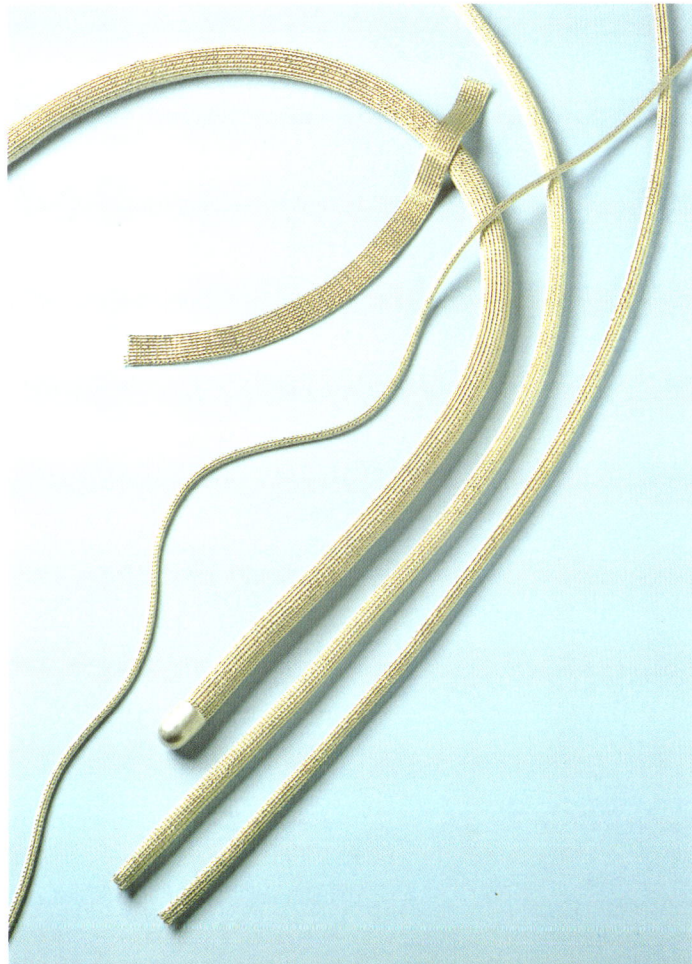

▲ **13.** Todavía no está terminado, ahora ha de tirarse de la cadena sosteniéndola firmemente por los dos extremos, como muestra la imagen, con el fin de que se estire y se fuerce, cogiendo así una mayor elasticidad, o, como se dice en el argot de joyero, adquiera "una buena caída".

◄ **15.** Se puede concluir con una terminación en forma de cascarilla, a la cual se le soldará un cierre entre la gran variedad que ofrece el mercado.

155

Glosario

a

Agrio. Efecto que se produce en el oro cuando durante la fase de laminado se parte y queda inmaleable.

Aguafuerte. Combinación de agua destilada y ácido nítrico, que se utiliza en distintas proporciones para limpiar el oro, eliminando el resto de los metales de la aleación.

Agua regia. Disolución de ácido nítrico y clorhídrico que puede disolver el oro.

Aleación. Resultado de la fusión de dos o más metales.

Almagre. Tipo de tierra rojiza que se utiliza para proteger las soldaduras del fuego; su uso evita que fluyan las soldaduras en las que ha sido aplicada.

b

Banco de estirar o de trefilar. Banco largo que, junto con la hilera, permite reducir el diámetro del hilo.

Bigornia. También denominada bigorneta, es el yunque de sobremesa utilizado en joyería que posee dos puntas laterales, una de ellas plana.

Bigotes. Pinza de fuego que se utiliza para sujetar elementos que van a soldarse. Existen bigotes con distintas presiones y diversas formas; también los hay fijos de sobremesa.

Blanquimiento. Solución decapante que se utiliza para eliminar el óxido producido en la superficie del metal después de su recocido o soldado.

Boca. Montura recta o abocardada obtenida a partir del corte de un tubo de metal.

Bórax. Pasta vítrea que ayuda a que fluya la soldadura y que al fundirse disuelve los óxidos metálicos.

Brillante. Talla usual entre las muchas posibles en que se puede tallar el diamante.

Bruñir. Hacer brillar una superficie frotando con un útil por lo general de acero, hematite o ágata.

Buril. Instrumento de acero terminado en punta que emplean los grabadores para abrir o rayar los metales.

c

Cincel. Herramienta de acero que, convenientemente templada, se utiliza para cincelar.

Cizalla. Tijeras para metal; las más pequeñas sirven para cortar pallones.

Colofonia. También denominada pez griega. Es una resina sólida y translúcida, derivada de la destilación de la trementina. Se utiliza para realizar la pez o el lacre que permite fijar las piezas.

Contraesmalte. Esmalte aplicado en la parte posterior de una lámina para contrarrestar la tensión que provocará el esmalte de la cara anterior.

Contraste. Marca estampada en el metal que identifica al fabricante y el título del metal.

Copela. Es el crisol poroso utilizado para realizar los ensayos químicos destinados al análisis de la pureza del oro.

Copelación. Método de ensayo para conocer la pureza o título de una aleación de oro.

Cuarteo. Proceso de afinado del oro por partición, con ácido nítrico, utilizado con frecuencia en los talleres artesanales.

Culata. Parte inferior de una piedra tallada por debajo del filetín.

d

Decapar. Eliminar el oxido del metal por medio de un baño de ácido.

e

Embutir. Dar a una hoja de metal la forma de un molde a fuerza de trabajarla con un martillo o con los embutidores, normalmente terminados en forma esférica.

Empujador. También llamado apretador. Utensilio empleado por los engastadores para cerrar las monturas sobre la piedra.

Engastado. Técnica que consiste en montar y encajar las piedras en sus monturas.

Escariador. Barra o aguja muy fina de acero con las aristas cortantes que permite ensanchar agujeros o limpiar tubos.

Escobilla. Es como se denomina vulgarmente al material de desecho del taller que contiene metal precioso y que, posteriormente, se recuperará en forma de metal fino.

Esmalte. Materia vítrea compuesta de sílice y otros elementos que se adhiere al metal a altas temperaturas.

f

Filetín. Borde que en una talla separa la culata de la corona de la piedra.

Flexible. Motor compuesto de un brazo flexible que transfiere la fuerza del motor a la pieza de mano.

Fornituras. Pequeñas piezas prefabricadas que se utilizan en joyería, como cierres, galerías, etc.

Fundente para esmalte. Materia vítrea e incolora que se utiliza como base para el esmalte.

Fundente para joyería. Sustancia utilizada para soldar, que impide la formación de óxido y, por lo tanto, facilita la soldadura y la fusión del metal.

Fuste. Soporte generalmente de madera donde se fija el lacre y la pieza para engastar.

g

Galería. Montura normalmente de hilo que una vez confeccionada sirve para engastar una piedra.

Graneteadora. Útil en forma de varilla de acero con la punta cóncava que utilizan los engastadores para redondear el grano.

l

Lacre. Pasta que se aplica para fijar la pieza durante el engastado.

Lapidario. Persona que faceta y talla las piedras preciosas.

Lastra. Barra de acero de forma cónica y con diversas secciones que se utiliza para conformar anillos.

m

Macerota. Parte baja del tronco del árbol de microfusión.

Mandril. Soporte manual que encierra una pinza en su extremo y que permite fijar ciertas fresas o bien escariadores.

Merma. Pérdidas de metal producidas en los procesos de manipulación del mismo; no obstante, gran parte de este metal es recuperable.

Mica. Mineral que, utilizado en finas láminas, evita que se adhiera el esmalte al cocerse.

p

Pala. Parte ancha, plana y delgada obtenida a partir de un forjado u otra técnica.

Palillo. Útil compuesto de cera y carboncillo que se emplea para trasladar y situar las piedras durante el proceso de engastado.

Pallón. Pequeños trozos de metal que se cortan de una lámina de soldadura para luego ser aplicados en la pieza. También es el término con que se denomina a la lámina obtenida como resultado de una copelación.

Pálmer. Instrumento de precisión utilizado para calibrar planchas e hilos.

Pelo o segueta. Sierra fina que se monta en el arco y que se utiliza para serrar o calar.

Peluca. Soporte para soldar formado a partir de alambre de hierro y que permite aplicar un fuego uniforme al conjunto de la pieza.

Perno. Pequeño trozo de metal cilíndrico que puede usarse para remachar o roscar.

Pez. Preparado que permite fijar las piezas para poder cincelar.

Piedra de Arkansas. Piedra abrasiva que se utiliza para afinar los buriles.

Piedra de toque. Piedra negra y dura que se utiliza para el ensayo del oro y la plata.

Piedra de tosca. Piedra blanda muy utilizada en joyería para alisar planchas y eliminar rayas.

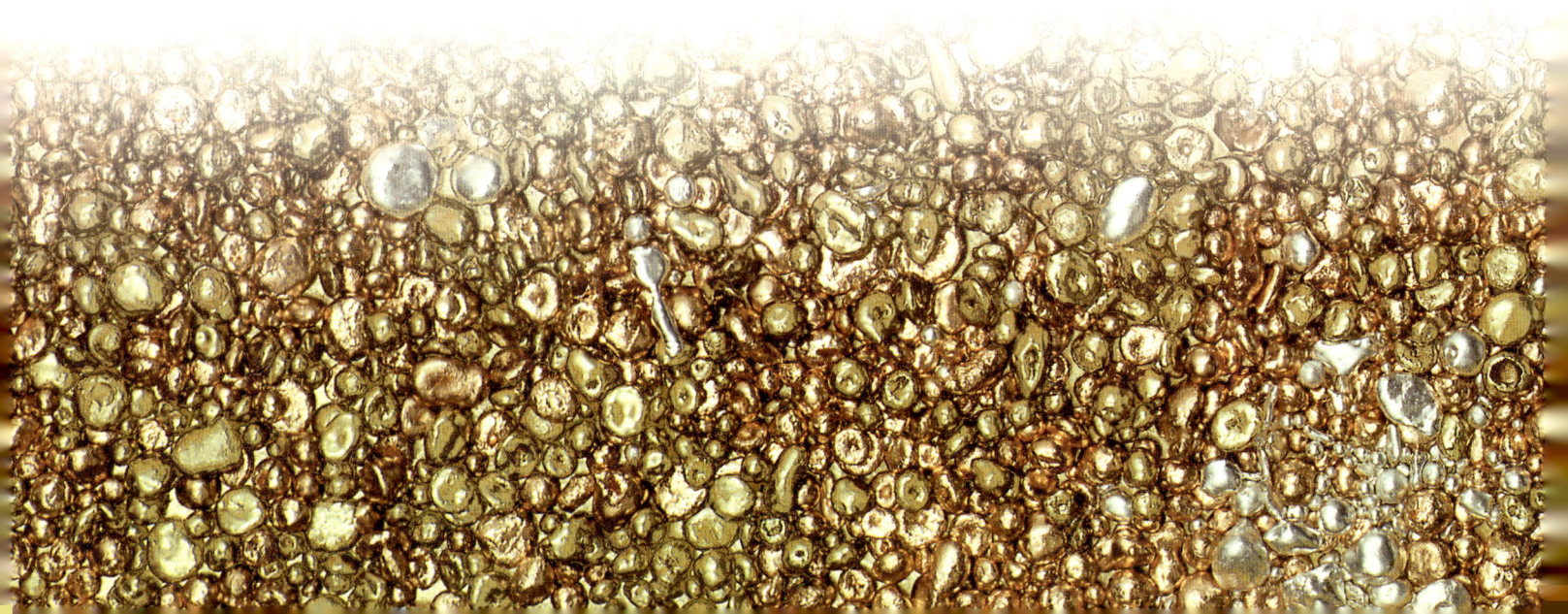

q

Quilate (de metal). Unidad que expresa la cantidad de oro puro que posee una aleación.

Quilate (gemas). Unidad de peso de las gemas; equivale a 0,200 g.

r

Recocer. Acción de calentar el metal hasta alcanzar el rojo cereza y posteriormente dejarlo enfriar. El recocido devuelve la maleabilidad al metal tras ser sometido a un proceso mecánico, como puede ser un laminado o un forjado.

s

Sierra de calar. O caladora. Es el arco de acero donde se monta el pelo o segueta utilizado para cortar.

Soldadura. Aleación que se utiliza para unir o soldar dos metales entre sí.

t

Tas. Yunque plano utilizado en joyería.

Temple. Punto de dureza conseguido en el metal por medios mecánicos o por calor.

Bibliografía
y agradecimientos

Oppi Untracht. *Jewelery. Concepts and Technology.*
Doubleday. Londres, 1987.

Tim McCreight. *The Complete metalsmith.*
Davis Publications, Inc. Worcester, Massachusetts, 1982.

Jinks McGrath. *The Encyclopedia of Jewelery-Making Techniques.*
Chartwell Books, Inc. New Jersey, USA, 1997.

Tim McCreight. *Jewelery fundamentals of metalsmithing.*
Hand Books Press. Madison, Wisconsin, 1997.

Lawrence Kallenberg. *Modeling in wax for jewelery and sculpture.*
Chilton Book Company. Pennsylvania, 1981.

Jorge Alsina Benavente. *Los metales en la joyería moderna.*
Editorial Alsina. Barcelona, 1986.

Mi agradecimiento a la Escuela Massana, de Barcelona, a los profesores y alumnos que han colaborado conmigo en la realización de este libro; especialmente, a aquellos que durante mi profesorado me han permitido adquirir la experiencia profesional imprescindible para escribirlo.

En la elaboración de esta obra han colaborado personas muy diversas. Quiero destacar la aportación de Ramón Puig y Xavier Domenech, que han elaborado los textos de la "Nueva joyería" y "Los orígenes de la ornamentación", textos que permiten entender la joyería contemporánea y dan sentido a buena parte del planteamiento de este libro.

Especial mención requieren Estela Guitart, por la realización del capítulo de laca japonesa, Carmen Amador, por el de cincelado, y Joan Aviñó, por su valiosa aportación en el capítulo de engarzado. Me siento especialmente en deuda con Verónica Andrade, colaboradora que me ha ayudado en la realización de la granulación y que ha participado en la confección de diversos capítulos.

También quiero agradecer la participación de diversos profesionales y amigos por sus valiosos consejos y aportaciones, muy especialmente a Joaquim Benaque, por su asesoramiento en las cuestiones de química, a Jimena Bello en cera blanda, Tanja Fontane por su realización de la cadena de hilo, Ramón Puig en las coloraciones y a Jaime Díaz por sus aportaciones sobre la forja. También a Carme Brunet por sus explicaciones y comentarios sobre el esmalte.

Les doy las gracias a todos aquellos que han querido colaborar en este libro de forma voluntaria y con un gran entusiasmo, muy especialmente a Aureli Bisbe, del que me siento entrañablemente agradecido por su participación en diversos capítulos, así como a todos los que me han prestado sus trabajos para enriquecer el contenido de esta obra:

A las galerías Magari y Forum Ferlandina, de Barcelona y a sus responsables Pilar Garrigosa y Beatriz Würsch.

A la empresa de material Chamorro y Moreno y especialmente a Jordi Solsona, un buen profesional. Joan Oliveres de la firma Bagués, Joaquim Capdevila, Judith Mc Caig, Harold O'Connor, Sivilla, Kepa Carmona, Francesc Guitart, Xavier Ines y Ana Pavicevic.

Asimismo, quiero darle las gracias al fotógrafo Joan Soto, por su experiencia y profesionalidad, demostradas en las imágenes de este libro; por su extraordinaria paciencia y su dedicación, que han hecho posible la óptima consecución de la presente obra; y por haberme enseñado a ver y a entender las diferentes lecturas de una imagen.

A la editorial Parramón y al equipo de profesionales que han trabajado en la confección del libro y, especialmente, a su directora editorial, María Fernanda Canal, por haberme confiado su realización.

También quisiera dar las gracias a mi mujer y a mis dos hijos, por su paciencia durante el pasado año.

Carles Codina